桥梁健康监测海量数据分析与评估

（第2版）

邓 扬　丁幼亮　李爱群　著

人民交通出版社股份有限公司

北京

内 容 提 要

本书较系统地介绍了桥梁健康监测海量数据分析与评估方法及其工程应用，以桥梁温度场、风场、车辆荷载等环境作用数据以及位移、应变、振动、挠度等结构响应数据为主要对象，详细阐述了桥梁服役环境作用分析、结构动力性能监控与异常预警、关键构件状态评估与寿命预测等关键理论和方法。全书主要内容包括桥梁温度场监测与分析，桥梁风场监测与分析，桥梁梁端位移监测与分析，桥梁振动监测与分析，桥梁疲劳应变监测与分析，桥梁挠度监测与分析，桥梁缆索状态监测与分析等。

本书可供从事桥梁工程研究、设计和管理的广大科技人员参考，也可作为土木工程和工程力学专业研究生及高年级本科生的学习参考书，还可供铁道、水利、机械、航空航天等相关专业人员参考。

图书在版编目(CIP)数据

桥梁健康监测海量数据分析与评估／邓扬，丁幼亮，李爱群著. —2版. —北京：人民交通出版社股份有限公司，2021.8

ISBN 978-7-114-15751-6

Ⅰ.①桥⋯ Ⅱ.①邓⋯ ②丁⋯ ③李⋯ Ⅲ.①桥梁结构—监测—数据—分析 Ⅳ.①U446

中国版本图书馆 CIP 数据核字(2019)第 180375 号

Qiaoliang Jiankang Jiance Hailiang Shuju Fenxi yu Pinggu

书　　名：	桥梁健康监测海量数据分析与评估（第2版）
著 作 者：	邓　扬　丁幼亮　李爱群
责任编辑：	丁　遥
责任校对：	孙国靖　鹿　婕
责任印制：	刘高彤
出版发行：	人民交通出版社股份有限公司
地　　址：	(100011)北京市朝阳区安定门外外馆斜街3号
网　　址：	http://www.ccpcl.com.cn
销售电话：	(010)59757973
总 经 销：	人民交通出版社股份有限公司发行部
经　　销：	各地新华书店
印　　刷：	北京虎彩文化传播有限公司
开　　本：	787×1092　1/16
印　　张：	17.75
字　　数：	430 千
版　　次：	2011年10月　第1版　2021年8月　第2版
印　　次：	2022年7月　第2版　第2次印刷　总第3次印刷
书　　号：	ISBN 978-7-114-15751-6
定　　价：	80.00 元

(有印刷、装订质量问题的图书由本公司负责调换)

前　言

随着桥梁服役时间的增长、气候和环境等自然因素的长期作用以及交通量和重车数量的不断增加,桥梁结构的安全性和使用功能也必然发生退化,极端情况下将引发灾难性的突发事故。因此,研究建立桥梁结构健康监测与安全评估的理论、方法及其系统,是桥梁工程可持续发展的必然要求。自 20 世纪 90 年代起,国内外重要的大跨径桥梁大多设置了结构健康监测系统,监测内容除了结构本身的状态和行为以外,还强调对环境条件的监测和记录分析。很多监测系统具有快速大容量的信息采集、通信与存储能力。然而,这些桥梁的结构健康监测系统大多数只进行测试数据的采集与保存,少有结构健康状态评估的能力。虽然国内外不少学者开展了基于整体动力特性的桥梁损伤评估方法研究,但是由于桥梁结构复杂、体量巨大、局部损伤的不敏感性以及环境因素的影响,基于动力参数测试的大跨径桥梁结构动力损伤诊断技术难以有效地应用于结构状态评估。桥梁健康监测系统数据没有得到充分应用,甚至形成了"海量垃圾数据"的局面。总体看来,桥梁结构健康监测技术的研究开发尚处于基础性的探索阶段,距离实际工程应用有一定的差距,其中重要原因为:监测系统的海量数据未能得到科学处理,未能通过监测系统数据分析准确把握在役桥梁的复杂工作环境和结构响应行为。

本书紧密围绕桥梁结构海量监测数据分析和评估这个主题,以桥梁温度场、风场、车辆荷载等环境荷载作用以及位移、应变、振动、挠度等结构响应数据为主要对象,详细阐述了桥梁服役环境作用分析、结构动力性能监控与异常预警、关键构件状态评估与寿命预测等关键理论和方法,对于揭示服役期内桥梁的环境作用、结构响应及其累积损伤效应的变化规律,服务大桥的养护和运营管理,反馈和改进桥梁结构设计方法等方面具有重要意义和实用价值。

本书第 1 版于 2011 年出版,此后作者团队继续围绕上述主题开展了新的研究工作,在第 1 版的基础上增加了大量新的研究成果。第 2 版包括 13 章。第 1 章为绪论。第 2 章介绍了桥梁温度场监测原理以及润扬大桥悬索桥钢箱梁温度场长期监测结果,在此基础上介绍了钢箱梁温度场长期数据的统计分析方法及其应用。第 3 章介绍了桥梁风场监测原理以及润扬大桥悬索桥风场长期监测结果,在此基础上介绍了风场特性参数的统计分析方法以及极值风速预测方法及其应用。第 4 章介绍了桥梁梁端位移监测原理以及润扬大桥悬索桥梁端位移长期监测结果,在此基础上介绍了梁端位移与环境条件的相关性分析方法以及梁端位移异常预警方法。第 5 章介绍了桥梁振动监测原理以及润扬大桥悬索桥模态频率的长期监测结果,在此基础上介绍了模态频率与环境条件的相关性分析方法以及模态频率异常预警方法。第6章介绍了结构小波包能量谱识别技术以及润扬大桥悬索桥小波包能量谱的长期监测结果,在此基础上介绍了小波包能量谱与环境条件的相关性分析方法以及小波包能量谱异常预警方法。第7章介绍了基于振动测试的桥梁损伤定位方法,在此基础上介绍了振动模态指标损伤定位效果的多尺度分析方法。第8章介绍了桥梁疲劳应变监测原理以及润扬大桥悬索桥和斜拉桥钢箱梁应变的长期监测结果,在此基础上介绍了钢箱梁焊接细节的疲劳应力特征分析方法以及焊接细节疲劳寿命的确定性评估方法。第9章介绍了钢箱梁焊接细节疲劳荷载效应分析方法,在此基础上介绍了基于S-N曲线和线弹性断裂力学的钢箱梁焊接细节疲劳可靠度评估方法及其应用。第10章介绍了基于压力传感的大跨径桥梁挠度监测原理及监测系统组成设计,在此基础上介绍了系统挠度监测数据分析处理方法。第11章介绍了基于极值分析和可靠度理论的桥梁车辆荷载效应评估方法,在此基础上介绍了在役大跨径桥梁竖向挠度的可靠度评估方法。第12章介绍了基于锚跨索股内力的悬索桥主缆内力监测方法及监测系统组成设计,在此基础上介绍了基于长期监测数据的在役悬索桥主缆内力评估方法。第13章介绍了桥址车辆荷载长期监测数据的变化特征,在此基础上介绍了基于车载监测数据的在役悬索桥吊索疲劳损伤评估与寿命预测方法。

  本书的研究工作获得了北京学者项目、国家杰出青年科学基金项目(50725828)、国家自然科学基金项目(51878027、50808041)、国家高技术研究发展计划(863计划)(2006AA04Z416)、高等学校科技创新工程重大项目培育资金项目(704024)、高等学校博士学科点专项科研基金(新教师基金)项目(20124316120002、200802861011)、江苏省自然科学基金项目(BK2008312)、北京市市属高校高水平教师队伍建设支持计划青年拔尖项目、北京市教委科研项目(KM201910016013)等科研项目的资助。

  周广东博士参加了第2章和第3章部分内容的撰写工作。感谢东南大学、北京建筑大学、长沙理工大学、美国科罗拉多州立大学以及相关桥梁建设管理部门和合作单位的大力支持与帮助。

  本书总结了作者关于桥梁健康监测海量数据分析和评估研究的阶段性成果,其中的一些论点仅代表作者当前对这些问题的认识,有待进一步补充、完善。因而,对本书存在的不足乃至错误之处,敬请读者批评指正。

目　　录

第1章　绪论 ··· 1
　1.1　桥梁结构健康监测的意义 ··· 1
　1.2　桥梁结构健康监测系统研究与应用现状 ··· 3
　1.3　研究目的和主要内容 ··· 8
　参考文献 ··· 8

第2章　桥梁温度场监测与分析 ··· 13
　2.1　桥梁温度场监测概述 ·· 13
　2.2　润扬大桥悬索桥钢箱梁温度场长期监测结果 ··· 14
　2.3　润扬大桥悬索桥钢箱梁温差统计特性分析 ·· 18
　2.4　润扬大桥悬索桥钢箱梁温度场全寿命数值模拟 ·· 24
　参考文献 ·· 30

第3章　桥梁风场监测与分析 ·· 32
　3.1　桥梁风场监测概述 ··· 32
　3.2　润扬大桥悬索桥风场长期监测结果 ·· 33
　3.3　润扬大桥悬索桥风场特性参数统计分析 ·· 39
　3.4　润扬大桥悬索桥极值风速预测与应用 ··· 50
　参考文献 ·· 54

第4章　桥梁梁端位移监测与分析 ·· 56
　4.1　桥梁梁端位移监测概述 ··· 56
　4.2　润扬大桥悬索桥梁端位移长期监测结果 ·· 57
　4.3　润扬大桥悬索桥梁端位移监控与异常预警 ··· 65
　参考文献 ·· 67

第5章　桥梁振动监测与分析Ⅰ：模态频率 ·· 68
　5.1　桥梁振动监测概述 ··· 68
　5.2　结构模态参数识别技术 ··· 69
　5.3　润扬大桥悬索桥模态频率识别 ·· 71
　5.4　润扬大桥悬索桥模态频率监控与异常预警 ··· 89
　参考文献 ·· 98

第6章　桥梁振动监测与分析Ⅱ：小波包能量谱 ·· 100
　6.1　结构小波包能量谱识别技术 ··· 100
　6.2　润扬大桥悬索桥小波包能量谱识别 ·· 108
　6.3　润扬大桥悬索桥小波包能量谱监控与异常预警 ·· 124

— 1 —

| 参考文献 | 127 |

第7章 桥梁振动监测与分析Ⅲ：基于振动测试的损伤定位 129
7.1 问题的提出 129
7.2 子结构分析方法 129
7.3 多尺度分析模型 130
7.4 多尺度损伤定位分析 132
7.5 对比分析 143
参考文献 147

第8章 桥梁疲劳应变监测与分析Ⅰ：疲劳寿命确定性评估 149
8.1 桥梁疲劳应变监测概述 149
8.2 钢箱梁疲劳损伤计算方法 149
8.3 润扬大桥钢箱梁焊接细节疲劳寿命评估 158
参考文献 169

第9章 桥梁疲劳应变监测与分析Ⅱ：疲劳寿命可靠度评估 171
9.1 问题的提出 171
9.2 钢箱梁疲劳荷载效应建模方法 172
9.3 钢箱梁疲劳可靠度评估方法 177
9.4 润扬大桥钢箱梁疲劳可靠度评估Ⅰ：S-N曲线方法 183
9.5 润扬大桥钢箱梁疲劳可靠度评估Ⅱ：LEFM方法 191
参考文献 201

第10章 桥梁挠度监测与分析Ⅰ：监测系统设计与验证 205
10.1 问题的提出 205
10.2 基于压力传感的挠度监测系统 206
10.3 监测系统测试验证 209
10.4 长期监测数据分析 214
参考文献 219

第11章 桥梁挠度监测与分析Ⅱ：基于挠度监测数据的可靠度评估 222
11.1 问题的提出 222
11.2 可靠度评估方法 222
11.3 应用实例 229
参考文献 240

第12章 桥梁缆索状态监测与分析Ⅰ：悬索桥主缆内力 244
12.1 问题的提出 244
12.2 南溪大桥主缆内力监测概述 244
12.3 主缆内力识别与评估方法 246
12.4 监测数据分析 248
参考文献 254

第13章　桥梁缆索状态监测与分析Ⅱ：悬索桥吊索疲劳损伤 ……………………………… 257
　13.1　问题的提出 …………………………………………………………………………… 257
　13.2　悬索桥吊索疲劳评估方法 …………………………………………………………… 257
　13.3　南溪大桥车辆荷载监测数据 ………………………………………………………… 259
　13.4　南溪大桥吊索疲劳评估 ……………………………………………………………… 261
　参考文献 ……………………………………………………………………………………… 270
索引 ……………………………………………………………………………………………… 272

第1章 绪　　论

1.1　桥梁结构健康监测的意义

桥梁作为交通运输的重要组成部分,是一个国家社会经济发展所不可缺少的重要支撑,也是一个国家基础设施建设领域不可分割的重要组成部分。桥梁使用期长达几十年甚至上百年,随着桥梁使用年龄的增长、气候和环境等自然因素的作用以及日益增加的交通量及重车、超重车过桥数量的不断增加,桥梁结构或构件发生不同程度的自然累积损伤和突然损伤,使得桥梁结构的承载能力和耐久性发生退化,桥梁结构抵抗自然灾害甚至正常环境作用的能力下降,并且有时某些构件的损伤可能发展过快,极端情况下易引发灾难性的突发事故。

在美国,至少每两年要对约57.5万座桥梁进行检测,根据联邦公路管理局(Federal Highway Administration,简称FHA)的统计结果,约40%的桥梁功能陈旧或存在结构缺陷,修复这些结构缺陷需要投资约700亿美元,并且估计每年有150~200座桥梁倒塌[1];在哥伦比亚,跨径超过10m的公路桥梁有2000多座,由于疏于养护和恶劣的气候条件,其中约60%的桥梁存在中等程度的损伤[2];英国运输部曾在1990年抽样调查过200座混凝土公路桥,调查结果表明约30%的桥梁运营条件不良[3];在印度,大约10%的公路桥梁需要替换,另有10%的桥梁亦有损伤迹象;在南斯拉夫,大约有19%的桥梁运营状况不良[4]。我国的桥梁健康状况也不容乐观。随着国民经济的迅速发展以及交通运输能力要求的不断提高,许多桥梁达到或即将达到设计服务期,桥梁的老化和功能退化呈现加速的趋势[5-7]。

桥梁结构损伤如果不能得到及时维护,不仅会影响行车安全,还会缩短桥梁的使用寿命,甚至会发生桥梁的突然破坏或倒塌等惨痛事故。例如,1962年,美国Kings钢桥因疲劳而倒塌[8];1967年,美国俄亥俄河上的一座主要桥梁倒塌,造成46人丧生;1994年,韩国圣水(Sungsu)大桥中孔崩塌,造成32人死亡[9];1999年,我国重庆市綦江彩虹桥突然倒塌,死伤数十人;2000年8月,我国台湾高屏大桥倒塌;2004年6月,我国辽宁省盘锦市境内辽河大桥中孔突然倒塌;2004年9月,我国京杭大运河苏州段横塘亭子桥(人行桥)被货船撞塌;2007年8月1日,美国明尼苏达州横跨密西西比河的I-35W桥(全长581m、三个主跨、拱式钢桁架桥)在使用40年后突然倒塌[10]。

图1.1.1列出了我国发生的典型桥梁倒塌事故。图1.1.1a)的拱桥垮塌主要是由于主跨第二根吊杆断裂,经现场勘查,发现吊杆断裂主要是由承重钢缆的环境腐蚀造成的;图1.1.1b)的桥面塌陷主要是由过桥车辆严重超载引起的;图1.1.1c)的拱桥垮塌,经初步勘查认定为车辆的长期超载导致吊杆的钢丝过早发生疲劳断裂(全桥24根吊杆断裂14根),从而导致全桥发生灾难性的垮塌;图1.1.1d)中桥梁桥面垮塌的主要原因也是过桥车辆的严重超载。资料显示,图中4座大桥均建成于20世纪90年代,它们的使用时间均未超过20年。

以上桥梁的灾难性事故不仅造成了重大的经济损失,也造成了严重的人员伤亡,造成了极为恶劣的社会影响。另一方面,从这些桥梁灾难性事故中也可以认识到,经济水平的飞速发展对交通运输业提出了越来越高的要求,使得桥梁时常需要承受远大于其设计标准的荷载作用,在超负荷车辆荷载与环境腐蚀的共同作用下,桥梁构件的损伤速度可能要远远超过设计预期,导致桥梁在使用时间远未到其设计基准期时就发生灾难性的破坏。

a) 2011年4月12日新疆库尔勒孔雀河大桥垮塌

b) 2011年5月29日吉林长春伊通河大桥桥面塌陷

c) 2011年7月14日福建南平武夷山公馆桥垮塌

d) 2011年7月15日浙江杭州钱塘三桥引桥桥面垮塌

图1.1.1　典型桥梁垮塌事故

因此,采用科学的监测技术和评估手段来保障桥梁结构的可靠性、安全性和耐久性显得极为重要。已有桥梁的损伤检测问题在20世纪50年代就已提出,并且以人工检测为特征的桥梁检测标准在美国等一些国家已开始施行,人们主要通过定期对桥梁结构进行例检以维持长期的监测。1971年美国的国家桥梁检测标准(NBIS)规定:成桥或结构形态改变时进行验收检测;每两年要对桥梁的物理及功能状态进行例检;特殊情况要进行损伤检测、深入检测和临时检测等。从1985年起,我国交通部亦相继颁布《公路旧桥承载能力鉴定方法》和《公路养护技术规范》(JTJ 073—96)等技术标准[11]。这些标准对采用人工方法进行桥梁损伤鉴定和状态评估作了详细规定。桥梁的状态检测方法总体上可分为局部检测方法和整体检测方法两大类。局部检测的目的是通过对桥梁重点部位的详细调查,掌握桥梁结构局部的物理、力学状态的实际情况。除了目视检测,许多无损检测(Nondestructive Damage Detection,简称NDD)方法作为辅助手段在结构局部检测中得到了广泛使用,例如声发射、超声波、磁通量、光纤测试等[12-21]。

随着科学技术的发展,综合现代测试与传感技术、网络通信技术、信号处理与分析技术、数学理论和结构分析理论等多个学科领域的桥梁结构健康监测系统,可极大地延拓桥梁检测内容,并可连续地、实时地、在线地对结构"健康"状态进行监测和评估,确保桥梁的运营安全和提高桥梁的管理水平[22-24],桥梁健康监测的研究与监测系统的开发应运而生[25-26]。桥梁结构健康监测系统最主要的功能是,通过各种传感器实时采集运营状态下的各种数据和信号,根据采集的数据和信号反演出桥梁的工作状态和健康状况,识别出可能的结构损伤部位及其损伤程度,并在此基础上进行桥梁的安全可靠性评估。从结构的重要性和目前建立监测系统较高的代价考虑,桥梁结构健康监测及状态评估的技术应主要面向大跨径桥梁,确保其设计使用安全性和耐久性达到预期标准,并为桥梁维护、维修和管理决策提供依据和指导。

研究与发展桥梁结构健康监测系统,除了可以实现实时或准实时的损伤监测或状态评估外,结构健康监测系统对于桥梁设计验证和研究与发展亦具有重要的意义。桥梁结构设计常以很多假定条件为前提,因此,通过桥梁结构健康监测所获得的结构静动力行为来检验大桥的理论模型和计算假定具有重要的意义[27-29]。桥梁健康监测信息反馈于结构设计的更深远的意义在于,结构设计方法与相应的标准规范等可能得以改进,并且对环境荷载的合理建模以及对桥梁在各种交通条件和自然环境下的真实行为的揭示是将来实现桥梁"虚拟设计"的基础。另一方面,桥梁结构的健康监测还可以并应该成为桥梁研究的"现场试验室"[30-31]。桥梁健康监测为桥梁工程中的未知问题和超大跨径桥梁的研究提供了新的契机,由运营中的桥梁结构及其环境所获得的信息不仅是理论研究和试验研究的补充,而且可以提供有关结构行为与环境规律的最真实的信息。

1.2 桥梁结构健康监测系统研究与应用现状

根据 Housner 的定义[25],结构健康监测是一种从运营状态的结构中获取并处理数据,评估结构的主要性能指标(如可靠性、耐久性等)的有效方法。它结合了无损检测(NDD)和结构特性分析(包括结构响应),目的是为了诊断结构中是否有损伤发生,判断损伤的位置,估计损伤的程度以及损伤对结构将要造成的后果。一个完整的结构健康监测系统应由在线测试、实时分析、损伤诊断、状态评估以及维护决策五个部分组成。结构健康监测能够利用监测数据对工程结构的工作状态做出实时评估,也能够在地震、台风等突发性灾害事件发生后对结构的整体性做出迅速的判断。因此,结构健康监测系统可为工程结构的设计验证、施工控制、安全运营和维修决策提供有力的技术保障,对评估工程结构的安全性、适用性和耐久性具有极其重要的意义[32-33]。

国外桥梁结构健康监测系统的应用可以追溯到 20 世纪 80 年代,当时英国对北爱尔兰的新 Foyle 桥安装了长期监测仪器和自动数据采集系统,以校验大桥的设计并测量和研究车辆、风及温度荷载对大桥动力响应的影响[34]。美国在威斯康星一座已有 65 年历史的提升式桥(Michigan Street 桥)上,安装了世界上第一套全桥远程监测系统,用于监测将达到设计寿命的该桥梁裂缝扩展情况;在佛罗里达州的 Sunshine Skyway 桥上安装了 500 多个传感器[35]。瑞士在 Siggenthal 混凝土桥的建设过程中安装了健康监测系统,该系统由 58 个光纤应变传感器、

2个倾角仪和8个温度传感器组成,目的是监测施工过程中和以后长期的变形、屈曲和位移[36]。丹麦在20世纪90年代曾对总长1726m的Faroe跨海斜拉桥进行施工阶段及通车首年的监测,旨在检查关键的设计参数、监测施工危险阶段以及获取开发监控维护系统所必需的监测数据;另外,他们在主跨1624m的Great Belt East悬索桥上尝试把极端记录与正常记录分开处理,以期减小数据存量[37]。挪威在主跨530m的Skarnsnde斜拉桥上所安装的全自动数据采集系统能对风、加速度、倾斜度、应变、温度、位移进行自动监测[38]。此后,随着现代传感技术、计算机与通信技术、信号分析与处理技术及结构分析理论的迅速发展,许多国家都开始在一些新建和既有大型桥梁中建立结构健康监测系统。我国桥梁结构健康监测系统的研究与应用始于20世纪90年代,依托我国大规模基础设施建设的背景,桥梁结构健康监测系统在我国得到了较广泛的应用。与世界其他国家相比,我国桥梁结构健康监测系统具有数量多、桥梁规模大的特点。表1.2.1列出了国内外已安装(或正在实施)结构健康监测系统的部分桥梁。下面简要介绍其中一些大型桥梁上已经安装的桥梁健康监测系统的概况。

国内外部分安装结构健康监测系统的桥梁 表1.2.1

桥 梁 名 称	结 构 类 型	跨径布置(m)	国　　家
Sunshine Skyway 桥	斜拉桥	164.7 + 366 + 164.7	美国
New Benicial Martinez 桥	梁桥	180.9 + 3 × 200.8	美国
North Halawa Valley 桥	梁桥	120 + 113 + 2 × 106 + 80	美国
Bayview 桥	斜拉桥	134 + 274 + 134	美国
Red River 桥	梁桥	123	美国
Commodore Barry 桥	悬臂桥	274 + 548 + 274	美国
Fred Hartman 桥	斜拉桥	160.6 + 416.6 + 160.6	美国
Golden Gate 桥	悬索桥	343 + 1280 + 343	美国
Ironton-Russell 桥	悬臂桥	117 + 241 + 117	美国
明石海峡大桥	悬索桥	960 + 1991 + 960	日本
南备赞濑户桥	悬索桥	274 + 1100 + 274	日本
柜石岛桥	斜拉桥	185 + 420 + 185	日本
多多罗桥	斜拉桥	270 + 890 + 270	日本
白鸟大桥	悬索桥	330 + 720 + 330	日本
大鸣门桥	悬索桥	330 + 876 + 330	日本
Flintshire 桥	斜拉桥	194 + 100	英国
Foyle 桥	梁桥	144.3 + 233.6 + 144.3	英国
Forth 公路桥	悬索桥	408 + 1006 + 408	英国
Tamar 桥	悬索桥	114 + 335 + 114	英国
Namhae 桥	悬索桥	128 + 404 + 128	韩国
Jindo 桥	斜拉桥	70 + 344 + 70	韩国
Seohae 桥	斜拉桥	60 + 200 + 470 + 200 + 60	韩国

续上表

桥梁名称	结构类型	跨径布置(m)	国家
Yeongjong 桥	悬索桥	125+300+125	韩国
Banghwa 桥	系杆拱桥	540	韩国
Gwangan 桥	悬索桥	200+500+200	韩国
New Haeng Ju 桥	斜拉桥	160+120+100	韩国
Samcheonpo 桥	斜拉桥	103+230+103	韩国
Confederation 桥	梁桥	45×250	加拿大
Taylor 桥	梁桥	5×33.0	加拿大
Portage Creek 桥	梁桥	45+50+30	加拿大
Great Belt 桥	悬索桥	535+1624+535	丹麦
Rama IX 桥	斜拉桥	166+450+166	泰国
Pereria-Dos Quebradas 桥	斜拉桥	114.6+210.9+114.6	哥伦比亚
Normandie 桥	斜拉桥	856	法国
Skarsundet 桥	斜拉桥	240+530+240	挪威
青马大桥	悬索桥	455+1377+300	中国
汀九桥	斜拉桥	127+448+475+127	中国
汲水门桥	斜拉桥	160+430+160	中国
昂船洲大桥	斜拉桥	1018	中国
西部通道	斜拉桥	74.5+74.5+99+210	中国
徐浦大桥	斜拉桥	590	中国
卢浦大桥	拱桥	550	中国
江阴长江公路大桥	悬索桥	1385	中国
润扬长江公路大桥南汊桥	悬索桥	1490	中国
润扬长江公路大桥北汊桥	斜拉桥	176+406+176	中国
苏通长江公路大桥	斜拉桥	1088	中国
虎门大桥	悬索桥	888	中国
南京长江大桥	钢桁桥	3×(160+160+160)+128	中国
南京长江二桥	斜拉桥	主跨628	中国
南京长江三桥	斜拉桥	主跨648	中国
芜湖长江大桥	斜拉桥	180+312+180	中国
大佛寺长江大桥	斜拉桥	198+450+198	中国
钱塘江四桥	系杆拱桥	主跨580	中国
松花江大桥	斜拉桥	主跨365	中国
滨州黄河大桥	斜拉桥	主跨300	中国
坝陵河大桥	悬索桥	248+1088+228	中国
之江大桥	斜拉桥	116+246+116	中国

续上表

桥 梁 名 称	结 构 类 型	跨径布置(m)	国　　家
泰州大桥	悬索桥	2×1080	中国
军山长江大桥	斜拉桥	48+204+460+204+48	中国
二七长江大桥	斜拉桥	90+160+616+616+160+90	中国
重庆两江大桥	斜拉桥	222.5+445+190.5	中国
武汉长江大桥	连续钢桁梁	8墩9孔,三孔一联3×128m	中国
沪通长江大桥	斜拉桥	140+462+1092+462+140	中国
马鞍山长江大桥	悬索桥	360+1080+1080+360	中国

(1)加拿大Confederation桥[39],1997年建成。全长12.9km,是当时世界上最长的建于海水中的预应力混凝土箱梁桥。主跨45×250m,设计寿命为100年。因为当时世界上还没有一种规范或标准能涵盖该桥的设计标准,于是在该桥上实施一套综合监测计划,以便对桥梁在冰荷载作用下的性能、桥梁的短期和长期变形、温度应力、车辆荷载及荷载组合、在风和地震荷载下的动力响应以及环境对桥梁的侵蚀进行研究。监测系统所用的加速度计、应变计、倾斜计、水荷载传感器以及热电偶等各种传感器740个。

(2)日本明石海峡(Akashi-Kaikyo)大桥[40],1998年建成。主跨1991m,是当时世界上最长的悬索桥。为了证实在强风和地震时的设计假定和有关参数的取值,另外,为确定桥梁在温度变化和受其他条件影响的变形特性,在该桥上安装了包括地震仪、风速计、加速度计、速度计、全球卫星定位系统(GPS)、测量主梁边缘位移的位移计、测量调频质量阻尼器(TMD)的位移计及温度计等传感器的监测系统。

(3)韩国Seohae桥和Yeongjong桥[41]。Seohae桥为主跨为470m的双塔斜拉桥;Yeongjong桥为自锚式悬索桥,跨径布置为125m+300m+125m,2000年建成。建成后分别安装了结构健康监测系统,监测内容包括结构的静动态性能和环境荷载,其中Seohae桥安装了各种类型传感器120个,Yeongjong桥安装了各种类型传感器380个。

(4)中国青马(Tsing Ma)大桥、汲水门(Kap Shui Mun)桥和汀九(Ting Kau)桥[42-44]。其中,青马大桥是中跨1377m的悬索桥,汲水门桥为中跨430m的斜拉桥,汀九桥为三塔单索面斜拉桥,两个中跨分别为448m和475m,1997年建成。由于索支承桥对风比较敏感,香港路政署在这些桥上安装了保证桥梁运营阶段安全的监测系统,称之为"风和结构健康监测系统"(WASHMS)。该系统的监测项目包括作用于桥梁上的外部作用(包括环境因素及车辆荷载等)与桥梁的响应,共安装了GPS、风速风向仪、加速度计、位移计、应变计、地震仪、温度计、动态地磅等各类传感器774个。

(5)中国徐浦大桥[45],1997年建成。中跨590m,中跨主梁采用钢梁和钢筋混凝土桥面板组成的组合梁,边跨为预应力混凝土连续梁。为了探索大跨径桥梁健康监测的经验,在该桥上安装了一个带研究性质的结构健康监测系统。该监测系统包括如下监测内容:车辆荷载、中跨主梁的高程、中跨主梁跨中断面的温度及应变、中跨主梁的自振特性以及斜拉索的索力和斜拉索的振动水平。整个监测系统共有各类传感器74个。

(6)中国南京长江大桥[46],1968年建成。该桥为我国自行设计建造的首座公铁两用特大桥,正桥跨径布置为 $3 \times (160m + 160m + 160m) + 128m$。为了确保大桥的安全运营和评估大桥的健康状态,该桥建成了结构健康监测系统,该系统包括应变计、温度计、加速度计、拾振器、风速仪、轨道衡、地震仪等各类传感器 150 多个。

(7)中国润扬长江公路大桥[47-50](简称润扬大桥)其中悬索桥为单跨双铰简支钢箱梁桥,主跨 1490m,建成时为中国第一、世界第三;斜拉桥($176m + 406m + 176m$)为双塔双索面型钢箱梁桥,2005 年建成通车。作为我国建桥史上规模空前的特大型桥梁,对其建设和运营期间的健康监测、诊断以及各种灾害影响下的损伤预测和损伤评估,具有重要的现实意义。该系统的监测项目包括缆索系统(包括斜拉索、主缆和吊杆)的振动响应、钢箱梁温度场及响应(包括应变、振动)、交通荷载状况、桥址风环境以及索塔的振动响应等。

(8)中国苏通长江公路大桥[51],2008 年建成通车,跨江大桥工程总长 8146m,其中主桥采用主跨 1088m 的双塔双索面钢箱梁斜拉桥,是我国建桥史上工程规模最大、建设标准最高、技术最复杂、科技含量最高的现代化特大型桥梁工程,也是世界斜拉桥建设史上的标志性工程。主桥监测系统包括风速仪、温度计、车轴车速仪、GPS、加速度传感器、应变计、温度传感器、磁感应测力仪等,各类传感器共计 788 个。

(9)中国坝陵河大桥[52],2009 年建成通车,桥型为主跨 1088m 双塔单跨双铰钢桁梁悬索桥,跨径组成为 $248m + 1088m + 228m$,东锚碇为重力锚,西锚碇为隧道锚。通车时为国内已建成最大跨径钢桁梁悬索桥,其隧道锚为世界规模最大的隧道锚。大桥健康监测系统监测内容主要包括环境变量(风、温湿度、交通荷载)、几何状态(主梁线形、桥塔偏位、支座变位)、力学性能(应力、索力、疲劳)、振动监测、隧道锚位移(沉降、倾斜)等,各类传感器共计 347 个。

(10)中国武汉长江大桥[53],1957 年建成通车,是新中国成立后在长江上修建的第一座公铁两用桥,被称为"万里长江第一桥",上层为公路桥,下层为双线铁路桥,主桥长 1157.3m,8 墩 9 孔,系三孔一联 $3 \times 128m$ 下承式平行弦菱形连续钢桁梁(铆接结构),由于荷载变化、环境侵蚀以及船舶撞击,各种桥梁病害及损伤已逐渐显露,该桥监测内容包括列车信息、结构振动、挠度、应力、位移、结构温度和环境温湿度等,各类传感器共计 115 个。

(11)中国沪通长江大桥[54],大桥含双层桥面,下层桥面通行Ⅰ级双线铁路及双线客运专线,上层桥面为六车道高速公路,该桥主航道桥为双塔三索面箱桁组合梁斜拉桥,跨径布置为 $140m + 462m + 1092m + 462m + 140m$,是当时世界上跨径最大的公铁两用斜拉桥,专用航道桥采用刚性梁柔性拱形式,跨径布置为 $140m + 336m + 140m$。该桥监测内容包括:桥址环境监测(风、温湿度、水文、雨量监测),外部作用监测(地震及船撞响应、列车及汽车信息、行车状况及航道视频监测),结构安全性监测(结构空间姿态及变形、基础变位、塔梁受力、梁塔振动、斜拉索索力、动应力监测),特殊部位监测(轨道伸缩装置、支座及阻尼器监测),主航道桥布置监测点 292 个,专用航道桥布置监测点 109 个。

从上述国内外主要桥梁结构健康监测系统的监测目标、系统功能及系统运营等方面来看,国内外重要的大跨径桥梁大多设置了结构健康监测系统,监测内容除了结构本身的状态和行为以外,还强调对环境条件的监测和记录分析。很多监测系统具有快速大容量的信息采集、通信与存储能力。然而,这些桥梁的结构健康监测系统大多数只进行测试数据的采集与保存,少有结构健康状态评估的能力。虽然国内外不少学者开展了基于整体动力特性的桥梁损伤评估方法研究,但是由于桥梁结构复杂、体量巨大、局部损伤的不敏感性以及环境因素的影响,基于动力参数测试的大跨径桥梁结构动力损伤诊断技术难以有效地应用于结构状态评估。监测系统数据没有得到充分应用,甚至形成了"海量垃圾数据"的局面。

总体看来,桥梁结构健康监测技术的研究开发尚属于基础性的探索阶段,距离实际工程应用有一定的差距,其中重要原因为:监测系统的海量数据未能得到科学处理,未能通过监测系统数据分析准确把握在役桥梁的复杂工作环境和结构响应行为。因此,基于长期监测数据考察桥梁结构在服役荷载作用下的结构行为特征,研究桥梁环境荷载作用、结构响应及其累积损伤效应的长期变化规律及其相关关系,对于充分发挥桥梁结构健康监测海量数据的作用,服务于大桥的养护和运营管理,并且反馈和改进桥梁结构设计方法等方面具有重要的学术价值和工程应用价值。

1.3 研究目的和主要内容

国内外桥梁结构健康监测系统大多数只进行海量数据采集、保存和显示,少有海量数据处理分析和评估能力,不仅造成系统资源浪费,而且严重制约桥梁结构健康监测的进一步发展。本书在多项国家级和省部级科研项目的资助下,以桥梁温度场、风场等环境作用数据以及梁端位移、应变、振动等结构响应数据为主要对象,详细阐述了基于结构健康监测系统海量数据进行桥梁服役环境作用分析、结构动力性能监控与异常预警、关键构件状态评估与寿命预测等关键理论和方法。本书主要内容包括:①基于温度场和风场长期监测数据建立了桥梁服役环境作用模型与模型参数确定方法(第2章和第3章);②基于梁端位移长期监测数据建立了桥梁伸缩缝温度、车载效应分析方法以及梁端位移异常预警技术(第4章);③基于振动长期监测数据建立了桥梁整体动力特性参数(模态频率和小波包能量谱)的在线识别方法,建立了"环境条件归一化"的桥梁运营状态监控与异常预警技术(第5章和第6章);④采用多尺度分析方法考察了基于振动测试的模态参数指标的损伤定位能力,为利用海量振动监测数据开展大跨径桥梁损伤识别提供依据(第7章);⑤基于应变长期监测数据建立了服役环境下钢箱梁焊接细节疲劳荷载效应以及疲劳寿命预测等分析方法(第8章和第9章);⑥基于挠度长期监测数据建立了在役大跨径桥梁竖向挠度极值预测模型与可靠度评估方法(第10章和第11章);⑦基于锚跨索股内力监测数据建立了在役大跨径悬索桥主缆内力评估技术,结合桥址车载监测数据与有限元模拟提出了在役大跨径悬索桥吊索疲劳损伤评估和寿命预测方法(第12章和第13章)。

本书将系统论述作者及其合作者在桥梁健康监测海量数据分析与评估研究方面所取得的阶段性成果,以期为有关研究和工程实践提供参考。

参 考 文 献

[1] Aktan A E, Catbas F N, Grimmelsman K A, et al. Health monitoring for infrastructure management[C]// Proceedings of SPIE—The International Society for Optical Engineering, Smart Structures and Materials 1999: Smart Systems for Bridges, Structures, and Highways, Newport Beach, CA, 1999.

[2] Caicedo J M, Marulanda J, Thomson P, et al. Monitoring of bridges to detect changes in struc-

tural health[C] // Proceedings of the American Control Conference, Arlington, VA, 2001.

[3] Wallbank E J. Performance of concrete in bridges-a study of 200 trunk road bridges[M]. HMSO, London, 1990.

[4] Mallet G P. Repair of concrete bridges[M]. TRL, Thomas Telford, London, 1994.

[5] 秦权. 桥梁结构的健康监测[J]. 中国公路学报, 2000, 13(2): 37-42.

[6] 高怀志, 王君杰. 桥梁检测和状态评估研究与应用[J]. 世界地震工程, 2000, 16(2): 57-65.

[7] 李冬生. 拱桥吊杆损伤监测与健康诊断[D]. 哈尔滨:哈尔滨工业大学, 2007.

[8] Mandison R B, Irwin G R. Fracture Analysis of King's Bridge, Melbourne[J]. Journal of the Structural Division, ASCE, 1971, 97(9): 2229-2244.

[9] 张启伟. 大型桥梁健康监测概念与监测系统设计[J]. 同济大学学报, 2001, 29(1): 65-69.

[10] Zhu S J, Levinson D, Liu H X, et al. The traffic and behavioral effects of the I-35W Mississippi River bridge collapse. Transportation Research Part A: Policy and Practice, 2010, 44 (10):771-784.

[11] 中华人民共和国交通部. 公路养护技术规范:JTJ 073—96[S]. 北京：人民交通出版社, 1996.

[12] Royles R. Acoustic emission monitoring of masonry arch bridges British[J]. Journal of Non-Destructive Testing, 1991, 33(7): 339-343.

[13] Li D S, Ou J P. Health diagnosis of arch bridge suspender by acoustic emission technique [C] // Fundamental Problems of Optoelectronics and Microelectronics Ⅲ, Proceedings of SPIE, 2007.

[14] Fricker S, Vogel T. Site installation and testing of a continuous acoustic monitoring[J]. Construction and Building Materials, 2007, 21(3): 501-510.

[15] Yuyama S, Yokoyama K, Niitani K, et al. Detection and evaluation of failures in high-strength tendon of prestressed concrete bridges by acoustic emission[J]. Construction and Building Materials, 2007, 21(3):491-500.

[16] 丁幼亮, 邓扬, 李爱群. 声发射技术在桥梁结构健康监测中的应用研究进展[J]. 防灾减灾工程学报, 2010, 30(3):341-351.

[17] 潘绍伟, 叶跃忠, 徐全. 钢管混凝土拱桥超声波检测研究[J]. 桥梁建设, 1979(1): 32-35.

[18] 刘清元. 基于超声波法的拱桥钢管混凝土拱肋密实性检测[J]. 无损探伤, 2004, 28 (2):13-15.

[19] Wang M L, Chen Z L, Koontz S S. Magnetoelastic method of stress monitoring in Steel Tendons and Cables[C] // Nondestructive Evaluation of Highways, Utilities, and Pipelines Ⅳ, Proceedings of SPIE, 2000.

[20] Wang M L, Lloyd G, Hovorka O. Development of a remote coil magneto-elastic stress sensor for steel cables[C] // SPIE 8th Annual International Symposium on Smart Structures and Ma-

[21] 刘沐宇,袁卫国. 桥梁无损检测技术的研究现状与发展[J]. 中外公路,2002,22(6):34-37.

[22] Liu Y H, Su M B, Chen B P, et al. Data management technique based on health and safety monitoring system for bridges[C]// Proceedings of the 2004 International Symposium on Safety Science and Technology, Shanghai, China, 2004.

[23] Kulcu E, Qin X L, Barrish R A Jr, et al. Information technology and data management issucs for health monitoring of the Commodore Barry Bridge[C]// Proceedings of SPIE—The International Society for Optical Engineering, Nondestructive Evaluation of Highways, Utilities, and Pipelines Ⅳ, Newport Beach, CA, 2000.

[24] Sikorsky C, Stubbs N, Bolton R, et al. Measuring bridge performance using a structural health monitoring system[C]// Proceedings of SPIE—The International Society for Optical Engineering, Smart Systems for Bridges, Structures, and Highways-Smart Structures and Materials, Newport Beach, CA, 2001.

[25] Housner G W, Bergman L A, Caughey T K, et al. Structural control: Past, present, and future[J]. Journal of Engineering Mechanics, 1997, 123(9):897-971.

[26] 张启伟. 大型桥梁健康监测概念与监测系统设计[J]. 同济大学学报,2001,29(1):65-69.

[27] Shenton H W III, Chajes M J. Long-term health monitoring of an advanced polymer composite bridge[C]// Proceedings of SPIE—The International Society for Optical Engineering, Smart Structures and Materials—Smart Systems for Bridges, Structures, and Highways, Newport Beach, CA, 1999.

[28] Wong K Y, Chan W Y K, Man K L, et al. Structural health monitoring results on Tsing Ma, Kap Shui Mun and Ting Kau bridges[C]// Proceedings of SPIE—The International Society for Optical Engineering, Nondestructive Evaluation of Highways, Utilities, and Pipelines Ⅳ, Newport Beach, CA, 2000.

[29] Mufti A A, Bakht B, Tadros G, et al. Structural health monitoring of innovative bridge decks [C]// Proceedings of SPIE—The International Society for Optical Engineering, Health Monitoring and Management of Civil Infrastructure Systems, Newport Beach, CA, 2001.

[30] Wu Z J, Ghosh K, Qing X L, et al. Structural health monitoring of composite repair patches in bridge rehabilitation[C]// Proceedings of SPIE—The International Society for Optical Engineering, Smart Structures and Materials 2006—Sensors and Smart Structures Technologies for Civil, Mechanical, and Aerospace Systems, San Diego, CA, 2006.

[31] Peeters B, De Roeck G. One year monitoring of the Z24-bridge: Environmental influences versus damage events[C]// Proceedings of SPIE—The International Society for Optical Engineering, IMAC-XVIII: A Conference on Structural Dynamics Computational Challenges in Structural Dynamics, San Antonio, TX, 2000.

[32] Wang M L, Heo G, Satpathi D. Health monitoring system for large structural systems[J]. Smart Materials and Structures, 1998, 7(5):606-616.

[33] Aktan A E, Catbas F N, Grimmelsman K A, et al. Issues in infrastructure health monitoring for management[J]. Journal of Engineering Mechanics, 2000, 126(7):711-724.

[34] Brownjohn J M W, Moyo P, Omenzetter P, et al. Lessons from monitoring the performance of highway bridges[J]. Structural Control and Health Monitoring, 2005, 12(3-4):227-244.

[35] 张启伟. 桥梁结构模型修正与损伤识别[D]. 上海:同济大学, 1999.

[36] Inaudi D. Monitoring of a concrete arch bridge during construction[J]. Smart Structures and Materials, San Diego, 2002:4696-5017.

[37] Anderson EY, Pedersen. Structural monitoring of the Great Belt East Bridge[C]// Proceedings of the Third Symposium on Strait Crossing, 1994:54-62.

[38] Myroll F, Dibiagio E. Instrumentation for Monitoring the Skarnsunder Cable-Stayed Bridge [C]// Strait Crossing 94, Krokeborg, Balkema, Rotterdam, 1994:54-65.

[39] Cheung M S. Instrumentation and field monitoring of the Confederation Bridge[C]// Proceedings of Workshop on Research and Monitoring of Long Span Bridge, Hong Kong, PRC, 2000.

[40] Fujino Y, Murata M, Okano S, et al. Monitoring system of the Akashi Kaikyo Bridge and displacement measurement using GPS[C]// Proceedings of SPIE—The International Society for Optical Engineering, Nondestructive Evaluation of Highways, Utilities, and Pipelines Ⅳ, Newport Beach, CA, 2000.

[41] Chung B Y. Recent R&D activities on structural health monitoring for civil infrastructures in Korea[C]// International Workshop on Advanced Sensors, Structural Health Monitoring, and Smart Structures, Keio University, Korea, 2003.

[42] Wong K Y, Lau C K, Flint A R. Planning and implementation of the structural health monitoring system for cable-supported bridges in Hong Kong[C]// Proceedings of SPIE—The International Society for Optical Engineering, Nondestructive Evaluation of Highways, Utilities, and Pipelines Ⅳ, Newport Beach, CA, 2000.

[43] Kwong H S, Lau C K, Wong K Y. Monitoring system for Tsing Ma Bridge[C]// Proceedings of the 13th Structures Congress, Boston, MA, 1995.

[44] Chan T H T, Yu L, Tam H Y, et al. Fiber Bragg grating sensors for structural health monitoring of Tsing Ma bridge: Background and experimental observation[J]. Engineering Structures, 2006, 28(5):648-659.

[45] 史家钧, 兰海, 郭志明. 桥梁健康监测中的若干问题[C]// 中日结构减振及健康监测研讨会暨第三届中国结构抗振控制年会, 上海, 2002.

[46] 何旭辉, 陈政清, 黄方林, 等. 南京长江大桥安全监测和状态评估的初步研究[J]. 振动与冲击, 2003, 22(1):75-78.

[47] 李爱群, 缪长青, 李兆霞. 润扬长江大桥结构健康监测系统研究[J]. 东南大学学报(自然科学版), 2003, 33(5):544-548.

[48] Li A Q, Miao C Q, Zhao L. The Health Monitoring System of the Runyang Yangtse River Bridge[C] // Proceedings of the 1st International Conference on Structural Health Monitoring and Intelligent Infrastructure, Tokyo, Japan, 2003.

[49] 缪长青,李爱群,韩晓林,等. 润扬大桥结构健康监测策略[J]. 东南大学学报(自然科学版),2005,35(9):780-785.

[50] Li A Q, Miao C Q. Design and study on the structural health monitoring system for the Runyang Yangtze River Bridge[C] // Proceedings of the 2nd International Conference on Structural Health Monitoring of Intelligent Infrastructure. Shenzhen, China, 2005.

[51] 董学武,张宇峰,徐宏,等. 苏通大桥结构健康监测及安全评价系统简介[J]. 桥梁建设,2006,36(4):71-73.

[52] 纪为详,郭翠翠,李星新,等. 贵州坝陵河大桥健康监测系统设计[J]. 世界桥梁,2012,40(3):15-19.

[53] 杜彦良,苏木标,刘玉红,等. 武汉长江大桥长期健康监测和安全评估系统研究[J]. 铁道学报,2015,37(4):101-110.

[54] 闫志刚,岳青,施洲. 沪通长江大桥健康监测系统设计[J]. 桥梁建设,2017,47(4):7-12.

第 2 章　桥梁温度场监测与分析

2.1　桥梁温度场监测概述

2.1.1　温度传感技术概述

桥梁由于受到四季交替的温度作用,会沿主梁轴向产生较大的温差应力和伸缩变形,对桥梁承载能力和伸缩缝造成影响。不仅如此,由于太阳辐射作用和车轮摩擦作用,在主梁的顶面和底面之间、行车道和人行道之间也会产生较大的温差,这种温差不仅会在主梁内部产生较大的温度应力,还会造成桥梁的结构开裂和桥面铺装层的裂缝。大量研究结果表明,温度应力可以达到甚至超过汽车活载的应力。因此,温度作用是影响桥梁全寿命受力性能的重要因素之一[1-2]。桥梁温度效应分析时,合理的结构内部温度场取值是基础。现场实测是获取桥梁结构温度场分布规律的重要手段。目前,常用的温度传感器主要是热电偶温度传感器和热敏电阻温度传感器。

热电偶温度传感器是基于塞贝克效应而制成的。塞贝克效应是指由两种不同种类的金属线所构成的电路,在其接线点处加上不同的温度时,对应不同的温差将引起不同的热电势。热电偶温度传感器结构简单,机械性能好,可以在很宽的测温范围内使用,因此得到了较为广泛的应用。由于热电偶测的是温度差,因此为得到正确的温度值,必须用一种基准温度对接点进行修正。另外,热电偶温度传感器输出的信号比较小,因此在常温附近如不注意测量方式,则其测量精度较低。

热敏电阻温度传感器是一种利用热敏电阻的阻温性能进行温度测试的传感器。热敏电阻是对温度敏感的半导体元件,主要特征是随着外界环境温度的变化,其阻值会相应发生较大改变。电阻值对温度的依赖关系称为阻温特性。热敏电阻根据温度系数分为两类:正温度系数热敏电阻和负温度系数热敏电阻。热敏电阻作为温度传感器,具有用料省、成本低、体积小等优点,可以简便灵敏地测量微小温度的变化,响应速度快,电阻随温度的变化能力强,在众多领域得到了广泛的应用。

近年来,基于光纤技术进行结构温度测试的研究也得到了快速发展,光纤温度传感器与传统的传感器相比具有很多优点,如灵敏度高、体积小、耐腐蚀、抗电磁辐射、光路可弯曲、便于实现遥测等。但在实际应用中,基于强度调制的光纤温度传感器,由于易受光源功率变化及线路损耗等影响,其长期测量稳定性差。因此产生了一种基于光纤光栅技术的温度传感器,采用波长编码技术,消除了光源功率波动及系统损耗的影响,适用于长期监测,而且多个光纤光栅组成的温度传感系统,采用一根光缆可实现准分布式测量。

2.1.2 润扬大桥悬索桥钢箱梁温度场监测简介

润扬大桥悬索桥的温度监测选用了基康公司的 BGK-4000 振弦式应变计(图 2.1.1)。这种应变计被广泛地应用于管线、支撑、钢板桩和桥梁等各种结构的应变监测,测试时可将仪器的两个端块用电弧焊接或螺栓固定在钢结构表面以监测钢结构的应变,也可粘接或使用一段锚杆通过钻孔的方式固定在混凝土结构表面上来测量混凝土的应变,其内置的温度传感器可同时监测安装位置的温度,表 2.1.1 给出了传感器的技术指标。

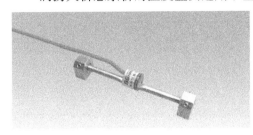

图 2.1.1 BGK-4000 振弦式应变计

温度传感器技术指标　　　　　　表 2.1.1

分辨率	量程	温度	温度测试精度	非线性度	温度系数	仪器长度
$0.5 \sim 1\mu\varepsilon$	$0 \sim 3000\mu\varepsilon$	$-20 \sim +80℃$	$±0.5\%$	$<0.5\%$ FS	$12×10^{-6}/℃$	150mm

注:FS 表示满量程,即 Full Scale 的缩写。

润扬大桥结构健康监测系统在悬索桥主梁四个横截面布置了温度传感器,图 2.1.2 为润扬大桥悬索桥主梁温度监测截面及传感器布置图,重点对扁平钢箱梁顶板和底板的温度场进行长期在线监测[3]。

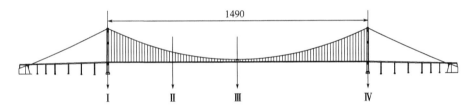

a)温度传感器的布置截面(其中截面 Ⅰ 和 Ⅳ 为主塔位置,截面 Ⅱ 为 1/4 跨位置,截面 Ⅲ 为 1/2 跨位置)

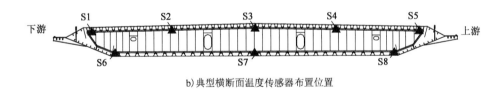

b)典型横断面温度传感器布置位置

图 2.1.2 润扬大桥悬索桥温度传感器布置图(尺寸单位:m)

2.2 润扬大桥悬索桥钢箱梁温度场长期监测结果

现代大跨径桥梁的主梁大多采用流线型薄壁扁平钢箱梁及其正交异性板钢桥面技术,例如南京长江二桥、润扬长江公路大桥和苏通长江公路大桥等。正交异性钢桥面板是由纵、横向加劲肋和盖板共同承受荷载的桥面结构,不仅作为桥面板直接承受车轮荷载,而且作为主梁的上翼缘参与主梁整体共同工作。深入研究扁平钢箱梁结构在自然环境中真实的环境荷载及其结构行为,这既是大跨径桥梁结构设计中需要解决的关键问题,也是大跨径桥梁结构健康监测与安全评估系统研究的基础理论问题。

自20世纪60年代以来,各国桥梁工作者对混凝土箱梁结构在太阳辐射作用下的温度分布、影响因素及分析方法做了大量的研究工作[4-7]。然而,对于扁平钢箱梁结构温度场及温度效应的研究工作少有报道。本节以润扬大桥悬索桥的扁平钢箱梁为研究对象,基于扁平钢箱梁温度场的长期监测数据,详细研究了扁平钢箱梁在日照作用下的温度场分布特征,为进一步深入研究环境温度对扁平钢箱梁结构性能的影响提供了重要的依据[8]。

2.2.1 钢箱梁的温度分布特征

润扬大桥结构健康监测系统中的温度传感器采样频率设为1Hz,一年的实时监测结果超过3000万个数据。由于数据量较大,筛选出具有典型代表性的90d的数据。进一步分析发现相邻10min内温度变化不大,因此以10min为基本时距对温度采集结果做平均,用平均值代表此时段的温度值。从而一天共有144个温度值,一年共筛选出12960个典型温度值。由图2.1.2可知,结构健康监测系统总共对润扬大桥悬索桥4个截面进行了温度监测,选取典型截面Ⅱ和Ⅲ的采集数据进行分析。截面Ⅲ为跨中位置,左右对称,对扁平钢箱梁的温度分布特性具有良好的代表性。因此本节以截面Ⅲ的典型温度值作为研究对象进行分析,以截面Ⅱ的典型温度值对结论进行校核。

截面Ⅲ上各个测点的温度年变化曲线如图2.2.1所示。从图中可以看出,钢箱梁横截面各点的温度变化具有相似的规律,都具有典型的季节变化特征:冬季温度较低,夏季温度较高。最高温度对应的日期为7月13日(夏季),最低温度对应的日期为1月6日(冬季)。对比图2.2.1a)与图2.2.1c)可得,由于钢箱梁截面具有几何对称性,横截面中轴对称的各测点的温度年变化曲线也十分接近,因此可取其左半部分进行下一步的分析。同一截面上各测点的极值温度如表2.2.1所示,顶板各测点(S1~S5)的最高温度、最低温度和最大温差均较为接近,底板各测点(S6~S8)的结果也有类似规律,但顶板的极值温度与底板的极值温度则相差较大。钢箱梁温度的季节性变化将带来温差和温度应力的不断变化,这对结构构件、伸缩缝以及支座的耐久性都是一个严峻的考验,因此有必要对钢箱梁温差进行深入研究。

扁平钢箱梁截面Ⅲ各测点的极值温度(℃)　　　　表2.2.1

传感器编号	S1	S2	S3	S4	S5	S6	S7	S8
最高温度	57.48	56.99	49.75	58.54	52.42	41.06	39.60	39.60
最低温度	-6.30	-6.73	-5.91	-6.82	-6.20	-4.53	-4.49	-4.49
最大温差	63.77	63.72	55.66	65.35	58.63	45.58	44.09	44.09

2.2.2 底板的横向温差分布特征

为了研究润扬大桥悬索桥扁平钢箱梁底板横向温差在一年四季的变化特征,绘制T_{76}、T_{78}

在一年内的变化曲线,如图2.2.2所示(图中 $T_{ij} = T_i - T_j$,表示温度传感器 S_i 与 S_j 的实测温度 T_i 与 T_j 之差,$i,j = 1,2,3,\cdots,7,8$,下同)。从图中可以看出,T_{76}、T_{78} 在一年内变化比较均匀,其绝对值均在2.0℃之内,因此可以认为扁平钢箱梁底板横向温度均匀分布,忽略底板横向温差对结构造成的影响,即底板横向温差标准值为0℃。

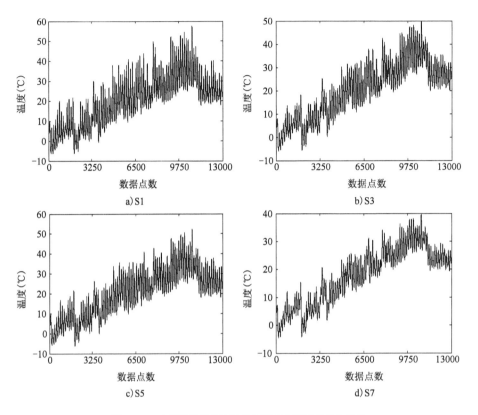

图2.2.1 扁平钢箱梁截面Ⅲ不同测点的温度年变化曲线

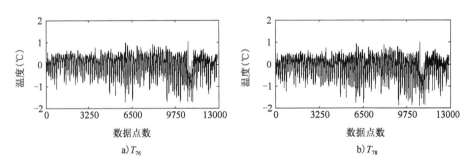

图2.2.2 底板的横向温差年变化曲线

2.2.3 顶板的横向温差分布特征

润扬大桥悬索桥扁平钢箱梁顶板由于受到阳光直接照射,因此大气温度和太阳辐射温度是决定顶板温度值的主要因素。图2.2.3为润扬大桥悬索桥扁平钢箱梁顶板横向温差的年变化曲线。虽然顶板温度值具有明显的季节特征,但是不同测点之间的温差在一年内分布比较均匀,不存在随季节变化的趋势,说明其具有某种与时间无关的特定分布模式。图中 T_{12}、T_{23}、T_{31} 和 T_{35} 均有正值和负值,即任意两点之间存在正温差和负温差,且最大正温差绝对值与最大负温差绝对值相差较大,因此不能将正温差和负温差笼统考虑。T_{35} 与 T_{31} 对比分析表明,其曲线变化趋势整体一致,进一步验证了取其中一半进行分析的合理性。顶板不同测点之间的温差在一年内的变化幅值较大,最大值可达到10℃。

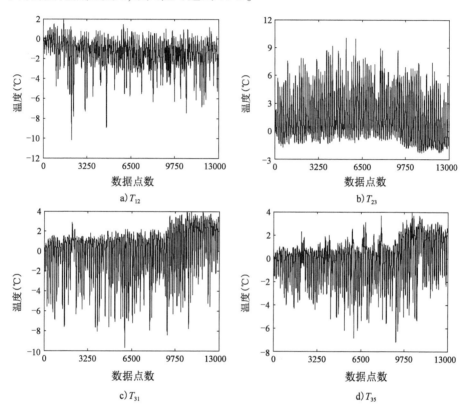

图2.2.3 顶板的横向温差年变化曲线

2.2.4 顶板与底板的竖向温差分布特征

润扬大桥悬索桥扁平钢箱梁底板常年不受太阳直接照射,因此钢箱梁顶板和底板存在显著的竖向温差,其结果如图2.2.4所示。从图中可以看出,夏季的竖向温差明显大于冬季的竖向温差,这主要是由于夏季白天的太阳辐射温度较高,导致顶板温度较高。进一步分析一天的竖向温差变化情况(图2.2.4中小图)发现:随着日照的增强,白天的竖向温差迅速增大,在下午1:30 左右达到最大值;随着日照的消失,夜晚的竖向温差逐渐减小,最后趋于零值甚至负值,其时间为早上7:00 左右。为了深入描述竖向温差的特征,取底板的横向温差年变化曲线做对比[图2.2.2a)]。结果表明,T_{37} 在一年内的变化幅度远远超过 T_{76},其最大值超过10℃,因此扁平钢箱梁顶板与底板之间的竖向温差不可忽略不计,有必要对其分布规律做详细分析。

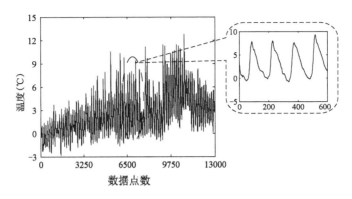

图 2.2.4 顶板与底板的竖向温差(T_{37})年变化曲线

2.3 润扬大桥悬索桥钢箱梁温差统计特性分析

由上节分析可知,钢箱梁横截面不同位置之间的温差 T_{ij} 在一年中的变化趋势较为平缓,因此可以看作一个同分布的平稳随机过程。根据平稳随机过程的遍历性定理,可以把其看作是一个随机变量。这样就把钢箱梁横截面不同位置之间的温差 T_{ij} 转化为几个随机变量的分布,再运用非线性最小二乘估计、假设检验等统计学方法就可以得到其分布函数。由于正温差和负温差在结构中产生的温度应力具有明显的差别,因此将扁平钢箱梁横截面的温差分为正温差和负温差,分别进行考虑。

通过对多个分布模型的拟合优度比较,最终选用 1 个 Weibull 分布和 1 个正态分布的加权和来准确描述扁平钢箱梁横截面的正温差和负温差的分布函数,其计算公式如下:

$$f(T) = \alpha W(a,b) + \beta N(\sigma,\mu) = \alpha\left[ba^{-b}T^{b-1}\mathrm{e}^{-\left(\frac{T}{a}\right)^b}\right] + \beta\left[\frac{1}{\sigma\sqrt{2\pi}}\mathrm{e}^{\frac{-(T-\mu)^2}{2\sigma^2}}\right] \quad (2.3.1)$$

式中:$f(T)$——扁平钢箱梁温差 T_{ij} 的分布函数;

$W(a,b)$——Weibull 分布函数;

$N(\sigma,\mu)$——正态分布函数;

α,β——Weibull 分布和正态分布的权重,且 $\alpha + \beta = 1$。

2.3.1 顶板的横向正温差统计特征

对润扬大桥悬索桥扁平钢箱梁顶板横向正温差 T_{12}^+、T_{23}^+ 和 T_{31}^+ 的实测样本数据按照式(2.3.1)进行非线性最小二乘估计,实测数据的概率密度和估计的概率密度如图 2.3.1 所示(其中 T_{ij}^+ 表示温度传感器 S_i 与 S_j 的实测温度 T_i 与 T_j 的正温差,$i,j = 1,2,3,\cdots,7,8$,下同)。从图中可以看出,对于 T_{12}^+、T_{23}^+ 和 T_{31}^+,估计的概率密度曲线均能较好地符合实测温差的概率分布。采用皮尔逊 χ^2-检验来判断样本数据是否服从所假设的概率分布。通过显著性水平 $\alpha = 0.1$ 的皮尔逊 χ^2-检验,以上随机变量服从的概率分布函数如表 2.3.1 所示。

— 18 —

第2章 桥梁温度场监测与分析

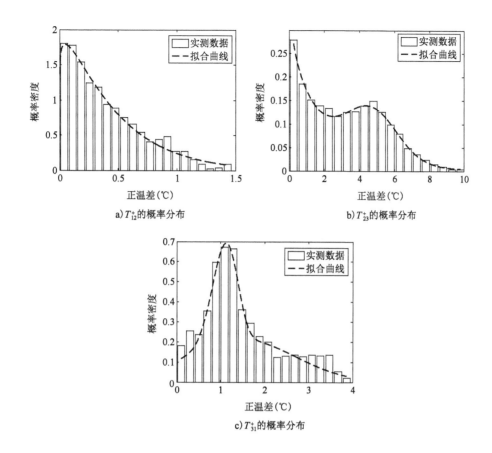

图 2.3.1 顶板的横向正温差概率分布图

顶板横向正温差的概率分布函数　　　　　表 2.3.1

随机变量	分 布 函 数
T_{12}^+	$0.999W(0.455,1.092)+0.001N(2.107,38.914)$
T_{23}^+	$0.605W(2.142,0.907)+0.395N(4.670,1.483)$
T_{31}^+	$0.340W(1.185,4.479)+0.660N(1.454,1.227)$

2.3.2　顶板的横向负温差统计特征

参考上节,将润扬大桥悬索桥扁平钢箱梁顶板的实测横向负温差 T_{21}^-、T_{23}^- 和 T_{31}^- 进行非线性最小二乘估计,其结果如图 2.3.2 所示(其中 T_{ij}^- 表示温度传感器 S_i 与 S_j 的实测温度 T_i 与 T_j 的负温差,$i,j=1,2,3,\cdots,7,8$,下同)。由于 Weibull 分布函数的样本数据要求是正值,所以将所有的负温差先转化成正数,再进行统计分析。实测数据的概率密度分布与拟合概率密度曲线具有良好的一致性。利用显著性水平 $\alpha=0.1$ 的皮尔逊 χ^2 -检验对以上随机变量的概率分布模型进行了拟合优度判断,顶板的各个横向负温差的概率分布函数如表 2.3.2 所示。

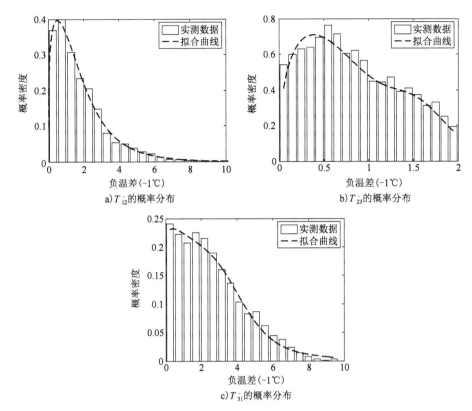

图 2.3.2 顶板的横向负温差概率分布图

顶板横向负温差的概率分布函数 表 2.3.2

随 机 变 量	分 布 函 数
T_{12}^{-}	$0.892W(1.702,1.273)+0.108N(3.218,2.697)$
T_{23}^{-}	$0.898W(0.932,1.408)+0.102N(1.567,0.285)$
T_{31}^{-}	$0.671W(2.675,1.088)+0.329N(2.709,1.605)$

2.3.3 顶板与底板的竖向温差统计特征

将润扬大桥扁平钢箱梁顶板和底板的竖向温差分为正温差和负温差分别进行讨论。同样,先将负温差转化为正数再进行分析。如图 2.3.3 所示,采用非线性最小二乘估计进行分析,实测竖向温差的分布密度与假设的概率分布函数符合较好,表明假设合理。采用显著性水平 $\alpha=0.1$ 的皮尔逊 χ^2 - 检验对计算的概率密度函数进行拟合优度判断,计算结果表明 T_{37}^{+} 和 T_{37}^{-} 的计算概率分布函数都能够通过检验,其结果如表 2.3.3 所示。

扁平钢箱梁竖向温差的概率分布函数 表 2.3.3

随 机 变 量	分 布 函 数
T_{37}^{+}	$0.668W(2.785,1.146)+0.329N(4.305,2.701)$
T_{37}^{-}	$0.999W(0.750,1.194)+0.001N(0.268,4.790)$

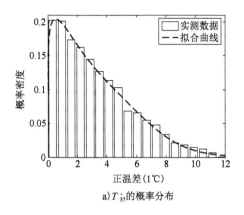
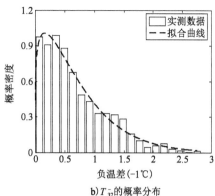

a) T_{37}^+ 的概率分布   b) T_{37}^- 的概率分布

图 2.3.3　扁平钢箱梁竖向温差概率分布图

2.3.4　扁平钢箱梁温差标准值

我国的《公路桥涵设计通用规范》(JTG D60—2015)规定温度(均匀温度和梯度温度)作用属于可变作用。可变作用的代表值分为标准值、频遇值或准永久值,但《公路工程结构可靠度设计统一标准》(GB/T 50283—1999)未说明标准值的计算方法,故本节研究参照欧洲结构设计标准Ⅰ的规定,即温度作用的特征值是具有重现期为50年的作用值。按照我国桥梁规范中规定的设计基准期(100年)算,设计基准期内最大温度作用超过特征值次数的数学期望为2次。设每年有 N 个温差实测数据,令 P 为实际温差 T 大于给定温差标准值 T_0 的概率(即超越概率),则:

$$P = 1 - F(T_0) = \int_{T_0}^{+\infty} f(T)\,\mathrm{d}T = \frac{2}{100N} \quad (2.3.2)$$

式中:$f(T)$——温差 T_{ij} 的概率密度函数。

将超越概率值 P 代入上式,即可求得扁平钢箱梁各测点之间温差的标准值。按照上述相同的方法对横截面Ⅱ的实测数据进行分析,也可得到其温差概率分布函数。利用式(2.3.2)对扁平钢箱梁截面Ⅲ和截面Ⅱ的温差标准值进行计算,其结果如表2.3.4所示。从表中可以看出,顶板某些测点之间的横向温差标准值已经超过竖向温差标准值,仅考虑竖向温差引起的箱梁温度应力的合理性有待商榷;截面Ⅲ和截面Ⅱ的温差标准值具有良好的一致性,验证了计算的正确性,同时也表明截面Ⅲ的温度测试结果对整个主梁的温度场分布具有良好的代表性,采用截面Ⅲ的温差标准值进行润扬大桥悬索桥的温度应力计算是可行的。

扁平钢箱梁截面Ⅲ和截面Ⅱ温差标准值(℃)　　　表 2.3.4

随机变量	截面Ⅲ		截面Ⅱ	
	正温差标准值	负温差标准值	正温差标准值	负温差标准值
T_{76}	0	0	0	0
T_{12}	4.28	-13.43	4.26	-13.46
T_{23}	15.31	-4.36	15.28	-4.39
T_{31}	5.82	-19.11	5.89	-19.18
T_{37}	18.01	-5.73	18.20	-5.74

2.3.5 扁平钢箱梁温差模式

为了计算温度应力对扁平钢箱梁的影响,需要知道最不利的温度作用,即扁平钢箱梁横截面上的最不利温差分布。基于以上统计分析结果并结合相关性分析,可以得出扁平钢箱梁不同测点之间的温差模式。下面以测点 S7 的温度值为基准点,建立扁平钢箱梁横截面的温差分布模型。

2.3.5.1 底板横向温度场分布

由 2.2.2 节分析得底板横向温差标准值为 0℃,底板横向温度场分布为:$T_6 = T_7 = T_8$。

2.3.5.2 顶板横向温度场分布

扁平钢箱梁横截面顶板横向温差可由 3 种工况 T_{12} 和 T_{13}、T_{21} 和 T_{23}、T_{31} 和 T_{32} 来确定。每种工况又同时存在正温差和正温差、正温差和负温差、负温差和负温差、负温差和正温差 4 种组合,因此顶板横向温差共有 12 种模式。这 12 种模式中的某些模式之间存在相互排斥,可通过相关性分析对相互排斥的模式进行筛选,获取有效的顶板横向温差模式。

1) T_{12} 和 T_{13} 的相关性分析

T_{12} 和 T_{13} 的相关性和随时间变化曲线如图 2.3.4 所示。从图 2.3.4a) 中可以看出,当 T_{12} 达到正温差最大值时,T_{13} 可能是正温差最大,也可能是负温差最大,还可能是在中间。这点在图 2.3.4b) 中也得到很好的印证,当 T_{12} 逐渐增大时,T_{13} 可能增大也可能变小,T_{12} 和 T_{13} 几乎没有相关性。因此 T_{12} 取正温差标准值时,T_{13} 可为正温差标准值或负温差标准值;T_{12} 取负温差标准值时,T_{13} 可为正温差标准值或负温差标准值,即存在如下 4 种模式:

第 1 种模式:$T_{12} = 4.28℃$,$T_{13} = 19.11℃$;
第 2 种模式:$T_{12} = 4.28℃$,$T_{13} = -5.82℃$;
第 3 种模式:$T_{12} = -13.43℃$,$T_{13} = 19.11℃$;
第 4 种模式:$T_{12} = -13.43℃$,$T_{13} = -5.82℃$。

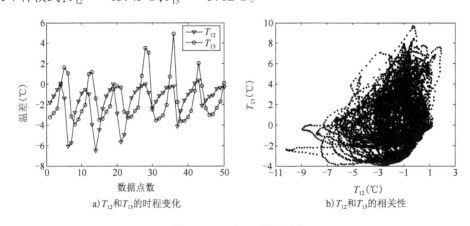

图 2.3.4 T_{12} 和 T_{13} 的关系图

2) T_{21} 和 T_{23} 的相关性分析

T_{21} 和 T_{23} 的相关性和随时间变化曲线如图 2.3.5 所示。从 T_{21} 和 T_{23} 的时程变化曲线可以看出,当 T_{21} 达到极值时,T_{23} 也达到极值。相关性分析表明,T_{21} 和 T_{23} 存在一定的相关性,T_{23} 有随着 T_{21} 的增大而增大的趋势。因此不存在 T_{21} 取正温差标准值而 T_{23} 取负温差标准值的情况,也不存在 T_{21} 取负温差标准值而 T_{23} 取正温差标准值的情况,即 T_{21} 和 T_{23} 只存在两种模式:

第1种模式为:$T_{21} = 13.43℃, T_{23} = 15.31℃$;

第2种模式为:$T_{21} = -4.28℃, T_{23} = -4.36℃$。

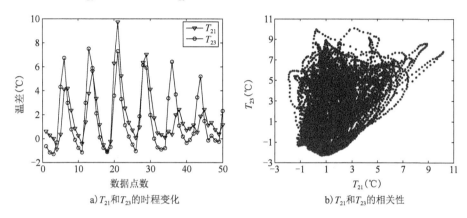

图2.3.5 T_{21} 和 T_{23} 的关系图

3)T_{31} 和 T_{32} 的相关性分析

从图2.3.6可以看出,T_{31} 和 T_{32} 的极值具有良好的一致性,T_{32} 随着 T_{31} 的增大而增大。与 T_{21} 和 T_{23} 的相关性类似,也不存在 T_{31} 和 T_{32} 同时取相反符号极值的情况。T_{31} 和 T_{32} 的取值模式为:

第1种模式为:$T_{31} = 5.82℃, T_{32} = 4.36℃$;

第2种模式为:$T_{31} = -19.11℃, T_{32} = -15.31℃$。

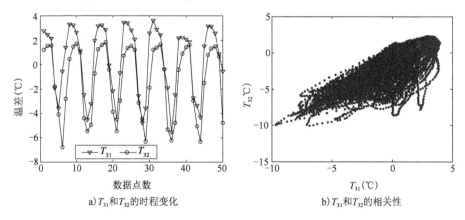

图2.3.6 T_{31} 和 T_{32} 的关系图

通过对12种模式进行相关性分析,剔除了4种不可能出现的模式,最后剩下8种温差分布模式。以测点S3处为基点(即假设S3处温度为0℃),这8种温差模式如表2.3.5所示。仔细分析可以发现:第1、3、5、8种模式的温度场分布相近,可归为一类,选取最不利的第3种模式作为代表;第2、6、7种模式的温度场分布相近,可归为一类,选取最不利的第2种模式作为代表;第4种模式单独归为一类。因此经过筛选后选取第2、3、4种温差模式作为扁平钢箱梁横截面温度应力计算的最不利工况。结合扁平钢箱梁横截面温度场分布关于中轴对称的特性,这三种温差模式如图2.3.7所示。

扁平钢箱梁顶板横向温差分布模式(℃)　　　　　　　　　　　　　表2.3.5

温度场的分布模式	S1	S2	S3	温度场的分布模式	S1	S2	S3
第1种	19.11	14.83	0	第5种	1.88	15.31	0
第2种	-5.82	-10.10	0	第6种	-0.08	-4.36	0
第3种	19.11	32.54	0	第7种	-5.82	-4.36	0
第4种	-5.82	7.61	0	第8种	19.11	15.31	0

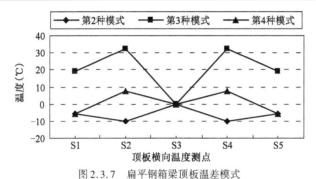

图2.3.7　扁平钢箱梁顶板温差模式

2.3.5.3　竖向温度场分布

由于扁平钢箱梁横截面竖向同时存在正温差和负温差,因此竖向温差分布存在两种模式:第1种模式为$T_3 - T_7 = 18.01℃$;第2种模式为$T_3 - T_7 = -5.73℃$。

2.4　润扬大桥悬索桥钢箱梁温度场全寿命数值模拟

温度作用是大跨径桥梁结构服役期的主要作用之一,合理的温度场取值是桥梁结构全寿命评估的基础。本节在2.2节分析的基础上,采用最小二乘估计和假设检验对润扬大桥悬索桥扁平钢箱梁横截面实测的温度特性和温差特性进行了统计分析,利用数值逆变换抽样方法模拟得出参考点的温度以及其他点与参考点之间温差的样本序列,进而建立扁平钢箱梁横截面的温度场。研究结果表明,数值逆变换抽样方法模拟产生的样本的概率密度函数与目标概率密度函数吻合良好,模拟温度场与实测结果具有良好的一致性。数值逆变换抽样方法能有效模拟扁平钢箱梁的温度场,模拟的温度场可用于润扬大桥悬索桥的全寿命评估。

2.4.1　温度特性统计分析

润扬大桥悬索桥钢箱梁典型测点一年的温度时程如图2.4.1a)所示。从图中可以看出,钢箱梁横截面测点的温度变化具有典型的季节变化特征:冬季温度较低,夏季温度较高。通过比较多个概率分布模型的拟合优度,最终选用2个正态分布的加权和来描述润扬大桥悬索桥扁平钢箱梁横截面长期温度监测数据的统计特性,其计算公式如下:

$$f(T) = \alpha N_1(\sigma_1,\mu_1) + \beta N_2(\sigma_2,\mu_2) = \alpha\left[\frac{1}{\sigma_1\sqrt{2\pi}}e^{\frac{-(T-\mu_1)^2}{2\sigma_1^2}}\right] + \beta\left[\frac{1}{\sigma_2\sqrt{2\pi}}e^{\frac{-(T-\mu_2)^2}{2\sigma_2^2}}\right]$$

(2.4.1)

式中： $f(T)$——测点温度监测结果的概率密度函数；
$N_1(\sigma_1,\mu_1)$、$N_2(\sigma_2,\mu_2)$——正态分布，其中 σ_1、μ_1、σ_2 和 μ_2 表示正态分布的概率密度函数的参数；
α、β——两个正态分布的权重，且 $\alpha + \beta = 1$。

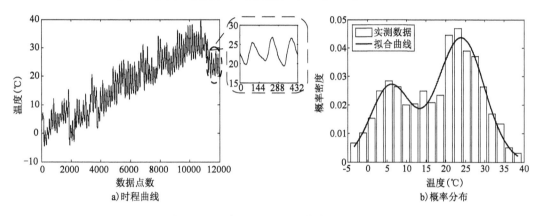

图 2.4.1 测点 S7 的温度时程曲线和概率分布

利用参数估计得出截面Ⅲ不同测点的温度概率密度函数曲线,与实测概率密度进行对比,如图 2.4.1b)所示。从图中可以看出,估计的概率密度曲线与实测概率密度具有良好的一致性,说明估计的概率密度函数能够准确反映测点不同温度出现的概率。通过显著性水平 $\alpha = 0.05$ 的 K-S 检验,测点温度的概率密度函数如表 2.4.1 所示。从表中可以看出,处于截面顶板对称位置的 S1 与 S5、S2 与 S4 以及底板 3 个测点 S6、S7 与 S8 的概率密度函数的参数十分接近。绘制截面Ⅲ的 8 个测点的温度概率密度曲线如图 2.4.2 所示,结果表明,顶板处于对称位置测点以及底板 3 个测点的温度概率密度曲线十分接近,因此可以认为 S1 与 S5、S2 与 S4 以及 S6、S7 与 S8 的温度分布相同。

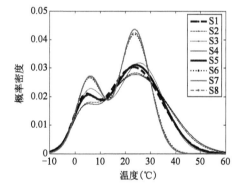

图 2.4.2 扁平钢箱梁 8 个测点温度的概率密度函数

扁平钢箱梁不同测点温度的概率密度函数   表 2.4.1

随机变量	概率密度函数
S1	$0.836N_1(10.989,23.516) + 0.164N_2(4.445,3.321)$
S2	$0.881N_1(12.435,24.276) + 0.119N_2(4.719,3.252)$
S3	$0.727N_1(9.125,25.922) + 0.273N_2(5.435,5.315)$
S4	$0.899N_1(12.910,24.291) + 0.101N_2(4.298,3.024)$

续上表

随机变量	概率密度函数
S5	$0.808N_1(10.375,24.450)+0.182N_2(4.887,3.863)$
S6	$0.658N_1(6.273,23.868)+0.342N_2(5.255,5.670)$
S7	$0.651N_1(5.958,23.923)+0.349N_2(5.202,5.965)$
S8	$0.654N_1(6.154,23.897)+0.341N_2(5.225,5.763)$

2.4.2 温差特性统计分析

扁平钢箱梁是一个具有超多自由度的超静定结构,横截面的温度应力分布与横截面各点之间的温差直接相关,因此还需要考虑不同测点之间温差的统计特性。用1个Weibull分布和1个正态分布的加权和来估计横截面测点之间温差的概率密度函数,如式(2.4.2)所示。由于Weibull分布只能描述正随机变量的分布,所以首先将温差加上1个正数(本节取3),使温差值全部变成正数。

$$f(\Delta T_1) = \alpha W(a,b) + \beta N(\sigma,\mu) = \alpha\left[ba^{-b}\Delta T_1^{b-1}e^{-\left(\frac{\Delta T_1}{a}\right)^b}\right] + \beta\left[\frac{1}{\sigma\sqrt{2\pi}}e^{\frac{-(\Delta T_1-\mu)^2}{2\sigma^2}}\right]$$
(2.4.2)

$$\Delta T_1 = \Delta T + 3 \quad (2.4.3)$$

式中:$f(\Delta T_1)$——温差ΔT_1的分布函数;

ΔT——不同测点之间的温差($\Delta T = T_i - T_j, i,j = 1,2,3,\cdots,8,$且$i \neq j$);

$W(a,b)$——Weibull分布函数;

$N(\sigma,\mu)$——正态分布函数;

α,β——Weibull分布和正态分布的权重,且$\alpha + \beta = 1$。

图2.4.3给出了估计的温差概率密度函数,与实测温差概率分布对比表明估计的温差概率密度函数能够良好地反映实测温差的统计特性。以测点2为参考点,分别估计温差T_{21}、T_{23}和T_{27}的概率密度函数,通过显著性水平$\alpha = 0.05$的K-S检验的温差概率密度函数如表2.4.2所示。

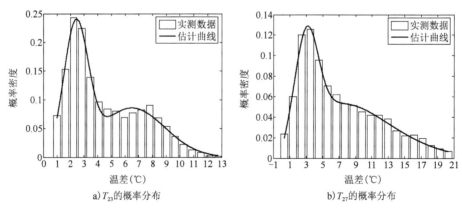

a) T_{23}的概率分布 b) T_{27}的概率分布

图2.4.3 扁平钢箱梁不同测点温差的概率分布曲线

温差的概率密度函数 表2.4.2

随机变量	概率密度函数
T_{21}	$0.357W(3.680,6.608)+0.643N(1.348,4.729)$
T_{23}	$0.483W(2.713,3.176)+0.517N(2.406,6.504)$
T_{27}	$0.663W(10.679,1.976)+0.337N(1.413,3.008)$

2.4.3 温度场模拟方法

生成服从某个目标概率密度函数的样本序列可以采用逆变换抽样方法(Inverse Transform Sampling Method,简称 ITSM)[9]。假设一个已知样本序列的随机变量 X 的概率密度函数为 $f(x)$,另一个随机变量 Y 与随机变量 X 的关系为 $Y=\phi(X)$,则随机变量 X 的概率密度函数为:

$$F(x)=P(X\leqslant x)=\int_{-\infty}^{x}f(t)\mathrm{d}t \qquad (2.4.4)$$

随机变量 Y 的概率分布函数为:

$$G(y)=P(Y\leqslant y)=P[X\leqslant\phi^{-1}(y)]=|F[\phi^{-1}(y)]| \qquad (2.4.5)$$

式中:$\phi^{-1}(y)$——$\phi(X)$ 的反函数。

从而可得随机变量 Y 的概率分布函数为:

$$g(y)=\frac{\mathrm{d}G(y)}{\mathrm{d}y}=f[\phi^{-1}(y)]\left|\frac{\mathrm{d}}{\mathrm{d}y}\phi^{-1}(y)\right| \qquad (2.4.6)$$

令 $g(y)$ 等于目标概率密度函数,则通过式(2.4.6)即可求出函数 $\phi(X)$。在实际应用中,常常取随机变量 X 为均匀分布,利用随机变量 X 的已知样本即可求出服从概率密度函数 $g(y)$ 的随机变量 Y 的样本序列。

采用逆变换抽样方法得出样本序列的过程需要对目标概率密度函数进行积分和求反函数,扁平钢箱梁横截面温度场的概率密度函数较为复杂,无法得出其概率密度函数的积分和反函数的解析表达式,因此本节利用逆变换抽样方法的思想,采用数值逆变换抽样方法生成扁平钢箱梁横截面测点的温度场样本序列。设需要生成样本序列的总数为 N,根据随机变量 T 的概率分布,采用极值分析法(EVA)[10]可得出需要生成的时间跨度范围内的最低值 T_1 和最高值 T_2,以及超过此范围的样本数 N_0,即随机变量的区间为 $[T_1,T_2]$,区间范围内的样本总数为 $\overline{N}=N-N_0$。超过区间范围的样本一般较少,可选取随机生成的比较靠近区间端点的数据样本。将待模拟样本范围等间隔分为 M 个区间,则每个子区间的增量为:

$$\Delta T=\frac{T_2-T_1}{M} \qquad (2.4.7)$$

第 i 个子区间的范围为:$[(i-1)\times\Delta T+T_1,i\times\Delta T]$,其中 $i=1,2,3,\cdots,M$。设每个子区间的温度样本数量为 N_i,

$$N_i=\left\lfloor\overline{N}\int_{(i-1)\times\Delta T}^{i\times\Delta T}f(t)\mathrm{d}t\right\rfloor \qquad (2.4.8)$$

式中：⌊ ⌋——向下取整；

$f(t)$——随机变量 T 的概率密度函数。

由于向下取整，导致实际生成的样本数量少于要求的样本数量，其差值 ΔN 为：

$$\Delta N = \overline{N} - \sum_{i=1}^{M} N_i \quad (2.4.9)$$

将多余的样本数量按照子区间样本数量的多少按比例分配到每个区间，第 i 个子区间分配的多余的样本数量为 ΔN_i，则第 i 个子区间最终的样本数量 $\overline{N}_i$ 为：

$$\overline{N}_i = N_i + \Delta N_i \quad (2.4.10)$$

当 M 足够大时，可近似认为每个子区间内概率密度函数取值相等，即在子区间内有 $f(t) = C$，其中 C 为常数。按照第 i 个子区间的样本数量 $\overline{N}_i$ 生成 [0,1] 之间均匀分布的随机数 $\mathrm{rand}(\overline{N}_i, 0, 1)$，则第 i 个区间的样本序列为：$(i-1) \times \Delta T + T_1 + \Delta T \times \mathrm{rand}(\overline{N}_i, 0, 1)$。对每个子区间进行遍历即可生成满足目标概率密度函数的序列。以润扬大桥悬索桥扁平钢箱梁截面测点 S2 的概率密度函数为基础，生成了该测点的温度样本，模拟温度样本序列特征如图 2.4.4 所示。从图 2.4.4a) 可以看出，实测数据的概率分布与模拟样本的概率分布十分接近，证明了该方法的有效性。然而，如图 2.4.4b) 所示的一天的温度时程也表明，不同时刻的温度值完全随机分布，不符合白天温度高、夜间温度低的自然规律，因此需要进行温度样本数据的重排。

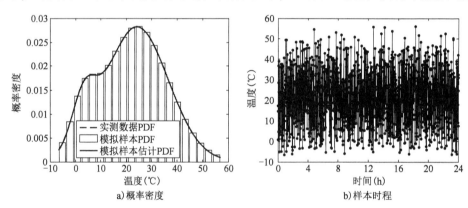

a) 概率密度   b) 样本时程

图 2.4.4 扁平钢箱梁测点 S2 的模拟温度样本序列特征

注：图中 PDF 表示概率密度函数，即 Probability Density Function 的缩写。

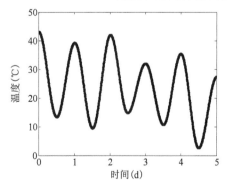

图 2.4.5 扁平钢箱梁测点 S2 的模拟温度样本时程曲线

根据实测资料及当地的气象资料可以确定每年四个季节的日最高温度和日最低温度的范围，进而可以按照随机的原则确定每天的最高温度和最低温度。润扬大桥悬索桥实测的典型温度变化曲线[图 2.4.1a) 中小图]以及国外的研究均表明桥梁结构测点一天的温度变化非常接近正弦曲线[11]，故将每天的最高温度和最低温度作为正弦曲线的最大值和最小值，可以生成每天温度分布的理想值。从生成的样本中选取与某时刻理想值最接近的样本作为此时刻的模拟温度值，经过重排后的温度时程曲线如

图 2.4.5 所示。从图中可以看出,生成的样本与实测结果的变化规律吻合良好,能够很好地反映扁平钢箱梁一天的温度变化。

2.4.4 温度场模拟结果

以润扬大桥悬索桥实测温度结果为基础,生成为期 5 年的温度场数据。考虑到温差对扁平钢箱梁温度应力计算的重要性,要求模拟温度场的温差要严格符合实测温差,因此首先采用上节提出的方法生成参考点 S2 的温度样本序列以及各测点与参考点之间温差的样本序列,再利用公式 $T_j = T_2 - T_{2j}$(其中 $j = 1,3,7$)以及 $T_1 = T_5$、$T_2 = T_4$ 和 $T_6 = T_7 = T_8$ 得出润扬大桥扁平钢箱梁横截面其他测点的温度样本序列,这样就使得参考点以及温差模拟样本的统计特性能够首先得到满足。各个测点典型时段的模拟温度时程曲线如图 2.4.6 所示,各测点的温度时程能很好地反映扁平钢箱梁横截面的温度变化过程。

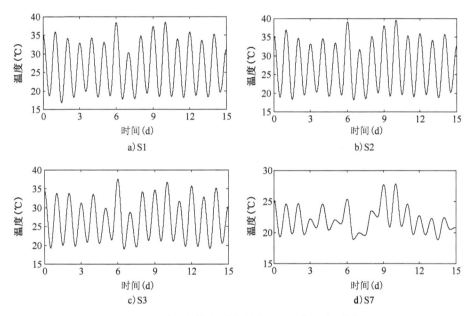

图 2.4.6　扁平钢箱梁不同测点模拟温度典型时程曲线

2.4.5 模拟结果验证

由于其他测点的温度是根据参考点温度序列与温差序列相减得出的,因此需要验证其温度样本的统计特性是否满足该桥的实测结果。对模拟样本进行概率密度函数估计,并与实测数据的概率密度函数进行比较,其结果如图 2.4.7 所示。从图中可以看出,模拟样本的概率密度函数与实测样本的概率密度函数十分接近。两者的最大误差如表 2.4.3 所示(其中最大误差定义为概率密度最大差值除以最大差值对应点的实测数据概率密度),概率密度值最大误差不超过 3%,说明采用该方法能够准确模拟桥梁结构钢箱梁的温度场。

测点概率密度最大误差　　表 2.4.3

测点	S1	S2	S3	S7
误差(%)	0.66	0.40	2.29	0.98

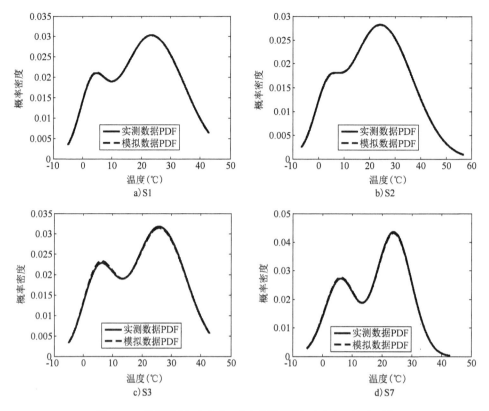

图 2.4.7 模拟样本概率密度函数与实测数据概率密度函数对比图

参 考 文 献

[1] 王伟,苏小卒,赵勇.非线性温差作用下混凝土结构的温度应力[J].同济大学学报(自然科学版),2010,38(7):986-990.

[2] 张元海,李乔.桥梁结构日照温差二次力及温度应力计算方法研究[J].中国公路学报,2004,17(1):49-52.

[3] 李爱群,缪长青,李兆霞,等.润扬长江大桥结构健康监测系统研究[J].东南大学学报(自然科学版),2003,33(5):544-548.

[4] 葛耀君,翟东,张国泉.混凝土斜拉桥温度场的试验研究[J].中国公路学报,1996,9(2):76-83.

[5] 叶见曙,贾琳,钱培舒.混凝土箱梁温度分布观测与研究[J].东南大学学报(自然科学版),2002,32(5):788-793.

[6] 方志,汪剑.大跨预应力混凝土连续箱梁桥日照温差效应[J].中国公路学报,2007,20(1):62-67.

[7] Mirambell E, Aguado A. Temperature and stress distributions in concrete box girder bridges [J]. Journal of Structural Engineering, 1990, 116(9):2388-2409.

[8] 孙君,李爱群,丁幼亮.润扬长江大桥扁平钢箱梁的温度分布监测与分析[J].公路交通

科技, 2009, 26(8): 94-98.

[9] Devroye L. Non-uniform random variate generation[M]. New York: Springer-Verlag, 1986.

[10] Castillo E, Hadi A S, Balakrishnan N, et al. Extreme value and related models with applications in engineering and science[M]. Hoboken: Wiley, 2005.

[11] Elbadry M M, Ghali A. Temperature variations in concrete bridges[J]. Journal of Structural Engineering, 1983, 109(10): 2355-2374.

第3章 桥梁风场监测与分析

3.1 桥梁风场监测概述

3.1.1 风监测技术概述

桥梁抗风研究关心的是近地大气边界层强风对结构的作用。近地层强风特性主要包括平均风特性(例如平均风速和风向)和脉动风特性(例如紊流强度、紊流积分尺度、功率谱密度函数等)[1-2]。掌握桥址区域风特性的最有效方法,就是采用风速风向仪对该桥址进行大量风现场实测,然后对实测数据进行统计分析。风速风向仪的总体种类可分为三类,包括机械式、传统超声波式和超声波共振式。

机械式风速风向仪是一种利用流动气体的动压推动机械装置运转以测量空气流速的风速仪,其风速仪与风向仪是分离的,包括翼形和杯形风速仪等。这种风速风向仪存在转动部件,容易产生磨损。机械结构可能受到恶劣天气的损害。沙尘和盐雾也会对其造成腐蚀。同时,由于摩擦的存在,机械式风速风向仪还存在启动风速。低于启动值的风速将不能驱动螺旋桨或者风杯进行旋转,但是这种风速仪结构简单、价格低廉,在实际工程中得到了广泛的应用。

超声波风速风向仪没有活动的机械部件,取而代之的是若干个超声波传感器,理论上可以测量的风速范围下限为零,不存在启动风速,风速上限可以根据传感器间距进行调整,但这种风速仪存在与生俱来的缺点,包括尺寸大、不易加热、易结冰,同时易受雨、雪、雹、霜、雾、沙尘等障碍物影响。

超声波共振式风速风向仪是世界上唯一一款专为风力发电机组设计开发的风传感器,集风速风向传感器于一体,结构紧凑、小巧,易于实现加热补偿,适用于低温、潮湿、沙石环境,并具有先进的 EMC 和防雷保护性,可靠性高。

3.1.2 润扬大桥悬索桥风场监测简介

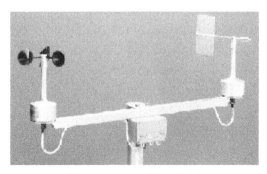

图 3.1.1 WA15 型风速风向仪

润扬大桥悬索桥结构健康监测系统在主跨跨中位置(离地高 69.3m)和南塔塔顶(离地高 218.9m)分别安装了一个风速风向仪,用以实时记录桥址区的风环境特性[3]。监测系统对风速风向仪的基本技术要求是满足桥址处极限风速测量、较高的采样频率和极端温度环境下正常工作的要求。为此,系统选用了芬兰 VAISALA 公司生产的 WA15 型风速风向仪(图 3.1.1),产品包括 WAA151 风速计、WAV151 风向标和横杆。风速仪向正北安装,风向角定义正北为 $0°$,按顺时针旋转,正东为 $90°$。风速仪为全天候工作,采样频率为1Hz,记录数据包括风速大小 V 和方位角 β。表3.1.1 给出了风速风向仪的技术指标。

风速风向仪技术指标   表3.1.1

风速测量				
启动临界值	测量范围	精确度	分辨率	温度范围
<0.5m/s	0.4~75m/s	±0.17m/s(标准差)	0.1m/s	-50~+55℃
风向测量				
启动临界值	测量范围	精确度	分辨率	温度范围
<0.4m/s	0~360℃	≤6°	±2.8°	-50~+55℃

3.2 润扬大桥悬索桥风场长期监测结果

本节基于润扬大桥悬索桥主跨跨中风速仪所记录的长期风环境数据研究平均风特性和脉动风特性。润扬大桥桥址所在地离台风的主要作用地点较远,极少受到台风的正面影响,台风对桥址本身的风场特性影响较小,在绝大部分的时间内,桥址的风速水平都不会很高,持续作用的日常风在桥址的风特性中占主导地位。本节介绍了润扬大桥悬索桥主跨跨中的风环境监测结果,给出了平均风的季节性描述,讨论了脉动风的湍流特性,包括湍流度、阵风因子、积分尺度和脉动风功率谱密度函数,并讨论了这些特征参数之间的相关性[4]。

3.2.1 平均风速和风向

平均风监测的意义在于获取桥址区域的风速风向观测数据,从而准确地预测桥梁设计基准期内的极值风速。特别是对于润扬大桥悬索桥这样的大跨径桥梁结构,获得桥址区域的平均风数据显得更为重要。为了准确地描述桥址的平均风特性,基于矢量分解法对润扬大桥悬索桥桥址2006年的时距为10min 的日最大风速进行了计算,得到了265个日10min 最大风速样本。

图3.2.1 给出了润扬大桥悬索桥 10min 平均最大风速的265日变化曲线。总体上看,桥址的日平均风速数值水平不是很高,并且年变化幅度比较平稳。图3.2.1 圆圈所围区域表示一段短期的强风记录,时间从 2006 年 7 月 21 日持续至 7 月 31 日,桥址日 10min 最大风速维持在 15m/s 以上,其余的大部分时段日平均风速普遍较小,仅有少数天数超过 15m/s。

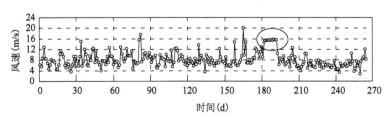

图3.2.1 10min 平均最大风速的265日变化曲线

图 3.2.2 给出了润扬大桥悬索桥日 10min 平均最大风速的季节性描述。由图 3.2.2a)的风向年频度图可知,10min 时距日最大风速多出现在 E、SE 和 S 等三个方向,其频度分别为 18.5%、18.5%和 17.4%,这反映了润扬大桥悬索桥桥址所在地的亚热带季风气候的特点,即桥址的风环境主要受来自东南方向海洋风的影响。图 3.2.2b)给出了日 10min 平均最大风速与温度的年相关性。总体上看,温度和平均风速的相关性较弱,表明平均风速受季节温度变化的影响较小。这是因为润扬大桥悬索桥桥址在夏季受到来自东南方向的海洋风影响,冬季会受到来自北方的冷空气影响。

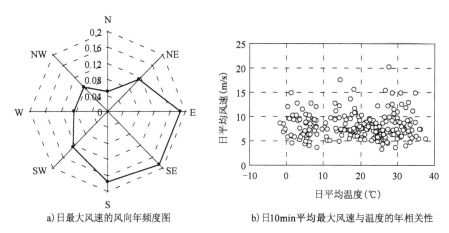

a) 日最大风速的风向年频度图　　b) 日10min平均最大风速与温度的年相关性

图 3.2.2　日 10min 平均最大风速的季节性描述

3.2.2　湍流度和阵风因子

3.2.2.1　随机分布特性

湍流度定义为 10min 时距的脉动风速标准方差与水平平均风速的比值,反映了风的脉动强度。同时,风的脉动强度也可用阵风因子来表征,阵风因子通常定义为阵风持续期 t_g 内平均风速的最大值与 10min 时距的平均风速之比[2]。

湍流度:

$$I_u = \frac{\sigma_u}{U}, I_v = \frac{\sigma_v}{U} \tag{3.2.1}$$

阵风因子:

$$G_u(t_g) = 1 + \frac{\max[\overline{u(t_g)}]}{U}, G_v(t_g) = \frac{\max[\overline{v(t_g)}]}{U} \tag{3.2.2}$$

式中:σ_u、σ_v——脉动风速 $u(t)$ 和 $v(t)$ 的均方根;

　　　t_g——阵风持续期,本节取为 3s。

图 3.2.3 和图 3.2.4 分别为润扬大桥悬索桥桥面高度实测湍流度和阵风因子的分布情况。总体来看,由于桥址远离台风作用中心,主要表现为良态气候的风特征,湍流度的离散性较小,主要集中在区间[0.1,0.3],但是仍表现出一定的随机分布特性。基于实测统计分析得到的湍流度纵向分量 I_u 平均值为 0.244,最大值为 0.773,最小值为 0.095,标准差为 0.105;横向分量 I_v 平均值为 0.215,最大值为 0.658,最小值为 0.088,标准差为 0.078。基于强风数据

分析的规范推荐的 $I_u=0.14$,可见基于实测风数据得到的 I_u 平均值相比规范推荐数值增大约 74%。这是由于与传统的风工程范畴的强风特性分析不同,本节关注的重点是对桥梁长期持续作用的桥址日常风,数据中包含的大部分都是小风速样本,一般认为小风速条件下的风特性不确定性更强,其脉动特性与强风存在一定的差异,因此会得到与规范推荐数值差别较大的脉动湍流度。图 3.2.4 表明阵风因子比湍流度表现出更强的分布随机性,统计得到的润扬大桥悬索桥桥面阵风因子纵向分量平均值 G_u 为 1.657,横向分量平均值 G_v 为 0.749。

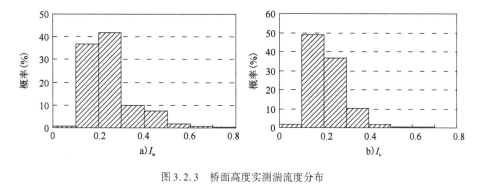

图 3.2.3 桥面高度实测湍流度分布

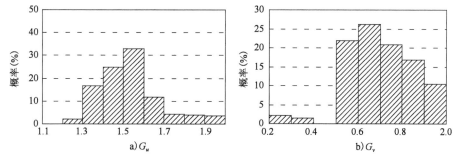

图 3.2.4 桥面高度实测阵风因子分布

3.2.2.2 参数相关性分析

统计分析表明,作为表征风的脉动强度的参数,湍流度与阵风因子不仅具有随机分布的特性,参数之间还具有一定的相关性。

图 3.2.5 给出了桥址实测湍流度纵向分量 I_u 和横向分量 I_v 的相关特性。由图中样本的分布情况可见,两个方向的湍流度存在着较强的比例相关性,拟合的线性表达式为 $I_v=0.6323I_u+0.061$。规范推荐的两分量之间的比例关系为 $I_u:I_v=1:0.88$,对于润扬大桥悬索桥的实测湍流度,由于相关性表达式尾项较小,两分量之间的比例关系可近似认为 $I_u:I_v=1:0.63$。图 3.2.6 给出了桥址实测湍流度与阵风因子的相关特性。由图可知湍流度与阵风因子具有很强的比例相关性,两方向的线性拟合表达式分别为 $G_u-1=2.252I_u+0.052$ 和 $G_v=3.213I_v+0.041$。

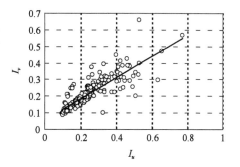

图 3.2.5 桥面高度湍流度相关性

图 3.2.7 表明润扬大桥悬索桥桥址的实测脉动风湍流度与平均风速存在一定的相关性,对于平均风速较小的样本,湍流度有增大的趋势,这与 3.2.2.1 节的分析是一致的。对于日常持续作用的小风速样本,其湍流度要大于基于强风数据分析所得的数值。主要原因是风速较小,地表热应力作用增大,边界层的稳定性偏离中性。

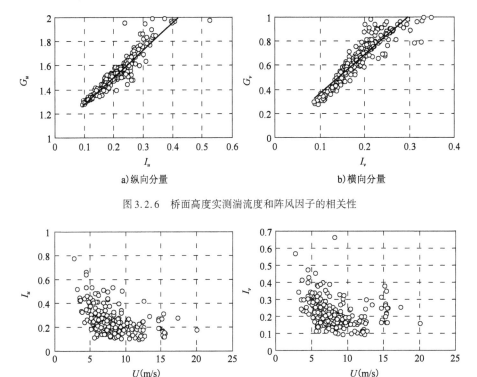

图 3.2.6　桥面高度实测湍流度和阵风因子的相关性

图 3.2.7　桥面高度实测湍流度和平均风速的相关性

3.2.3　湍流积分尺度

3.2.3.1　随机分布特性

通过空间某点的气流中的速度脉动,可以认为是由平均风输送的一系列大小涡旋所组成,涡旋的尺度及湍流脉动能量在不同的尺度水平上的分布决定了湍流的结构特征。湍流积分尺度就是脉动风中湍流涡旋平均尺寸的量度。湍流积分尺度在结构风荷载分析中具有不可忽略的意义,积分尺度的大小决定了脉动风对结构的影响范围[5-7]。

根据 Taylor 假设,湍流积分长度可由下式计算:

$$L_u^x = \frac{U}{\sigma_u^2} \int_0^{\tau_{0.05}} R_u(\tau) \mathrm{d}\tau \tag{3.2.3}$$

式中:U——平均风速;

$R_u(\tau)$——脉动风速 $u(t)$ 的自相关函数;

σ_u——脉动风速 $u(t)$ 的均方根。

图 3.2.8 给出了润扬大桥悬索桥桥面高度实测积分尺度的随机分布特性。湍流积分尺度两个分量的统计特性为：L_u 平均值为 183.34m，最大值为 376.96m，最小值为 55.21m，标准差为 66.93m；L_v 平均值为 99.15m，最大值为 285.93m，最小值为 24.85m，标准差为 52.58m。规范推荐的湍流积分尺度 L_u 为 120m，L_v 为 60m，实测两分量的平均值分别是规范推荐值的 1.53 倍和 1.65 倍，可见实测的湍流积分尺度要较大于规范推荐值。

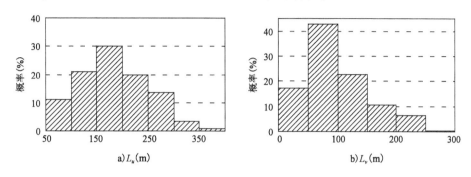

图 3.2.8　桥面高度实测湍流积分尺度分布

3.2.3.2　参数相关性分析

进一步分析实测湍流积分尺度分别与湍流度和平均风速的相关性。图 3.2.9 给出了湍流积分尺度与湍流度的相关特性。图 3.2.9a) 为脉动风纵向分量积分尺度与湍流度的相关性，可见两参数之间具有明显的相关性，积分尺度 L_u 随着湍流度 I_u 的增大而减小；图 3.2.9b) 为脉动风横向分量积分尺度与湍流度的相关性，发现两者的相关性较弱，但是仍然保持着积分尺度 L_v 随着湍流度 I_v 的增大而减小的趋势。由实测湍流积分尺度与湍流度的相关性分析可知，良态气候或者远离台风作用中心的脉动风积分尺度和湍流度虽然一般被认为主要受大气湍流的随机性控制，但是通过统计分析大量日常持续作用风数据，湍流积分尺度与湍流度之间也存在一定的相关性。

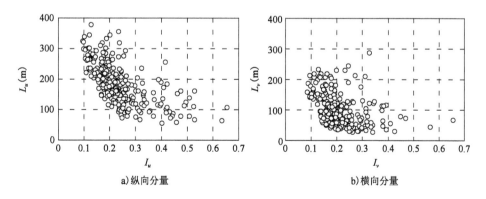

图 3.2.9　桥面高度实测积分尺度与湍流度相关性

图 3.2.10 给出了湍流积分尺度与平均风速的相关特性。由图 3.2.10 可知，对于脉动风纵向分量和横向分量，积分尺度都保持着随平均风速增大而增大的趋势，而这种相关性在纵向表现较强，在横向则表现较弱。如前所述，空间某点气流的脉动可以认为是由平均风所输送的一系列理想的涡旋所叠加的，每个涡旋都可以认为在空间那一点引起了周期脉动，假定其频率

为 n,与行波问题类似,定义涡旋的波长为 $\lambda = U/n$,其中 U 为平均风速,而波长 λ 就是涡旋大小的度量。湍流积分尺度则是湍流涡旋平均尺寸的度量,由此可见湍流积分尺度与平均风存在着一种近似正比的关系。

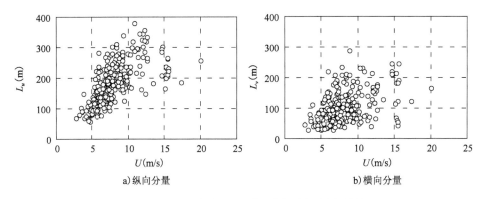

图 3.2.10 桥面高度实测积分尺度与平均风速相关性

3.2.4 脉动风功率谱密度函数

功率谱密度函数 $S_i(i=u,v)$ 能够更准确地描述脉动风的特性,S_i 在频域上的全积分等于脉动对应方向上的湍流动能,即 $\int_0^\infty S_i(n)\mathrm{d}n = \sigma_i^2$ ($i=u$、v,n 为频率),S_i 在频域上的分布可以描述湍流动能在不同尺度水平上的比例[8-9]。

对于纵向脉动风功率谱密度函数,我国桥梁抗风设计规范采用的模型为:

Simiu 谱:

$$\frac{nS_u(n)}{u_*^2} = \frac{200f}{(1+50f)^{5/3}} \tag{3.2.4}$$

式中:f——莫宁坐标,定义为 $f=nZ/U$;

u_*——摩阻速度。

应用能量归一化原理,由 $\sigma_u^2 = 6u_*^2$,式(3.2.4)改写为:

$$\frac{nS_u(n)}{\sigma_u^2} = \frac{200f}{6(1+50f)^{5/3}} \tag{3.2.5}$$

因此根据规范推荐的功率谱密度函数表达式,本节提出润扬大桥悬索桥桥址纵向脉动风功率谱密度函数的推荐模型:

$$\frac{nS_u(n)}{\sigma_u^2} = \frac{A_u f}{(1+B_u f)^{5/3}} \tag{3.2.6}$$

对于横向脉动风功率谱密度函数 $S_v(n)$,有研究表明可以将其统一到与纵向脉动风谱相同的形式,即

$$\frac{nS_v(n)}{\sigma_v^2} = \frac{A_v f}{(1+B_v f)^{5/3}} \tag{3.2.7}$$

根据以上提出的风谱模型,本节采用非线性最小二乘方法拟合了离散的实测功率谱函数,模型参数结果见表3.2.1。

桥址脉动风速功率谱模型参数　　　　　表3.2.1

模型参数	平均值	均方根	最小值	最大值	规范值
A_u	6.19	8.87	0.25	35.63	33.3
B_u	7.91	10.66	0.27	37.23	50
A_v	0.15	0.24	0.02	2.038	33.3
B_v	0.19	0.34	0.024	2.578	50

图3.2.11给出了润扬大桥悬索桥桥面高度实测风功率谱拟合模型与规范推荐谱比较。对于纵向分量,由图3.2.11a)可见拟合参数最大的结果与Simiu谱较为接近。而对于横向分量,由图3.2.11b)可见拟合结果与Simiu谱相比差别较大,实际脉动风存在着湍流动能向高频段偏移的现象。

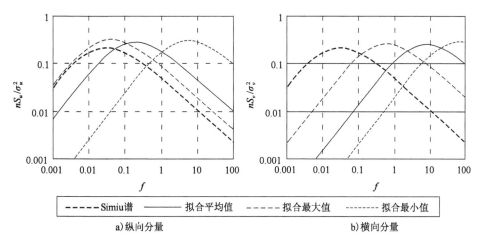

图3.2.11　桥面高度实测风功率谱拟合模型与规范推荐谱比较

3.3　润扬大桥悬索桥风场特性参数统计分析

本节利用润扬大桥悬索桥健康监测系统采集的主梁跨中2005—2010年风场实测数据,首先将风场归纳为与悬索桥主梁垂直、平行等8个方向区域,然后详细分析每个区域的风场特性参数,包括纵向和横向的平均风速、湍流强度、阵风因子、湍流积分尺度和脉动风功率谱密度函数,进而建立了每个方向风场特性参数的概率统计模型,为润扬大桥悬索桥的全寿命评估提供基础。

3.3.1　风场监测数据的预处理

由于风作用方向的不同,桥梁结构响应存在较大的差异,因此应该将风场按照作用方向加以区分。目前风向划分的常用方法是按照气象学中的分类方式,将风场按照东、西、南、北等方向进行分类,只是简单地得出风在各个方向出现的频次,尚未对各个方向的风特性进行分析。

润扬大桥悬索桥主梁轴向与正北方向存在较大的偏离,采用气象学方法分类无法准确估计平行于主梁或垂直于主梁风荷载的分布规律,也就无法准确估计润扬大桥悬索桥在风场作用下的长期性能。因此,根据润扬大桥悬索桥主梁的方向,将风场的作用区域分为平行于主梁、垂直于主梁等 8 个方向,如图 3.3.1 所示。首先将风场实测数据按照水平风向归入上述 8 个区域,然后分别对每个区域的风场特性进行统计分析。从图 3.3.1 可以看出,区域 3 和区域 7 内的风向基本垂直于主梁,其风场特性对润扬大桥悬索桥主梁的风致响应影响最大,需进行重点关注。

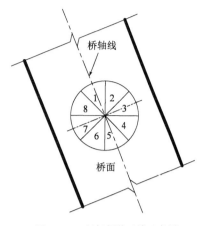

图 3.3.1　风场划分区域示意图

3.3.2　平均风特性参数统计分析

从长期观测数据中提取的平均风特性,可用于计算结构所受风荷载的强度,估计结构在风荷载作用下的响应。对润扬大桥悬索桥桥址区的平均风特性按照作用方向进行统计分析,不仅可以获得最不利风荷载的分布规律,还可为临近地区结构设计提供参考。对润扬大桥悬索桥跨中长期实测风数据按照方向进行归类,利用矢量分解法计算得到 8 个区域的基本时距为 10min 的平均风速。

通过比较多个分布模型的拟合优度,最终选用 2 个正态分布的加权和来描述润扬大桥桥址区 8 个区域风场的统计特性,其计算公式如下:

$$f(x) = \alpha N_1(\sigma_1,\mu_1) + \beta N_2(\sigma_2,\mu_2) = \alpha \left[\frac{1}{\sigma_1 \sqrt{2\pi}} e^{\frac{-(x-\mu_1)^2}{2\sigma_1^2}} \right] + \beta \left[\frac{1}{\sigma_2 \sqrt{2\pi}} e^{\frac{-(x-\mu_2)^2}{2\sigma_2^2}} \right]$$

(3.3.1)

式中:　　　　$f(x)$——10min 平均风速的分布函数;

$N_1(\sigma_1,\mu_1)$、$N_2(\sigma_2,\mu_2)$——正态分布函数;

σ_1、μ_1、σ_2、μ_2——正态分布函数的参数;

α、β——两个正态分布的权重,且 $\alpha + \beta = 1$。

由于 8 个区域的 10min 平均风速的概率分布图较多,图 3.3.2 仅示出了对悬索桥影响较大的第 3 区域和第 7 区域的 10min 平均风速的概率分布和拟合概率密度函数的对比结果(其他风场特性参数也采用相同的图示方式)。8 个区域的 10min 平均风速的概率密度函数参数的拟合结果如表 3.3.1 所示(图表中的 $fs\_1,fs\_2,\cdots,fs\_8$ 指第 $1,2,\cdots,8$ 个区域的 10min 平均风速,下文中其他风场特性参数的区域表示方法相同)。从图 3.3.2 可以看出,不同方向的 10min 平均风速均可以用 2 个正态分布的加权和来估计,利用显著性水平 $\alpha = 0.05$ 的 K-S 检验结果表明,表 3.3.1 所示的概率分布函数均能通过检验。从表中可以看出,不同方向的 10min 平均风速的估计结果具有显著区别。根据概率密度函数的特征可知,最大概率密度对应的 10min 平均风速为起主要作用的平均风速。可以看出,不同方向的起主要作用的 10min 平均风速具有明显差别,从 3.017m/s 到 4.681m/s。第 2 区域的最大概率密度对应的 10min 平均风速最大,而第 7 区域的最大概率密度对应的 10min 平均风速最小。不仅如此,不同区域的 10min 平均风速的主要分布区间也有明显差别,在结构的风致响应分析时应根据不同区域的特性区别对待。

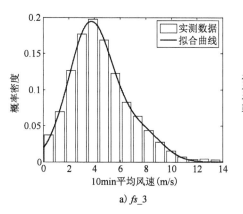
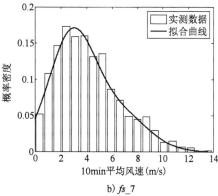

a) fs_3 b) fs_7

图 3.3.2　10min 平均风速的统计特性

10min 平均风速的概率密度函数参数的拟合结果　　　表 3.3.1

分向风速	α	σ_1	μ_1	σ_2	μ_2	最大概率密度对应的 10min 平均风速（m/s）
fs_1	0.958	1.308	3.038	0.449	7.011	3.017
fs_2	0.845	2.104	4.777	0.825	0.964	4.681
fs_3	0.838	1.738	3.745	1.638	7.716	3.755
fs_4	0.500	1.891	3.786	1.891	3.786	3.756
fs_5	0.500	1.848	3.795	1.848	3.795	3.778
fs_6	0.973	2.180	3.567	0.787	8.189	3.514
fs_7	0.683	1.780	2.812	2.315	6.404	3.06
fs_8	0.713	1.525	4.529	1.109	1.602	4.343

3.3.3　脉动风特性参数统计分析

风对结构的作用是一种复杂的动力作用,其动力作用强弱程度除了与风速大小有关外,还与风的湍流结构密切相关,因此,有必要进一步研究脉动风的特性。从上节的分析可以看出,作用于大桥主梁的 8 个区域的风速中都存在部分低风速样本。由于低风速对桥梁结构的影响较小,故首先根据国外的研究经验剔除 10min 平均风速小于 2m/s 的低风速样本[10],然后进行风场湍流特性的分析。

Log-logistic(对数逻辑)分布是一种连续概率分布函数,用于描述概率密度快速增长、缓慢下降的非负随机变量的统计特性,在气象学、环境学、医学和经济学领域有着广泛的应用[11-13]。定义为:如果随机变量 x 服从 Log-normal(对数正态)分布,则随机变量 $y = e^x$ 服从 Log-logistic 分布,计算公式如下:

概率密度函数:

$$f(x) = \frac{1}{\sigma} \frac{e^{-\frac{\mu}{\sigma}} x^{\left(\frac{1}{\sigma}-1\right)}}{\left[1 + (e^{-\mu} x)^{\frac{1}{\sigma}}\right]^2} \tag{3.3.2}$$

分布函数：

$$F(x) = \frac{1}{1 + (e^{-\mu}x)^{-\frac{1}{\sigma}}} \quad (3.3.3)$$

式中：$f(x)$、$F(x)$——随机变量 x 的概率密度函数和分布函数；

σ、μ——Log-logistic 分布的形状参数和位置参数。

当 $\sigma < 1$ 时，此分布为单峰，且离差随着 σ 的增大而减小。

Log-logistic 分布的概率密度图形具有如下特征：形状接近正态分布，但峰值区域明显向左偏移；左右不完全对称，左侧坡度较大，右侧坡度较小；图形向右延展，伸向高值的尾部长度较大。通过对 8 个区域的脉动风特性参数的统计分析发现，所有的参数的概率密度图形都有此特征，因此，采用 Log-logistic 分布对脉动风特性参数的统计特征进行分析。

3.3.3.1 湍流度

湍流度从脉动能量比角度描述风的脉动强度，表示湍流中脉动量与平均量的比例关系，作为确定结构脉动风荷载的关键参数，定义为风的脉动分量平均变化幅度（均方差）与平均风速之比，如式(3.3.4)所示。

$$I_u = \frac{\sigma_u}{U}, I_v = \frac{\sigma_v}{U} \quad (3.3.4)$$

式中：I_u、I_v——纵向和横向的脉动风速 $u(t)$ 和 $v(t)$ 的湍流度；

σ_u、σ_v——脉动风速 $u(t)$ 和 $v(t)$ 的标准差；

U——10min 平均风速。

采用 Log-logistic 概率密度函数对纵向和横向湍流度进行估计，图 3.3.3 给出了第 3 区域和第 7 区域的纵向和横向湍流度的估计结果和实测结果，而表 3.3.2 和表 3.3.3 则列出了所有 8 个区域的纵向和横向湍流度的概率密度函数。从图中可以看出，采用 Log-logistic 概率密度函数能够准确描述纵向和横向湍流度的概率分布特性，且所有的估计概率密度函数均能通过显著性水平 $\alpha = 0.05$ 的 K-S 检验，从而证明选取 Log-logistic 概率密度函数的合理性。从表 3.3.2 和表 3.3.3 可以看出，不同区域实测风场纵向湍流度的概率分布密度位置参数 μ 的不同表明不同区域的主要横向湍流度分布区间具有明显差异。大值湍流度主要分布在第 1 区域，小值湍流度主要分布在第 7 区域，且纵横向之间具有良好的一致性。对比表 3.3.2 和表 3.3.3 中的形状参数 σ，除 I_u_8 和 I_v_8 外，表 3.3.3 中的结果均小于表 3.3.2 中的结果，表明相比于对应区域的横向湍流度，纵向湍流度的分布则更为集中，数据都集中在峰值概率密度附近。采用常规的分析方法对湍流度进行笼统的分析，显然无法正确估计风场的方向特征。

纵向湍流度的统计结果　　　　　　　　　　　　　　　表 3.3.2

分向湍流度	I_u_1	I_u_2	I_u_3	I_u_4	I_u_5	I_u_6	I_u_7	I_u_8
σ	0.240	0.167	0.184	0.189	0.243	0.292	0.278	0.249
μ	−1.361	−1.835	−1.754	−1.754	−1.808	−2.209	−2.394	−2.151

横向湍流度的统计结果　　　　　　　　　　　　　　　表 3.3.3

分向湍流度	I_v_1	I_v_2	I_v_3	I_v_4	I_v_5	I_v_6	I_v_7	I_v_8
σ	0.201	0.134	0.132	0.137	0.210	0.268	0.206	0.251
μ	−1.640	−1.850	−1.818	−1.818	−1.944	−2.296	−2.340	−2.034

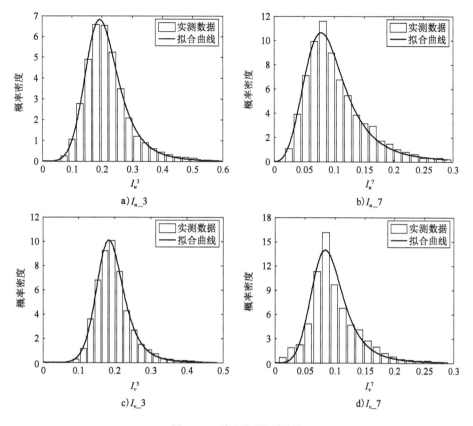

图 3.3.3 湍流度的统计特性

3.3.3.2 阵风因子

风的脉动强度也可以用阵风因子来表示,但同湍流强度相比,其计算的方法和侧重点都有所不同,因此,有必要对润扬大桥桥址区风场的阵风因子进行统计分析。阵风因子 $G(t_g)$ 定义为阵风持续期 t_g 内平均风速最大值(结构风工程中一般取阵风持续时间为 3s,故取 t_g 为 3s)与基本时距内平均风速之比,如式(3.3.5)所示。

$$G_u(t_g) = 1 + \frac{\max[\overline{u(t_g)}]}{U} \quad G_v(t_g) = \frac{\max[\overline{v(t_g)}]}{U} \quad (3.3.5)$$

式中:$G_u(t_g)$、$G_v(t_g)$——脉动风速 $u(t)$ 和 $v(t)$ 的阵风因子;

$\overline{u(t_g)}$、$\overline{v(t_g)}$——脉动风速 $u(t)$ 和 $v(t)$ 在 t_g 时间内的平均值;

U——10min 平均风速。

采用 Log-logistic 分布进行纵向和横向阵风因子的统计分析,其结果如图 3.3.4 和表 3.3.4、表 3.3.5 所示。采用显著性水平 $\alpha = 0.05$ 的 K-S 检验对结果进行校核,结果表明,拟合的概率密度函数均能通过检验。虽然在低值区域和高值区域拟合结果与实测结果有一定的差异,但是在中间的大部分区域内,拟合函数都能很好地符合实测数据结果,准确描述实测数据的概率密度峰值情况。在整体上,纵向阵风因子的数值均大于横向阵风因子的数值。大值纵向阵风因子主要分布在第 3 区域,而大值横向阵风因子则主要分布在第 1 区域。小值纵横向阵风因子均分布在第 7 区域。与湍流度的特性不同,横向阵风因子比纵向阵风因子的离散程度更大。

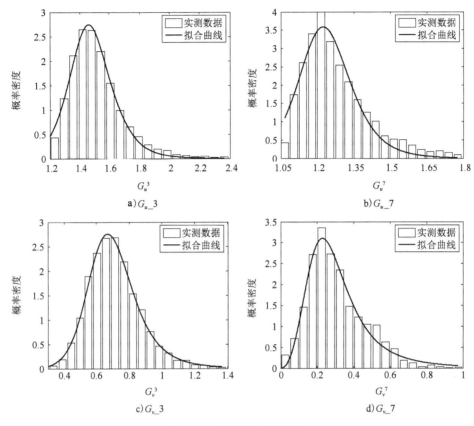

图 3.3.4 阵风因子的统计特性

纵向阵风因子的统计结果　　　　　　　　　　　表 3.3.4

纵向阵风因子	G_u_1	G_u_2	G_u_3	G_u_4	G_u_5	G_u_6	G_u_7	G_u_8
σ	0.071	0.054	0.062	0.061	0.074	0.069	0.057	0.065
μ	0.364	0.336	0.388	0.354	0.337	0.236	0.209	0.264

横向阵风因子的统计结果　　　　　　　　　　　表 3.3.5

横向阵风因子	G_v_1	G_v_2	G_v_3	G_v_4	G_v_5	G_v_6	G_v_7	G_v_8
σ	0.149	0.173	0.133	0.151	0.190	0.324	0.316	0.272
μ	0.087	-0.562	-0.364	-0.476	-0.674	-1.217	-1.265	-0.996

3.3.3.3 湍流积分尺度

脉动风可以认为是由于平均风输送的一系列理想的旋涡而引起周围空气的脉动。湍流积分尺度就是脉动风中湍流旋涡平均尺寸的度量。湍流积分尺度在结构风荷载分析中具有不可忽略的意义,积分尺度的大小决定了脉动风对结构的影响范围,例如,如果脉动涡旋大到将某一结构包含在内,则脉动风在各个部位引起的动荷载会叠加,反之,随机动荷载可能相互抵消。与纵向脉动速度有关的涡旋在纵向的平均尺寸可以写为:

$$L_u^x = \frac{U}{\sigma_u^2} \int_0^\infty R_u(\tau) \mathrm{d}\tau \tag{3.3.6}$$

式中:L_u^x——湍流积分尺度;

U——平均风速;

σ_u——脉动风速 $u(t)$ 的标准差;

$R_u(\tau)$——脉动风速 $u(t)$ 的自相关函数,通常取 $R_u(\tau)=0.05\sigma_u^2$。

纵向和横向湍流积分尺度的概率密度函数拟合结果如图 3.3.5 所示。从图中可以看出,概率密度的峰值向低值偏移较多,概率密度函数的尾部较长,表明脉动风中存在较多的大尺寸旋涡。这主要是由于大部分日常风的风速均小于强/台风的风速,这也说明日常风的特性与强/台风的特性存在显著差异,采用强/台风的分析结果用于桥梁全寿命评估则过于保守。拟合的概率密度函数如表 3.3.6 和表 3.3.7 所示,仍然采用显著性水平 $\alpha=0.05$ 的 K-S 检验对结果进行校核,结果表明,拟合的概率密度函数均能通过检验,证明了结果的可靠性。对于纵向湍流积分尺度,大值主要分布在第 4 区域,小值主要分布在第 1 区域;对于纵向湍流积分尺度,大值主要分布在第 6 区域,小值主要分布在第 3 区域。

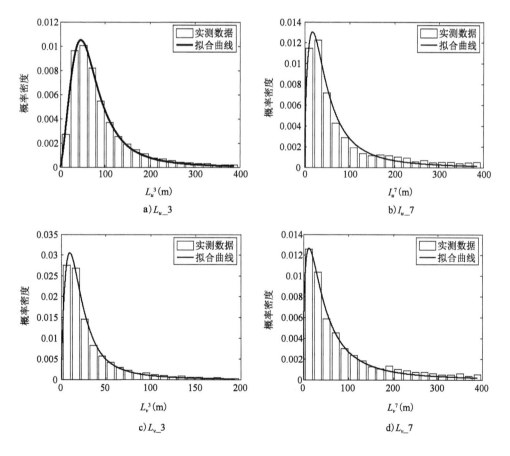

图 3.3.5 湍流积分尺度的统计特性

纵向湍流积分尺度的统计结果　　　　　　　　表3.3.6

纵向湍流积分尺度	L_u_1	L_u_2	L_u_3	L_u_4	L_u_5	L_u_6	L_u_7	L_u_8
σ	0.966	0.382	0.43	0.408	0.409	0.605	0.641	0.458
μ	3.661	4.323	4.205	4.351	4.003	3.819	3.842	4.031

横向湍流积分尺度的统计结果　　　　　　　　表3.3.7

横向湍流积分尺度	L_v_1	L_v_2	L_v_3	L_v_4	L_v_5	L_v_6	L_v_7	L_v_8
σ	0.695	0.465	0.578	0.499	0.681	0.721	0.735	0.572
μ	3.84	3.706	3.006	3.668	3.774	4.044	3.894	3.561

3.3.3.4　功率谱密度函数

湍流功率谱是脉动风速时程的主要数字特征,能够准确描述脉动风中各频率成分所作贡献的大小。国内外风场实测研究表明,von Karman 谱利用湍流积分尺度作为参数来描述脉动风的整体尺度,这种方法不仅能够描述脉动风功率谱的峰值特性,还能够全面地描述脉动风功率谱整个区段的特性,比 Simiu 谱能更好地描述开阔地带的风场功率谱特征[14]。由于润扬大桥处于较为开阔的河谷地带,因此采用 von Karman 谱对实测脉动风功率谱特征进行分析。von Karman 谱的计算公式如下[15]：

$$\frac{nS_u(n)}{(\sigma_u)^2} = \frac{4L_u n/U}{[1+70.8(L_u n/U)^2]^{5/6}} \quad (3.3.7)$$

$$\frac{nS_v(n)}{(\sigma_v)^2} = \frac{4L_v n[1+755.2(L_v n/U)^2]}{U[1+283.2(L_v n/U)^2]^{11/6}} \quad (3.3.8)$$

式中：$S_u(n)$、$S_v(n)$——纵向和横向脉动风功率谱密度函数；
　　　　n——脉动频率；
　　　　U——平均风速。

根据 Kolmgorove 理论,von Karman 谱形式的脉动风功率谱密度函数的表达形式可以写为：

$$\frac{nS_u(n)}{(\sigma_u)^2} = \frac{A_u(L_u n/U)^{(C_u D_u - \frac{2}{3})}}{[1+B_u(L_u n/U)^{C_u}]^{D_u}} \quad (3.3.9)$$

$$\frac{nS_v(n)}{(\sigma_v)^2} = \frac{A_v(L_v n/U)^{(C_v D_v - C_v F_v - \frac{2}{3})}[1+E_v(L_v n/U)^{C_v}]^{F_v}}{[1+B_v(L_v n/U)^{C_v}]^{D_v}} \quad (3.3.10)$$

式中：　A_u、B_u、C_u、D_u——纵向脉动风功率密度函数的待拟合参数；
　　　A_v、B_v、C_v、D_v、E_v、F_v——横向脉动风功率谱密度函数的待拟合参数。

首先分别对每个区域内每个时段的脉动风功率谱密度函数进行拟合,然后对拟合的参数进行统计分析,得出拟合参数的概率分布。

1）纵向脉动风功率谱密度函数参数

对于参数 A_u 和参数 B_u,采用一个 Log-logistic 分布和一个正态分布的加权和来描述,其概率密度函数为：

$$f(x) = \alpha LL(\sigma_1,\mu_1) + \beta N(\sigma_2,\mu_2) = \alpha\left\{\frac{1}{\sigma_1}\frac{e^{-\frac{\mu_1}{\sigma_1}}x^{\frac{1}{\sigma_1}-1}}{[1+(e^{-\mu_1}x)^{\frac{1}{\sigma_1}}]^2}\right\} + \beta\left[\frac{1}{\sigma_2\sqrt{2\pi}}e^{\frac{-(x-\mu_2)^2}{2\sigma_2^2}}\right]$$

(3.3.11)

式中：$LL(\sigma_1,\mu_1)$、$N(\sigma_2,\mu_2)$——Log-logistic 分布和正态分布的分布函数；

σ_1、μ_1、σ_2、μ_2——待拟合参数；

α、β——两个分布函数的权重，且 $\alpha + \beta = 1$。

对于参数 C_u 和参数 D_u，采用 Log-logistic 分布对其统计特性进行描述，Log-logistic 分布的概率密度函数如式(3.3.11)所示。

对 8 个区域的纵向脉动风功率谱密度函数的参数 A_u、B_u、C_u 和 D_u 的统计分析结果如图 3.3.6 和表 3.3.8 ~ 表 3.3.11 所示。由于篇幅所限，仅列出方向 3 的纵向脉动风功率谱密度函数参数的概率分布直方图及其拟合曲线。同样采用 K-S 检验对结果进行验证，拟合的概率密度函数均能通过检验。从图中可以看出，与 von Karman 经验谱的参数存在较大的差异，且拟合的功率谱密度函数参数存在一定的随机性，采用固定的功率谱不能对润扬大桥悬索桥桥址区脉动风能量特性进行准确描述。拟合的概率密度函数能很好地描述参数的统计分布规律，不同区域的功率谱密度函数参数的分布存在一定的差异。

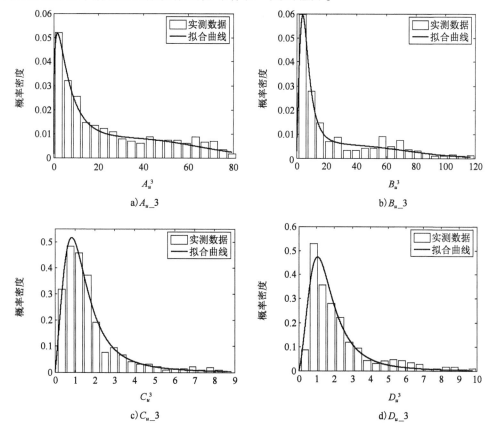

图 3.3.6 参数的概率密度及其拟合曲线

参数 A_u 的统计结果　　　　　　　　　　　　　　　　　表 3.3.8

参数 A_u	A_u_1	A_u_2	A_u_3	A_u_4	A_u_5	A_u_6	A_u_7	A_u_8
α	0.343	0.348	0.647	0.382	0.416	0.529	0.439	0.443
σ_1	0.706	0.827	0.760	0.703	0.684	0.486	0.383	0.534
μ_1	2.104	2.1548	2.106	2.477	2.262	1.609	1.662	1.676
σ_2	25.731	23.386	24.677	26.128	25.007	26.610	27.721	25.678
μ_2	38.408	30.333	46.108	38.664	41.537	28.674	34.816	32.606

参数 B_u 的统计结果　　　　　　　　　　　　　　　　　表 3.3.9

参数 B_u	B_u_1	B_u_2	B_u_3	B_u_4	B_u_5	B_u_6	B_u_7	B_u_8
α	0.764	0.996	0.528	0.708	0.795	0.646	0.635	0.678
σ_1	0.652	0.867	0.451	0.605	0.747	1.038	0.882	0.812
μ_1	1.592	1.840	1.881	1.569	1.531	2.372	1.832	1.891
σ_2	12.762	28.504	37.492	31.725	11.781	5.667	5.471	7.340
μ_2	66.694	19.914	37.109	40.723	66.678	72.867	71.599	72.014

参数 C_u 的统计结果　　　　　　　　　　　　　　　　　表 3.3.10

参数 C_u	C_u_1	C_u_2	C_u_3	C_u_4	C_u_5	C_u_6	C_u_7	C_u_8
σ	0.421	0.485	0.459	0.487	0.454	0.373	0.390	0.411
μ	-0.119	-0.126	0.273	-0.075	-0.091	0.036	0.049	0.596

参数 D_u 的统计结果　　　　　　　　　　　　　　　　　表 3.3.11

参数 D_u	D_u_1	D_u_2	D_u_3	D_u_4	D_u_5	D_u_6	D_u_7	D_u_8
σ	0.455	0.430	0.409	0.442	0.460	0.272	0.297	0.313
μ	0.656	0.750	0.415	0.682	0.599	0.000	0.0159	0.100

2）横向脉动风功率谱密度函数参数

采用 Log-logistic 分布对横向脉动风功率谱密度函数的参数 A_v、B_v、C_v、D_v、E_v 和 F_v 进行拟合,其结果如图 3.3.7 所示,经过 K-S 检验后的拟合概率密度函数如表 3.3.12 ~ 表 3.3.17 所示。从图中可以看出,拟合的概率密度曲线能很好地反映横向脉动风功率谱密度函数的参数的统计特征。

参数 A_v 的统计结果　　　　　　　　　　　　　　　　　表 3.3.12

参数 A_v	A_v_1	A_v_2	A_v_3	A_v_4	A_v_5	A_v_6	A_v_7	A_v_8
σ	0.397	0.269	0.292	0.295	0.358	0.538	0.512	0.494
μ	0.790	0.377	0.384	0.417	0.527	1.165	1.155	1.323

参数 B_v 的统计结果　　　　　　　　　　　　　　　　　表 3.3.13

参数 B_v	B_v_1	B_v_2	B_v_3	B_v_4	B_v_5	B_v_6	B_v_7	B_v_8
σ	0.194	0.145	0.121	0.154	0.180	0.219	0.220	-0.308
μ	-0.424	-0.446	-0.502	-0.474	-0.454	-0.345	-0.348	-0.104

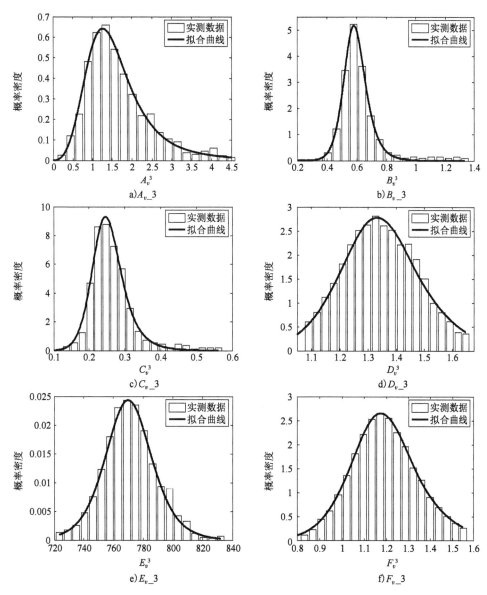

图 3.3.7 参数的概率密度及其拟合曲线

参数 C_v 的统计结果　　表 3.3.14

参数 C_v	C_v_1	C_v_2	C_v_3	C_v_4	C_v_5	C_v_6	C_v_7	C_v_8
σ	0.180	0.127	0.113	0.114	0.154	0.191	0.192	0.229
μ	−1.555	−1.338	−1.365	−1.403	−1.402	−1.538	−1.568	−1.580

参数 D_v 的统计结果　　表 3.3.15

参数 D_v	D_v_1	D_v_2	D_v_3	D_v_4	D_v_5	D_v_6	D_v_7	D_v_8
σ	0.572	0.412	0.174	0.381	0.397	0.330	0.619	0.474
μ	0.109	0.089	0.080	0.078	0.084	0.065	0.098	0.102

参数 E_v 的统计结果 表 3.3.16

参数 E_v	E_v_1	E_v_2	E_v_3	E_v_4	E_v_5	E_v_6	E_v_7	E_v_8
σ	6.662	6.649	6.647	6.649	6.653	6.669	6.667	6.675
μ	0.021	0.015	0.013	0.013	0.015	0.026	0.024	0.024

参数 F_v 的统计结果 表 3.3.17

参数 F_v	F_v_1	F_v_2	F_v_3	F_v_4	F_v_5	F_v_6	F_v_7	F_v_8
σ	0.228	0.162	0.173	0.194	0.251	0.188	0.210	0.203
μ	0.101	0.106	0.078	0.102	0.064	0.099	0.089	0.085

3.4 润扬大桥悬索桥极值风速预测与应用

大跨径桥梁结构健康监测系统的建立为桥梁设计基准期内的极值风速预测研究带来了契机,由于结构健康监测系统的风环境监测子系统可以实时记录桥址区的风速风向数据,因此,随着桥址风速风向原始数据的积累,将会使得极值风速的预测更为可信及准确。国内外的研究表明,可以通过短期的记录数据较为满意地描述良态风气候区的极值风速[7,16]。本节根据润扬大桥悬索桥的实测短期风速风向数据,计算了反映桥址气候特征的日最大风速风向频度函数,同时利用数理统计的方法给出了润扬大桥悬索桥桥址风速风向联合概率密度函数曲面,在此基础上引入最大熵可靠度理论,建立了润扬大桥悬索桥的良态气候风场的联合概率模型,给出了润扬大桥悬索桥 50 年和 100 年重现期内的极值风速预测值,并与该桥梁的设计风速进行了对比[17]。

3.4.1 风速风向实测数据分析

采用主跨跨中位置的风速风向仪所记录的从 2005 年 5 月到 2007 年 11 月的数据,得到了总数 T 为 753 的日最大风速样本(10min 基本时距)。通过对所有日最大风速样本的统计分析,图 3.4.1 给出了润扬大桥悬索桥各个方向日最大风速出现的频度。E、SE 和 S 三个方向的频度分别达到了 0.21、0.19 和 0.18,而其余方向的风速频度大部分在 0.1 左右,N 方向的频度只有 0.05,为最小。可见对润扬大桥悬索桥来说,在东南方向附近出现最大风速的概率最大,同时也说明风环境监测子系统所记录的数据反映了润扬大桥悬索桥桥址的气候特征。

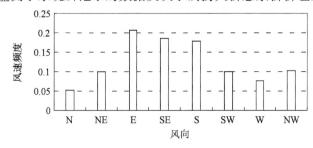

图 3.4.1 润扬大桥悬索桥桥址日最大风速风向频度

由整理过的数据可以得出在风速区间$[U_i,U_{i+1}]$、风向区间$[\theta_j,\theta_{j+1}]$上日最大风速出现的次数t_{ij},可以近似地认为在以上区间内日最大风速出现的概率是t_{ij}/T。令$\Delta U_i = U_{i+1} - U_i$,$\Delta \theta_j = \theta_{j+1} - \theta_j$,$\overline{U_i} = (U_{i+1} + U_i)/2$,$\overline{\theta_j} = (\theta_{j+1} + \theta_j)/2$。根据数理统计的理论,风速风向联合概率密度函数在点$(\overline{U_i},\overline{\theta_j})$的函数值近似为:

$$p_{ij} = \frac{t_{ij}}{T \cdot \Delta U_i \cdot \Delta \theta_j} \tag{3.4.1}$$

据上式,计算出矩形区域$U \in [0,22]$、$\theta \in [0,360]$内(22×8)个离散点的联合概率函数值p_{ij},由此得到统计的润扬大桥悬索桥桥址风速风向联合概率密度函数曲面,如图3.4.2所示。图3.4.2的概率密度曲面给出了润扬大桥悬索桥风实测数据在风速区间上分布的一定规律,可以看出日最大风速在区间$[4\text{m/s},10\text{m/s}]$出现的概率最大。

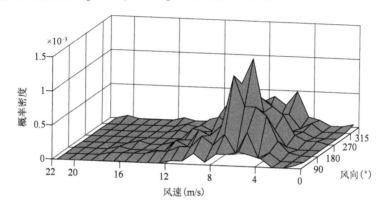

图3.4.2 统计的润扬大桥悬索桥桥址风速风向联合概率密度函数曲面

3.4.2 风速风向联合概率模型

3.4.2.1 最大熵可靠度理论

为了得到润扬大桥悬索桥基准期内的极值风速预测值,必须建立润扬大桥悬索桥良态气候风场的概率模型。极值风速分布最先被认为服从极值Ⅱ型分布,后来较为广泛的共识是符合极值Ⅰ型分布,也有学者提出极值Ⅲ型分布也可以给出更好的极值风速估计。通过对润扬大桥悬索桥的实测数据做极值Ⅰ型、极值Ⅱ型和极值Ⅲ型的检验估计,结果显示均不符合,因此对于这样的短期记录较少的样本,有必要研究概率模型的建立方法。基于这样的考虑,本节采用最大熵理论求解润扬大桥悬索桥良态气候风场的概率模型。

最大熵法可靠度计算理论引入了信息论中信息熵的概念,获得少量的统计样本值就可以得到满足工程精度的概率密度函数[18-19]。熵是对一个随机变量信息的不确定性的测量。对于连续随机变量,定义熵:

$$S = -\int_R f(x) \ln[f(x)] \mathrm{d}x \tag{3.4.2}$$

对离散变量,则有:

$$S = -\sum_{i=1}^{n} f(x_i) \ln[f(x_i)] \tag{3.4.3}$$

式中:$f(x)$、$f(x_i)$——连续随机变量和离散随机变量的概率密度函数。

熵为信息的均值,而信息则是对个别 x 值的不确定性量度,不确定性越大,熵越大,利用最大熵法可以得到近似的概率密度函数 $f(x)$。其数学模型为:

$$\text{MAX} \quad S = -\int_R f(x)\ln[f(x)]\,dx \tag{3.4.4}$$

$$\text{ST} \int_R f(x)\,dx = 1 \tag{3.4.5}$$

$$\int_R x^i f(x)\,dx = m_i \tag{3.4.6}$$

式中:m_i——x 的第 i 阶原点矩,其数值由样本确定。

在满足上述约束条件式(3.4.5)、式(3.4.6)的条件下,通过调整概率密度函数使熵取最大值。构造拉格朗日函数:

$$\overline{S} = S + (\lambda_0 + 1)\left[\int_R f(x)\,dx - 1\right] + \sum_{i=1}^n \lambda_i \left[\int_R x^i f(x)\,dx - m_i\right] \tag{3.4.7}$$

式中:$\lambda_0,\lambda_1,\cdots,\lambda_n$——拉格朗日乘子。

由驻值条件得到最大熵概率密度函数的解析式为:

$$f(x) = \exp\left(\lambda_0 + \sum_{i=1}^n \lambda_i x^i\right) \tag{3.4.8}$$

待定系数 $\lambda_0,\lambda_1,\cdots,\lambda_n$ 可以通过联立式(3.4.5)、式(3.4.6)求解非线性方程得到。

3.4.2.2 基于最大熵理论的联合概率模型

风速风向联合分布概型方法是用风速和风向联合分布概率模型研究风速和风向的联合作用,是现今考虑风速风向联合作用最为有效的方法。联合分布概型方法根据不同的前提可以分为三种类型:确定风向最大风速单变量概率分布方法、风速风向分离变量概率分布方法和风速风向时间序列模拟方法。本节采用了目前考虑风速风向联合最为有效的风速风向分离变量概率分布方法。其概率密度函数表达式由风向频度函数和各风向的风速概率密度函数组成,而得到各风向的风速概率密度函数的表达式将是本节研究的关键。

采用最大熵法计算概率密度函数的方法,给出了基于最大熵方法的风速风向联合概率密度函数表达式:

$$f(x) = l(\theta)\frac{1}{\sigma}\exp\left[\lambda_0 + \sum_{i=1}^n \lambda_i \left(\frac{x-\mu}{\sigma}\right)^i\right] \tag{3.4.9}$$

式中:$l(\theta)$——风向频度函数(图 3.4.1),当不考虑风速风向联合分布时,$l(\theta)=1$;

μ、σ——样本 x 的均值和标准差;

$(x-\mu)/\sigma$——一组均值为 0、标准差为 1 的数组,采用这样的表达式,可以使收敛速度大大加快,同时解决了计算收敛困难的问题。

表 3.4.1 给出了润扬大桥悬索桥风速风向联合概率模型。

润扬大桥悬索桥风速风向联合概率模型　　　　　　　　表3.4.1

风向	风向频度函数 $l(\theta)$	样本均值 μ	样本标准差 σ	λ_0	λ_1	λ_2	λ_3	λ_5
N	0.051565	6.5117	2.4722	−0.89155	0.012491	−0.53728	−0.004207	0.0031295
NE	0.099448	8.7713	3.2617	−0.95946	−0.59334	−0.37572	0.26002	−0.064784
E	0.208103	7.2109	2.3731	−0.83777	−0.4229	−0.6084	0.16042	−0.01336
SE	0.186004	7.3147	2.0171	−0.76577	−0.74087	−0.74618	0.32604	−0.038288
S	0.178637	7.2412	2.1771	−0.91283	−0.098585	−0.50404	0.033665	−0.0017952
SW	0.099448	7.6814	2.2321	−0.88088	−0.6299	−0.53172	0.26819	−0.044405
W	0.075506	8.2957	2.6507	−0.9803	−0.041362	−0.35071	0.01635	−0.03216
NW	0.101289	7.4788	2.9612	−0.7285	−0.58021	−0.78729	0.24704	−0.020813
全部	1	7.5106	2.5053	−0.84242	−0.38403	−0.60177	0.14214	−0.010291

图 3.4.3 给出了不计方向及 E、SE 和 SW 方向的拟合结果。这说明基于最大熵理论的联合概率模型能够很好地描述润扬大桥悬索桥的良态风气候模式。

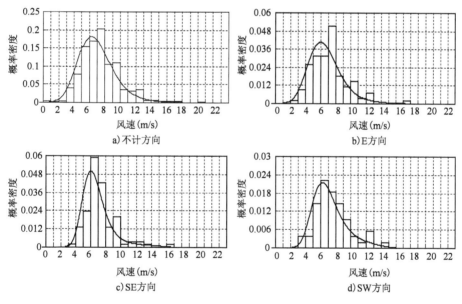

图 3.4.3　联合概率模型和实测数据的拟合效果

3.4.3　桥址极值风速的预测

3.4.3.1　考虑风向的极值风速预测

若风速风向联合概率密度函数由每年 n_0 个风速风向实测数据统计得到,则 T_0 年内风速出现在风向区间 $[\theta_j, \theta_{j+1}]$ 上的总数为:

$$N_j = T_0 n_0 \int_{\theta_j}^{\theta_{j+1}} \mathrm{d}\theta \int_0^{\infty} f(U,\theta) \mathrm{d}U \qquad (3.4.10)$$

在此风向区间上,不超过最大风速的保证率为:

$$P = \left(1 - \frac{1}{N_j}\right)\int_{\theta_j}^{\theta_{j+1}} d\theta \int_0^\infty f(U,\theta) dU \qquad (3.4.11)$$

联立式(3.4.10)、式(3.4.11)得：

$$P = \int_{\theta_j}^{\theta_{j+1}} d\theta \int_0^\infty f(U,\theta) dU - 1/(T_0 n_0) \qquad (3.4.12)$$

同时，最大风速的保证率 P 又等于联合概率密度函数曲面 $f(U,\theta)$ 与矩形区域 $0 \leq U \leq U_{\max}$、$\theta_j \leq \theta \leq \theta_{j+1}$ 围成的体积，即：

$$P = \int_{\theta_j}^{\theta_{j+1}} d\theta \int_0^{U_{\max}} f(U,\theta) dU \qquad (3.4.13)$$

联立式(3.4.12)、式(3.4.13)得：

$$P = \int_{\theta_j}^{\theta_{j+1}} d\theta \int_{U_{\max}}^\infty f(U,\theta) dU = 1/(T_0 n_0) \qquad (3.4.14)$$

根据式(3.4.14)就可以预测重现期为 T_0 年各风向区间上的极值风速[20]。表3.4.2给出了不同风向的极值风速预测结果。

重现期内极值风速(m/s)　　　　表3.4.2

风向	N	NE	E	SE	S	SW	W	NW	不计方向
重现期50年	15.2	19.7	21.2	17.2	15.0	16.1	15.4	25	23.7
重现期100年	15.7	20.1	22.7	17.6	15.7	16.5	15.8	25.9	24.2

3.4.3.2　与设计风速的对比分析

润扬大桥悬索桥的设计基本风速为10m高度处重现期为100年的10min平均最大风速29.1m/s。根据《公路桥梁抗风设计规范》(JTG/T 3360-01—2018)[21]，将设计基本风速换算到桥面位置，即：

$$U_Z = \left(\frac{Z}{Z_0}\right)^\alpha \cdot U_0 \qquad (3.4.15)$$

润扬大桥悬索桥主梁离地高为69.3m，地面粗糙系数为0.12，根据式(3.4.15)计算得到桥面高度设计基本风速为36.7m/s。比较本节预测的极值风速和设计基本风速可知，各个方向及不考虑方向的预测结果均没有超过设计基本风速，表明润扬大桥悬索桥设计时考虑了较大的安全度。

参 考 文 献

[1] 陈政清. 桥梁风工程[M]. 北京：人民交通出版社，2005.

[2] 项海帆. 现代桥梁抗风理论与实践[M]. 北京：人民交通出版社，2005.

[3] 李爱群，缪长青，李兆霞，等. 润扬长江大桥结构健康监测系统研究[J]. 东南大学学报（自然科学版），2003，33(5)：544-548.

[4] 邓扬，李爱群，丁幼亮，等. 润扬大桥悬索桥桥址风环境的长期监测与分析[J]. 空气动力学报，2009，27(6)：632-638.

[5] Flay R G J, Stevenson D C. Integral length scales in strong winds below 20-m[J]. Journal of Wind Engineering and Industrial Aerodynamics，1988，28(1-3)：21-30.

[6] 庞加斌,葛耀君,陆烨. 大气边界层湍流积分尺度的分析方法[J]. 同济大学学报, 2002, 30(5): 622-626.

[7] Simiu E, Scanlan R H. Wind effects on structures[M]. New York: John Wiley & Sons, 1996.

[8] Reed D A, Scanlan R H. Autoregressive rep representation of longitudinal, lateral, and vertical turbulence spectral[J]. Journal of Wind Engineering and Industrial Aerodynamics, 1984, 17: 199-214.

[9] Davenport A G. The spectrum of horizontal gustness near the ground in high wind[J]. Q J R Meteorol Soc, 1961, 87: 194-211.

[10] Ni Y Q, Ko J M, Hua X G, et al. Variability of measured modal frequencies of a cable-stayed bridge under different wind conditions[J]. Smart Structures and Systems, 2007, 3(3): 341-356.

[11] Singh K P, Warsono A A, Bartolueci, et al. Mathematical modeling of environmental data[J]. Mathematical and Computer Modeling, 2001, 33: 793-800.

[12] Shoukri M M, Mian I U M, Tracy D S. Sampling properties of estimators of the log-logistic distribution with application to Canadian precipitation data[J]. The Canadian Journal of Statistics, 1988, 16(3): 223-236.

[13] Bennett S. Log-Logistic regression models for survival data[J]. Journal of the Royal Statistical Society, Series C: Applied Statistics. 1983, 32(2): 165-171.

[14] Li Q S, Xiao Y Q, Wong C K, et al. Field measurements of typhoon effects on a super tall building[J]. Engineering Structures, 2004, 26: 233-244.

[15] Morfiadakis E E, Glinou G L, Koulouvari M J. The suitability of the von Karman spectrum for the structure of turbulence in a complex terrain wind farm[J]. Journal of Wind Engineering and Industrial Aerodynamics, 1995, 62: 237-257.

[16] 罗雄. 利用短期实际风速记录模拟极值风速及桥梁时域抖振分析[D]. 成都:西南交通大学, 2002.

[17] 邓扬,李爱群,丁幼亮. 基于最大熵理论的润扬悬索桥桥址极值风速预测[J]. 东南大学学报(自然科学版), 2008, 38(5): 758-762.

[18] Silvin G. Information theory with application[M]. New York: McGRAW-HILL CO., 1977.

[19] 韦征,叶继红,沈世钊. 最大熵法可靠度理论在工程中的应用[J]. 振动与冲击, 2007, 26(6): 146-152.

[20] 顾明,陈礼忠,项海帆. 上海地区风速风向联合概率密度函数的研究[J]. 同济大学学报, 1997, 25(2): 166-170.

[21] 中华人民共和国交通运输部. 公路桥梁抗风设计规范:JTG/T 3360-01—2018[S]. 北京:人民交通出版社股份有限公司, 2019.

第4章 桥梁梁端位移监测与分析

4.1 桥梁梁端位移监测概述

4.1.1 监测技术概述

桥梁在温度变化时,桥面系有膨胀和收缩的纵向变形,另外,在车辆荷载的作用下,桥面系也会产生纵向位移。为满足这种变形,就要在桥梁的梁端与桥台之间设置伸缩缝。伸缩缝的状态安全与否不仅关系到整个桥梁结构的运营,还直接影响到车辆通过桥梁时的行车状态[1]。桥梁伸缩缝受力复杂,一直是桥梁的薄弱环节,实际工程中伸缩缝发生损坏的情况较为严重,因此需要对伸缩缝的状态进行监测和评估,以便准确地发现其损伤的发生,并及时地对伸缩缝进行修复或更换。目前,伸缩缝损伤检测主要采用人工定期检测的方式,但是人工检测的主观性较强,很难对伸缩缝的状态做出定量的判断,同时,这种方法会阻断交通,影响大桥的正常运营。因此,针对上述缺点,迫切需要发展一种有效的方法对桥梁伸缩缝的状态进行实时损伤诊断。桥梁结构健康监测技术的发展为实现这一目标带来了契机[2-3],在桥梁建造过程中就可以在结构中布设梁端位移传感器,在桥梁运营期间对桥梁的顺桥向位移,即伸缩缝变形进行实时长期监测,在此基础上,就可以通过捕捉梁端纵向位移的异常变化实现伸缩缝损伤预警。

桥梁梁端位移监测通常采用位移计。位移计是桥梁工程检测中最基本的机械式测量仪表,常用接触式和张线式两种机械式位移计。

百分表、千分表和挠度计都是接触式位移计。三者的外形相似,构造及工作原理相同,但检测的精度及量程不一样。百分表、千分表的量程较小,前者刻度值为0.01mm,后者的刻度值为0.001mm。挠度计的量程较大,刻度值常为0.05mm。百分表与千分表是桥梁工程检测中最常用的机械式仪表,常用于桥梁结构挠度与位移的测量,还可以与其他传感器组合进行应变、转角、曲率、扭角等的测量。将百分表或千分表配以适当的夹具即构成接触式位移计,可以用于量测结构各部位较小的位移。这类仪器的优点是构造简单、使用方便。在桥梁结构试验中,此类仪器适合量测结构构件位移(如梁的挠度)、支座下沉和构件间的相对位移等。

张线式位移计是桥梁工程检测中测量大位移的常用仪器。其基本特点是仪表通过一根张紧的钢丝与桥梁工程结构上的测点相连,利用钢丝传递测点的位移。张线式位移计包括利用杠杆放大的简易挠度计、利用摩擦轮放大的静载挠度计、利用齿轮传动的挠度计。常用的为利用摩擦轮放大的张线式位移计。张线式位移计不仅是桥梁施工检测、日常检测的主要传感器,结合自动化电测技术,经过改进的数字式张线式位移计已经被用于大跨径桥梁结构健康系统中梁端位移的长期动态监测。

4.1.2 润扬大桥悬索桥梁端位移监测简介

由于主梁的纵向位移导致悬索桥钢箱梁梁端的伸缩缝易于发生损坏,故润扬大桥结构健康监测系统在润扬大桥悬索桥主梁南北两端的上下游各安装了一个位移传感器[4-5],用以实时监测悬索桥钢箱梁端伸缩缝处位移情况,以便及时掌握钢箱梁及伸缩缝在环境温度、车载、风载等环境作用下的变化情况,为主梁的维护、保养工作提供依据。为此,要求位移传感器必须能够实时记录悬索桥钢箱梁端伸缩缝处纵向位移情况,并有较高的精度和强度。润扬大桥结构健康监测系统选用了德国 ASM 公司生产的 WS12-3000-10V-L10-M4 直线位移传感器(图 4.1.1),表 4.1.1 列出了位移传感器的技术指标。

图 4.1.1 润扬大桥悬索桥梁端位移传感器

位移传感器技术指标 表 4.1.1

测量范围	防护等级	输出范围	非线性度	质量	工作温度
0~3000mm	IP67	0~10V	0.1%	1.5kg	-20~+85℃

4.2 润扬大桥悬索桥梁端位移长期监测结果

4.2.1 监测数据分析

本节考察润扬大桥悬索桥主梁南端纵向位移在正常运营条件下的长期变化规律。为了考察一年四季环境温度对位移的影响,分别选取 2006 年 5 月 1 日(春季)、2006 年 6 月 20 日(夏季)、2006 年 10 月 10 日(秋季)和 2007 年 2 月 1 日(冬季)所记录的数据进行分析,以 10min 为计算区间计算南端位移和钢箱梁温度的平均值,则每天可得 144 个实测位移值和温度值。需要说明的是,温度的计算值取钢箱梁所有温度传感器所记录数据的平均值。

图 4.2.1~图 4.2.4 分别给出了南端纵向位移和钢箱梁平均温度的日变化曲线,图中位移的日变化曲线包括上游位移曲线、下游位移曲线以及两者的平均值。从中可以看出,每天的位移日变化曲线均呈现出较为一致的变化趋势,即类似于余弦函数曲线的形状,位移每天在 5:00—7:00 之间取最小值,而在 13:00—15:00 之间取最大值。对比每天的位移和钢箱梁平均温度的日变化曲线可以发现,两者具有极为一致的变化趋势,即"温度高位移大,温度低位移小",说明温度与主梁纵向位移之间存在较强的相关性。

根据上述分析可知,钢箱梁温度变化对润扬大桥悬索桥主梁纵向位移的影响很大。表 4.2.1 和表 4.2.2 分别给出了悬索桥主梁南端纵向位移和钢箱梁实测温度的相关参数。结合纵向位移的日变化规律以及温度昼夜变化的特征分析可知:①从总体上看,主梁南端纵向位移随日环境温度的增加而逐渐减小,随日环境温度的减小而逐渐增大,从而表现为昼夜起伏的变化特征。②主梁南端纵向位移的日平均值在夏季(2006年6月20日)最大,春季(2006年5月1日)和秋季(2006年10月10日)次之,冬季(2007年2月1日)最小。③主梁南端纵向位移在一年的运营期间也存在较显著的变化,夏季(2006年6月20日)的环境温度较高,日温差(温度绝对变化幅度)较大,因此,纵向位移的昼夜变化幅度较大;春季(2006年5月1日)和秋季(2006年10月10日)的环境温度适中,具有一定的日温差,因此,环境温度对纵向位移具有一定的影响。特别是春季的日温差较秋季大一些,因此,春季位移的昼夜变化亦稍大一些;冬季(2007年2月1日)气温较低,日温差较小,因此,昼夜温差对主梁纵向位移的影响较小,其昼夜起伏变化最不明显。综上所述,润扬大桥悬索桥主梁整体纵向位移与环境温度存在较为明显的相关关系。

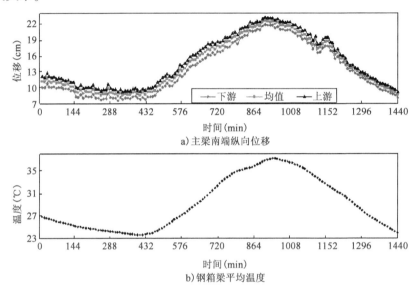

图4.2.1 2006年5月1日梁端位移和温度10min平均日变化曲线

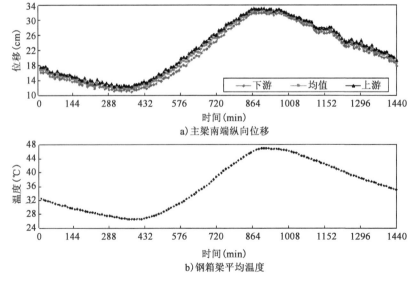

图4.2.2 2006年6月20日梁端位移和温度10min平均日变化曲线

第4章 桥梁梁端位移监测与分析

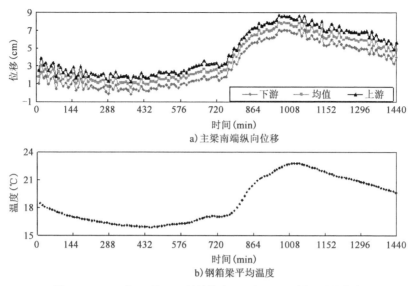

图 4.2.3 2006 年 10 月 10 日梁端位移和温度 10min 平均日变化曲线

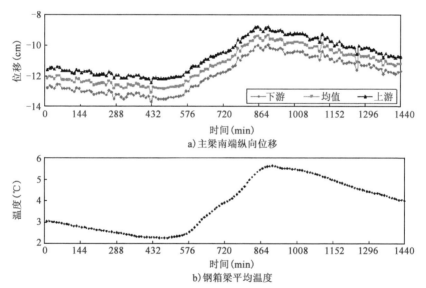

图 4.2.4 2007 年 2 月 1 日梁端位移和温度 10min 平均日变化曲线

润扬大桥悬索桥主梁南端纵向位移的相关参数(cm)　　　　　　　　　　　表 4.2.1

位置	2006 年 5 月 1 日(春季)				2006 年 6 月 20 日(夏季)			
	最大值	平均值	最小值	变化幅度	最大值	平均值	最小值	变化幅度
上游	23.29	15.00	9.09	14.20	33.14	22.17	12.32	20.82
下游	21.83	13.37	7.56	14.27	31.96	20.73	10.94	21.05
位置	2006 年 10 月 10 日(秋季)				2007 年 2 月 1 日(冬季)			
	最大值	平均值	最小值	变化幅度	最大值	平均值	最小值	变化幅度
上游	8.73	4.58	1.23	7.50	-8.78	-10.73	-12.45	3.67
下游	7.08	3.00	-0.16	7.24	-9.94	-11.94	-13.70	3.76

注:变化幅度 = |最大值 - 最小值|。

润扬大桥悬索桥钢箱梁实测温度的相关参数(℃)　　　　表4.2.2

日　　期	平　均　值	最　大　值	最　小　值	变化幅度
2006年5月1日	29.14	37.14	23.61	13.53
2006年6月20日	35.97	46.83	26.43	20.4
2006年10月10日	18.67	22.77	15.82	6.95
2007年2月1日	3.78	5.61	2.56	3.05

注：变化幅度 = |最大值 − 最小值|。

　　为进一步考察梁端纵向位移与钢箱梁温度的相关性，采用线性模型来研究上述四天温度和位移数据的相关程度。图4.2.5中给出了上述四天温度-位移的散点分布及线性回归模型。从图中可以看出：①图中每天的温度-位移散点图分布非常集中，四天的数据点基本分布在同一直线的附近，采用每天的数据所得到的回归直线的斜率均在1.0上下浮动，且直线的截距也在一个较小的范围内浮动，再次说明主梁纵向位移和钢箱梁温度之间的相关性十分显著。②图中散点分布和回归直线表明，在一年的运营期间，温度-位移的相关性的模式较为稳定，但仍具有一定的变化。这说明进行长期的健康监测是必要的，只有通过长期数据的积累才能建立更为准确的温度-位移相关性模型，在此基础上就可以采用统计模式识别的方法对主梁纵向位移的异常变化进行识别，从而实现伸缩缝损伤预警。

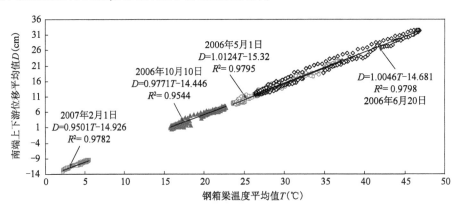

图4.2.5　润扬大桥悬索桥主梁南端10min平均位移与温度的日相关性

4.2.2　梁端位移与环境条件的相关性分析

4.2.2.1　温度-位移相关性模型

　　在4.2.1节中，采用悬索桥运营期间典型四天的数据定性地分析了温度与位移的相关性，本节将以2006年1—6月共148d的伸缩缝位移监测数据为基础，进一步建立更具有代表性的温度-位移相关性模型[6]。

　　采用10min为区间计算主梁南北段的位移10min平均值和钢箱梁温度的平均值。图4.2.6给出了位移和温度的相关性散点图，图中的温度值采用的是主梁所有温度传感器测试值的10min平均值。从图4.2.6可以看出，伸缩缝位移与温度之间存在较强的相关性，位移随钢箱梁平均温度的增加而逐渐增大，随钢箱梁平均温度的减小而逐渐减小，表现出"温度高位移大、温度低位移小"的特征。同时,从图4.2.6还可以发现,主梁北端位移的变化区间为[-23.0cm,28.7cm],南端的变化区间为[-20.6cm,33.0cm],因此,主梁北端和南端伸缩缝位移的年变化幅度为51.7cm和53.6cm。

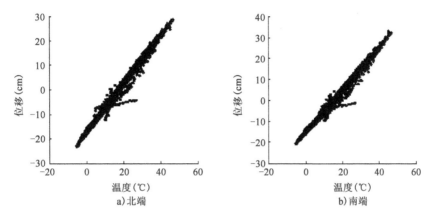

图4.2.6 梁端位移和温度的相关性

为了定量地评价温度对位移的影响,需要建立温度-位移的相关性数学模型,为此,采用线性回归分析建立平均位移 d(单位:cm)和平均温度 T(单位:℃)的相关性模型,模型表达式为:

$$d = \beta_0 + \beta_1 T \quad (4.2.1)$$

式中:β_0、β_1——回归系数,可通过最小二乘的方法得到。

$$\beta_1 = \frac{S_{dT}}{S_{TT}} \quad (4.2.2)$$

$$\beta_0 = \bar{d} - \beta_1 \bar{T} \quad (4.2.3)$$

式中:S_{dT}——位移与温度的协方差;

S_{TT}——温度的方差;

$\bar{d}$、$\bar{T}$——位移和温度的均值。

表4.2.3列出了温度和位移的线性回归模型。同时,表4.2.3还给出了当温度分别为0℃和50℃时,根据回归模型计算得到的纵向位移值。从表中可以看出,温度所引起的主梁北端和南端纵向位移的变化幅度分别为50.15cm和50.50cm。

温度-位移的线性回归模型 表4.2.3

位 置	回归函数	0℃时位移(cm)	50℃时位移(cm)	变化幅度(cm)
北端	$d = -17.67 + 1.003T$	-17.67	32.48	50.15
南端	$d = -15.52 + 1.010T$	-15.52	34.98	50.50

注:变化幅度 = |0℃时位移 - 50℃时位移|。

4.2.2.2 车辆荷载-位移相关性模型

由上述分析可知,环境温度的变化将导致主梁产生纵向位移,另外,主梁在车辆荷载的作用下也会产生纵向位移,因此,车辆荷载也是主梁纵向位移的影响因素之一。

在研究车辆荷载对位移的影响规律之前,需将温度对位移的影响消除掉,即得到环境温度归一化的位移值。消除温度影响的方法是根据 4.2.2.1 节的温度-位移的线性回归模型将实测位移值归一化到某一参考温度上。这里选取参考温度值为 20℃,将参考温度值代入表 4.2.3 中的线性回归模型,得到参考位移 d_r,同样地将实测温度值代入回归模型,得到由温度影响所产生的位移计算值 d_t,则可以计算得到消除温度影响的伸缩缝位移值为:

$$d = d_m - (d_t - d_r) \quad (4.2.4)$$

式中:d——温度归一化的位移值;

d_m——位移的实测值。

下面分析温度归一化位移值和车辆荷载的相关性[7]。采用主梁跨中传感器所记录的竖向加速度响应的均方根(Root Mean Square,简称 RMS)作为车辆荷载的表征值[8],加速度均方根计算时距取 10min。在研究车辆荷载与位移的相关性时,需要排除其余环境条件对位移的影响,因此,首先挑选出小风速状态(10min 平均风速小于 2m/s)的加速度响应数据,认为此时能对位移产生影响的环境因素只有交通荷载。对挑选的加速度响应进行低通滤波,截至频率为 3Hz,通过滤波得到仅含有结构动力响应的加速度数据,再以 10min 为时间间距计算加速度响应的 RMS 值。

图 4.2.7 给出了主梁南北端加速度响应 RMS 值和位移的相关性散点图,从图中可以看出数据点的分布较分散,但仍可看出加速度 RMS 和位移之间具有明显的相关性,表现出"车辆荷载大位移小,车辆荷载小位移大"的相互关系。为了定量地描述相关性,同样采用最小二乘的方法建立位移值 d 和加速度响应 RMS 值 M 之间的线性回归模型,表 4.2.4 列出了交通荷载和位移的线性回归模型。另外,表 4.2.4 还给出了当加速度响应 RMS 分别为 0cm/s² 和 3cm/s² 时,根据表中回归模型计算得到的纵向位移值。从表中可以看出,由车辆荷载所引起的主梁北端和南端纵向位移的变化幅度分别为 1.62cm 和 1.99cm。

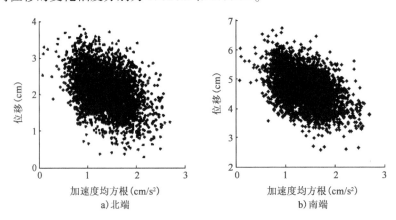

a) 北端 b) 南端

图 4.2.7 梁端位移和加速度均方根的相关性

车辆荷载-位移的线性回归模型 表 4.2.4

位置	回归函数	RMS 为 0cm/s² 时位移(cm)	RMS 为 3cm/s² 时位移(cm)	变化幅度(cm)
北端	$d = 2.88 - 0.539M$	2.88	1.26	1.62
南端	$d = 5.62 - 0.665M$	5.62	3.63	1.99

注:变化幅度 = |0cm/s² 时位移 − 3cm/s² 时位移|。

4.2.2.3 风-位移相关性模型

本节讨论风速和位移的相关性[7]。首先需要消除环境条件中温度和车辆荷载对位移的影响。4.2.2.1节中通过将位移归一化至某一参考温度值的方式消除了温度的影响,本节采用同样的方法进一步消除车辆荷载对位移的影响。采用与4.2.2.1节中类似的方法,取加速度响应 RMS 参考值为 $1cm/s^2$,可以计算得到消除了车辆荷载影响的位移值。

图4.2.8给出了消除温度和交通荷载影响之后的位移10min平均值和10min平均风速的相关性散点图,从图中可以看出南北端的相关性数据点分布十分离散,这表明位移和平均风速的相关性很弱。表4.2.5中给出了10min平均风速 U 和位移 d 的最小二乘线性回归模型。同时,表4.2.5还给出了当加风速分别为0m/s和20m/s时,根据表中回归模型计算得到的纵向位移值。从表中可以看出,由车辆荷载所引起的主梁北端和南端纵向位移的变化幅度分别为0.28cm和0.14cm,可见,风对主梁纵向位移的影响很小,可忽略不计。

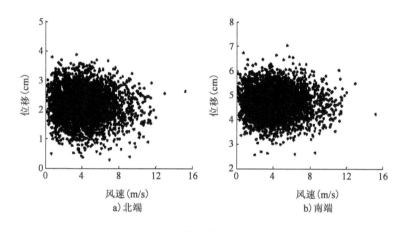

图4.2.8 梁端位移和风速的相关性

风速-位移的线性回归模型 表4.2.5

位置	回归函数	风速为0m/s时位移(cm)	风速为20m/s时位移(cm)	变化幅度(cm)
北端	$d = 2.20 - 0.014U$	2.20	1.92	0.28
南端	$d = 4.72 - 0.0070U$	4.72	4.58	0.14

注:变化幅度 = |0m/s时位移 − 20m/s时位移|。

4.2.2.4 环境条件归一化的主梁纵向位移

通过上述梁端纵向位移和环境条件的相关性分析,可以得到以下结论[7]:①温度是梁端纵向位移变化的最重要的影响因素,并且具有"温度高位移大,温度低位移小"的特征;②车辆荷载与位移的相关性较弱但仍较明显,同时具有"车辆荷载大位移小,车辆荷载小位移大"的特征,因此,车辆荷载对位移的影响不可忽略;③南北两端的伸缩缝位移和主跨跨中的10min平均风速之间的相关性十分微弱,可以忽略不计。图4.2.9给出了环境温度和车辆荷载对简支梁桥纵向位移的影响示意图,图中实线表示简支梁的初始状态,虚线表示简支梁的变形状态。从图中可以看出,当温度升高时,由于材料的热胀冷缩效应,简支梁纵向长度增大,这解释了润扬大桥悬索桥主梁温度高位移大的现象。另外,在图4.2.9b)中,当车辆荷载增大时,简支梁的横向挠度增大,这样会导致其纵向长度减小,这也就解释了润扬大桥悬索桥主梁车辆荷载大位移小的现象。

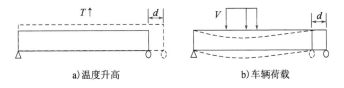

图4.2.9 环境温度和车辆荷载对简支梁桥纵向位移的影响示意图

因此,为了应用主梁纵向位移监测数据准确地评价悬索桥伸缩缝的状态,剔除温度和车辆荷载这两种环境条件对位移的影响是十分必要的。为此,总结方法如下:

(1)消除温度影响:采用表4.2.3给出的温度-位移模型将伸缩缝位移实测值归一化至某一参考温度值。

(2)消除交通荷载的影响:采用表4.2.4给出的加速度响应RMS-位移模型将步骤(1)得到的位移值归一化至某一参考加速度响应RMS值。

(3)消除位移变化的随机性:采用多样本平均的方法计算步骤(2)得到的位移值的日平均值,以进一步消除位移实测值所包含的随机性。

图4.2.10给出了润扬大桥悬索桥伸缩缝位移日平均实测值和环境归一化值,共148个样本。从图中可以看出,采用上述方法有效地去除了环境条件对伸缩缝位移的影响,进一步观察可以发现,图中南北端的位移归一化值曲线变化都很平稳,变化幅度很小,这说明通过多样本平均的方法可以有效地去除位移实测值所包含的随机性。以上分析证明采用该方法所提取出来的环境条件归一化位移值可以较准确地反映伸缩缝的状态,在此基础上可以实现对伸缩缝的在线实时监测与评估。

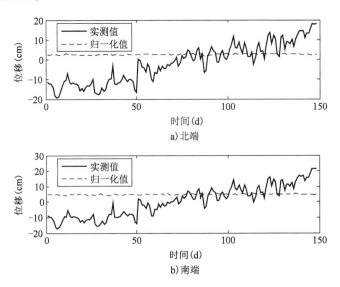

图4.2.10 日平均位移实测值和环境归一化值

4.3 润扬大桥悬索桥梁端位移监控与异常预警

4.3.1 均值控制图监控原理

均值控制图是统计假设检验的图上作业法,在控制图上每描一个点就是做一次统计假设检验,假设检验以一种可视的形式表示出来。图中有中心线(CL)、上控制线(UCL)、下控制线(LCL)和一系列样本的数据点序列。其中中心线表示的是所有样本的均值的位置,而上控制线和下控制线则是按照一定的置信度得到的置信区间。若是样本点落在了控制线之间,就认为该样本点正常;相反,若是落在了控制线之外,则认为该样本点异常。可见均值控制图非常适合应用于桥梁的在线实时结构健康监测,当特征参数超出了控制线,则可以做出损伤预警[7,9]。

当有数据点超出控制范围之外,有两种可能性:①可能性一,两组数据来自于同样的结构状态下,即分布不变,若设第一类错误的概率 $\alpha = 0.01$,则点超过 UCL/LCL 的概率只有 1% 左右;②可能性二,待检测的数据来自异常的状态下,那么样本的 μ 值偏离基准的无损状态下的 μ,这时候点超过 UCL/LCL 的概率就会大为增加,可能是 1% 的几倍甚至几十倍。所以若是有样本点超出控制线范围,特别是有多点超出的话,那么考虑到可能性二比可能性一发生的概率大得多,可以认为结构状态异常。用数学语言来解释,就是小概率事件原理,即小概率事件实际上不发生,若发生即判别为异常。

将均值控制图应用于结构损伤预警的基本思想是:若结构发生损伤,则从损伤状态得到的结构动力响应中提取的损伤预警指标的均值同正常状态下提取出的均值将存在显著的差异。采用该方法实现结构损伤预警时,首先根据正常状态下损伤预警指标的统计特性,在一张图表上确定正常状态所有样本点均值的上、下控制线,然后将未知状态的样本点画在同一张图上,若有样本点落在控制线范围外,就可以得出"点出界,则状态异常"的结论;相反,若是所有样本点都落在控制线范围内,则认为该结构处于正常状态。

均值控制图中的主要参数有中心线 CL、上控制线 UCL 和下控制线 LCL。下面简述这些参数的具体计算步骤:

(1) 设损伤预警指标为 m 个,样本点数(称为子组)为 n 个。计算每个子组中所有损伤预警指标的均值和方差:

$$\bar{X}_i = \text{mean}(\tau_{i,j}) \quad (i = 1,2,\cdots,n; j = 1,2,\cdots,m) \tag{4.3.1}$$

$$S_i = \text{std}(\tau_{i,j}) \quad (i = 1,2,\cdots,n; j = 1,2,\cdots,m) \tag{4.3.2}$$

(2) 计算所有子组的均值作为均值控制图的中心线 CL,并通过置信区间计算上控制线 UCL 和下控制线 LCL:

$$\text{CL} = \text{mean}(\bar{X}_i)(i = 1,2,\cdots,n) \tag{4.3.3}$$

$$\text{UCL,LCL} = \text{CL} \pm Z_{\alpha/2} \frac{S}{\sqrt{n}} \tag{4.3.4}$$

式中: $S^2 = \text{mean}(S_i^2)^{-1/2}$;

$Z_{\alpha/2}$——由显著性水平 α 确定的接受域和拒绝域的临界值。

根据式(4.3.3)和式(4.3.4)可以计算正常状态下样本点的中心线 CL、上控制线 UCL 和下控制线 LCL,即在一张均值控制图中确定这三条控制线的位置。需要指出,需要对正常状态下的样本进行自检,若是正常状态的样本点超出上、下控制线的范围,就需要调整显著性水平 α,直到满足所有点都落在上、下控制线的范围内。然后,将待检测状态的数据样本点画入图中,检验是否存在异常点,作为判断结构状态异常的依据。

4.3.2 梁端位移异常预警分析

采用均值控制图来监测由于伸缩缝损伤所引起的实测主梁纵向位移的变化[7]。首先定义伸缩缝的状态指标 e 为环境归一化的位移值和它们的年均值之间的差值:

$$e = d_m - d_r \tag{4.3.5}$$

式中:d_m——环境归一化的位移日平均值;

d_r——位移日平均值的年平均值,以此作为伸缩缝正常状态的基准值。

图4.3.1给出了采用148d位移日平均样本计算得到的均值控制图。图中前100d数据为训练样本,后48d数据为检验样本,可以看出,采用均值控制图法可以直观地描述伸缩缝位移的异常变化,并且通过多样本点的假设检验可以有效降低误判的概率。

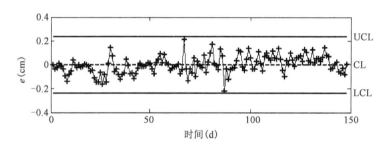

图 4.3.1　伸缩缝正常状态下的均值控制图

以上建立了伸缩缝正常状态下的均值控制图,为了检验这种方法应用于伸缩缝状态评估的效果,将后48个样本所代表的环境归一化的位移值施加一定的变化,用以模拟伸缩缝损伤对位移的影响:

$$d_m = d_m^a - \varepsilon D_y \tag{4.3.6}$$

式中:d_m——伸缩缝损伤的位移模拟值;

d_m^a——检验样本的位移实测值;

ε——损伤水平,这里取为1.0%;

D_y——伸缩缝位移的年变化幅度,由4.2.2.1节可知南北端年变化幅度分别为53.6cm和51.7cm。

采用式(4.3.5)计算位移日平均值和年平均值的差值作为控制指标,图4.3.2给出了伸缩缝损伤状态下均值控制图。从图中可以看出当伸缩缝损伤引起伸缩缝位移发生1.0%的变化时,后48个样本点明显地趋近下控制线,且有部分样本已超出控制线范围,可以判定伸缩缝发生损伤。根据上述分析,采用均值控制图法可以识别由损伤引起的悬索桥伸缩缝位移1.0%的异常变化。

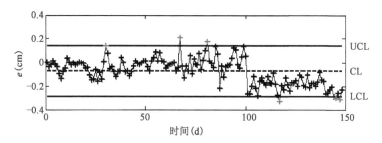

图4.3.2 伸缩缝损伤状态下的均值控制图

参 考 文 献

[1] Chen Wai-Fah, Duan Lian. Bridge engineering handbook[M]. Boca Raton: CRC Press, 2000.

[2] Ko J M, Ni Y Q. Technology developments in structural health monitoring of large-scale bridges [J]. Engineering Structures, 2005, 27(12): 1715-1725.

[3] Ni Y Q, Hua X G, Wong K Y, et al. Assessment of bridge expansion joints using long-term displacement and temperature measurement[J]. Journal of Performance of Constructed Facilities, 2007, 21(2): 143-151.

[4] 李爱群,缪长青,李兆霞. 润扬长江大桥结构健康监测系统研究[J]. 东南大学学报(自然科学版), 2003, 33(5): 544-548

[5] Li A Q, Miao C Q, Zhao L. The health monitoring system of the Runyang Yangtse River Bridge[C]// Proceedings of the 1st International Conference on Structural Health Monitoring and Intelligent Infrastructure, Tokyo, Japan, 2003.

[6] 邓扬,李爱群,丁幼亮. 大跨悬索桥梁端位移与温度的相关性研究及其应用[J]. 公路交通科技, 2009, 26(5): 54-58.

[7] 邓扬,李爱群,丁幼亮,等. 基于长期监测数据的大跨桥梁结构伸缩缝损伤识别[J]. 东南大学学报(自然科学版), 2011, 41(2): 336-341.

[8] Zhang Q W, Fan L C, Yuan W C. Traffic-induced variability in dynamic properties of cable-stayed bridge [J]. Earthquake Engineering and Structural Dynamics, 2002, 31(11): 2015-2021.

[9] Fuqate M L, Sohn H, Farrar C R. Vibration-based damage detection using statistical process control[J]. Mechanical Systems and Signal Processing, 2001, 15(4):707-721.

第5章 桥梁振动监测与分析Ⅰ:模态频率

5.1 桥梁振动监测概述

5.1.1 振动监测概述

振动是一切运动机械以及承受动态荷载的工程结构所具有的运动现象。随着科学技术的发展,无论是机械或工程结构,均日益向大型化、高速化、复杂化和轻量化发展,由此带来的工程振动问题更为突出。解决工程振动问题的一类重要方法是振动测试方法。狭义地说,振动测试是指采用某种激励的方法(包括环境激励)使系统产生一定的振动响应,并通过传感器、放大仪器以及显示或记录仪表测量得到,从而了解机械或结构的工作状态。广义地说,利用测量的系统振动响应进一步进行参数识别,例如固有频率、固有振型、阻尼以及动刚度等特性参数。因此,振动测试包括振动响应的测量和振动试验分析两个方面。后者通常采用所谓的动力特性参数来表达,因而振动试验分析通常归结为结构动力特性参数的试验识别。

振动测量和试验分析已经成为最为常用、有效的基本试验手段之一,在机械工程和工程结构部门有着广泛的应用。其中,机械与工程结构的整体状态监测是振动测试的重要应用之一。运动机械在运行中必然会产生振动。即使是那些我们视为不运动的工程结构,在环境激励的影响下,也会发生振动。振动信号中包含着机械及结构的内在特性和运行状况的信息。振动状态还体现着结构运行的品质,如车辆、航空航天设备等运载工具的安全性及舒适性;桥梁、水坝以及其他大型结构的抗灾害能力及寿命等。因此,从20世纪80年代起,利用振动测试对运行机械的故障进行诊断和对工程结构的损伤进行检测已为众多工程师和科研工作者所重视。运行监测和故障诊断已逐渐成为由振动理论、振动测试和信号分析相结合而衍生出来的一门重要的学科[1-3]。

5.1.2 润扬大桥悬索桥振动监测简介

大跨径桥梁结构振动的特点是频率低,多数情况处于微振动,信号动态范围大,对振动传感器的要求比较高。在选择加速度传感器时应首先考虑传感器的频率范围,特别是低频特性。润扬大桥悬索桥振动监测采用了瑞士Kistler公司生产的ServoK-Beam 8330A3及8310A加速度传感器(图5.1.1)。该加速度传感器采用了变电容模拟力反馈的原理,具有无零点偏置、超低噪声的特点,适合低频、低幅振动的

图5.1.1 ServoK-Beam 8330A3 加速度传感器

测量。表5.1.1给出了润扬大桥悬索桥所采用的加速传感器的技术指标。

加速度传感器技术指标　　　　　　　　　表5.1.1

测量范围	灵敏度	频率响应范围	非线性度	热敏感系数
±2.5g	1500mV/g	0~300Hz	0.2% FS	0.0055%/℃
共振频率	分辨率	工作温度	抗冲击极限	电源
5000Hz	2.5μg	-40~+85℃	1500g	6VDC~15VDC

润扬大桥悬索桥结构健康监测系统共安装了41个加速度传感器,布置在主梁中跨八分点截面处以及南北桥塔塔顶和中横梁处[4-5]。安装在主梁上的加速度传感器为29个,用于监测主梁垂向和横向的加速度响应,主梁加速度监测截面编号为ZLZD1~ZLZD9,其中ZLZD1~ZLZD7每个截面设置3个加速度传感器,截面ZLZD8和ZLZD9则设置了4个传感器,另外,在南北索塔还分别安装了6个加速度传感器,用以测量索塔顺桥向及横桥向的加速度响应,图5.1.2给出了润扬大桥悬索桥主梁的加速度传感器布置图。

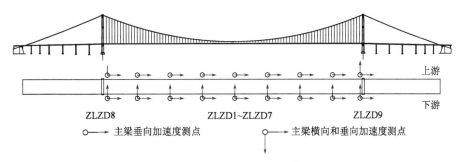

图5.1.2　润扬大桥悬索桥主梁加速度传感器布置图

5.2　结构模态参数识别技术

结构模态参数识别是指通过测量系统的输入(或称激励)和输出(或称响应),来建立系统的数学模型,从而确定系统的固有频率、阻尼比和振型等模态参数。模态参数识别方法可以分为传统的试验模态分析方法和环境激励下的模态参数识别方法。传统的试验模态分析是指选择适当方式激励试验结构,通过拾振系统量测与记录激励和响应的时间历程,运用数字信号处理技术求得结构系统的频响函数(传递函数)或脉冲响应函数,得到系统的非参数模型,然后运用参数识别方法,求得结构系统的模态参数(模态频率和模态向量等)和物理参数(质量、阻尼和刚度矩阵)。传统模态测试技术在小尺寸的机械类结构或者尺寸虽然较大,但是材料组成单一(可以有效地进行模态子结构拼接)的飞机、轮船等结构上获得了很大的成功,但是对于组成材料复杂、边界条件复杂、尺寸庞大的土木工程结构,例如大跨径桥梁、高层建筑、高耸结构、海洋平台等,传统的模态识别技术往往难以实现。主要原因有:①难以对结构施加有效的、可控的、可测的人为激励;②试验成本浩大,需要布置大量低频率传感器,并且必须对结构进行一定的隔绝,测量时间的限制也往往导致不能测得足够数量的数据;③不能够识别工作环境下的结构模态参数,也不能做到在线安全运营监测和健康状况评估;④人为激励作用下,大型工程结构的各测点上,其测试信号的信噪比不高,且容易受到环境影响。根据上述分析,对于大型工程结构而言,环境激励下的模态参数识别方法的研究与应用就显得尤为重要。

环境激励是一种自然的激励方式,环境激励下的结构模态参数识别就是直接利用自然环境激励(例如车辆及风浪激励等),仅根据系统的响应信号进行模态参数识别的过程。与传统模态参数识别方法相比,具有显著的优点:①无须使用贵重的激励设备对结构进行人工激励,费用低廉;②能有效识别出结构在正常工作状况下符合实际情况和边界条件的模态参数;③不影响结构的正常工作,并且能在不损伤结构的情况下进行在线安全监测。环境激励下的模态参数识别研究在其发展过程中,结合了振动理论、土木工程理论、矩阵理论、数理统计、数字信号处理、测试计量技术、控制理论、系统工程、计算机等多种学科,形成了多种模态参数识别方法[6-14]。本节简要介绍峰值拾取法的基本原理。

峰值拾取(Peak Picking,简称 PP)法属于频域法,适用于输入信号假设为白噪声前提下的参数识别。峰值拾取法是根据频率响应函数在结构的固有频率处出现峰值的原理,采用环境振动响应信号的功率谱代替频率响应函数以求得结构的模态参数。工程上选取一固定参考测点,其余测点与它做双通道 FFT,并从频率谱图上识别出共振频率,在此频率下,各测点与参考点的幅值谱之比作为该参考点的振型相对值。该方法原理简单、识别迅速、容易操作,适用于稀疏模态的实模态参数识别。

峰值法的具体理论推导简述如下:当观测信号是加速度信号时,桥梁系统的状态空间模型可以表示为:

$$\begin{cases} \dot{\boldsymbol{X}}(t) = \boldsymbol{A}_c \boldsymbol{X}(t) + \boldsymbol{B}_c \boldsymbol{U}(t) \\ \boldsymbol{Y}(t) = \boldsymbol{C}_c \boldsymbol{X}(t) + \boldsymbol{D}_c \boldsymbol{U}(t) \end{cases} \tag{5.2.1}$$

式中:
$\boldsymbol{X} \in \boldsymbol{R}^{n \times l}$——系统状态变量;
$\boldsymbol{Y} \in \boldsymbol{R}^{m \times l}$——观测变量;
$\boldsymbol{U} \in \boldsymbol{R}^{r \times l}$——在各个观测点上有限个环境激励;
$\boldsymbol{A}_c \in \boldsymbol{R}^{n \times n}$、$\boldsymbol{B}_c \in \boldsymbol{R}^{n \times r}$、$\boldsymbol{C}_c \in \boldsymbol{R}^{m \times n}$、$\boldsymbol{D}_c \in \boldsymbol{R}^{m \times r}$——系统的转移矩阵、输入矩阵、输出矩阵和直接传递矩阵。

将系统的状态转移矩阵 $\boldsymbol{A}_c$ 进行特征值分解:$\boldsymbol{A}_c = \boldsymbol{\Psi} \boldsymbol{\Lambda}_c \boldsymbol{\Psi}^{-1}$。$\boldsymbol{\Lambda}_c$ 的对角线元素即 $\boldsymbol{\Lambda}_c$ 的特征值为:$\lambda_k = -\xi_k \omega_k + j \cdot \omega_k \sqrt{1 - \xi_k^2}$,$\omega_k$ 和 ξ_k 分别系统第 k 阶的模态频率和阻尼。

平稳随机输入与输出的互相关函数等于系统的脉冲响应函数与输入的自相关函数的卷积。假设输入激励为零均值白噪声,则输入激励的谱函数为:

$$\boldsymbol{S}_u(s) = \int_{-\infty}^{+\infty} \boldsymbol{R}_u(t) e^{-st} \mathrm{d}t = \boldsymbol{R}_u \tag{5.2.2}$$

可以证明系统观测信号的谱函数为:

$$\boldsymbol{S}_y = \boldsymbol{H}_c(s) \boldsymbol{R}_u \boldsymbol{H}_c^{\mathrm{T}}(s^*) \tag{5.2.3}$$

式中:$\boldsymbol{H}_c(s)$——系统的传递函数,由式(5.2.1)的 Laplace 变换得到:

$$H_c(s) = \frac{Y(s)}{U(s)} = C_c(sI - A_c)^{-1}B_c + D_c \tag{5.2.4}$$

式中:$Y(s)$、$U(s)$——观测信号和输入激励的 Laplace 变换。将 $H_c(s)$ 分解成极点/留数形式:

$$H_c(s) = \sum_{k=1}^{n} \frac{s^2}{\lambda_k^2(s - \lambda_k)} \{v_{ck}\}\{l_{ck}\}^T \tag{5.2.5}$$

式中:$\{v_{ck}\}$、$\{l_{ck}\}$——矩阵 V_c 和 L_c 的列矢量;

$\{v_{ck}\} \in R^{m \times 1}$——相应模态的振型矢量;

$\{l_{ck}\} \in R^{m \times 1}$——模态参与系数。

将式(5.2.5)代入式(5.2.4)得到系统的功率谱:

$$S_y(s) = \left\{ \sum_{k=1}^{n} \frac{s^2}{\lambda_k^2(s - \lambda_k)} \{v_{ck}\}\{l_{ck}\}^T \right\} R_u \left\{ \sum_{k=1}^{n} \frac{(s^*)^2}{\lambda_k^2(s^* - \lambda_k)} \{l_{ck}\}\{v_{ck}\}^T \right\} \tag{5.2.6}$$

从上式可以看出,当 $s = -\xi_k\omega_k + j \cdot \omega_k\sqrt{1-\xi_k^2}$ 时,$S_y(s)$ 达到极值。因此,当各阶模态之间的间距足够大时,幅值谱 $|S_y(j\omega)|$ 的每个峰值与一个模态频率相对应,从而可得到系统的各阶模态频率。假设系统的模态频率可以较好地区分开来,那么,位于任一模态频率 ω_k 处的功率谱 $S_y(j\omega_k)$ 主要由第 k 阶的模态所决定,则可以表示如下:

$$S_y(j\omega_k) \approx \frac{\{v_{ci}\{l_{ck}\}^T R_u\{l_{ck}^*\}\{v_{ck}^T\}}{(\xi_k\omega_k)^2} \tag{5.2.7}$$

从上式拾取各阶峰值所对应的频率值(决定峰值产生的主导频率),即可确定结构的各阶固有频率。

5.3 润扬大桥悬索桥模态频率识别

5.3.1 润扬大桥悬索桥模态频率识别

采用峰值拾取法对润扬大桥悬索桥主梁的实测加速度响应信号,以 10min 为单位连续进行了模态参数识别。图 5.3.1~图 5.3.4 分别给出了 2005 年 8 月 6 日—8 月 7 日典型时段采集的加速度响应的自功率谱(传感器 1 号和 2 号分别为主梁跨中截面下游和 1/8 跨截面下游的垂向加速度传感器 ZLZD4-1 和 ZLZD1-1)。需要说明,图中的时段间隔为 1h,其自功率谱是该时段采集计算的 6 个自功率谱的平均值。从图中可以看出,对主梁跨中截面和 1/8 跨截面传感器采集的振动数据的模态分析结果表明,在 0~0.6Hz 范围内有 6 阶明显的模态频率。表 5.3.1 进一步列出了润扬大桥悬索桥不同时段识别的 7 阶模态频率及其振型特点。从中可以看出,环境激励下采用峰值法能够较好地识别出润扬大桥悬索桥主要振型的模态频率,各阶模态频率在不同时段的测试值基本稳定,但亦存在一定的变化,下节将进一步详细分析环境条件(运营荷载和环境温度)的变化对润扬大桥悬索桥实测模态频率的影响。

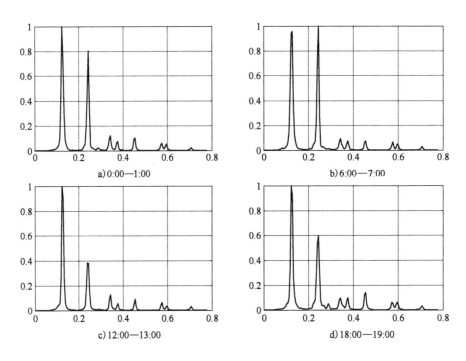

图 5.3.1 2005 年 8 月 6 日传感器 1 号的归一化自功率谱图（注：横坐标表示频率，单位为 Hz）

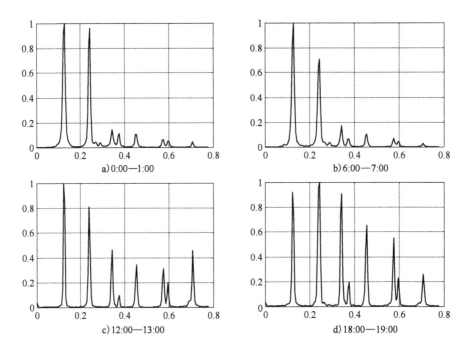

图 5.3.2 2005 年 8 月 7 日传感器 1 号的归一化自功率谱图（注：横坐标表示频率，单位为 Hz）

第5章 桥梁振动监测与分析Ⅰ：模态频率

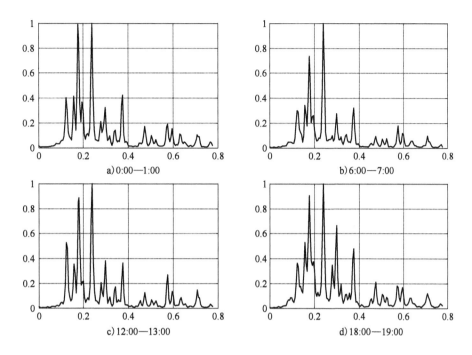

图 5.3.3　2005 年 8 月 6 日传感器 2 号的归一化自功率谱图(注：横坐标表示频率,单位为 Hz)

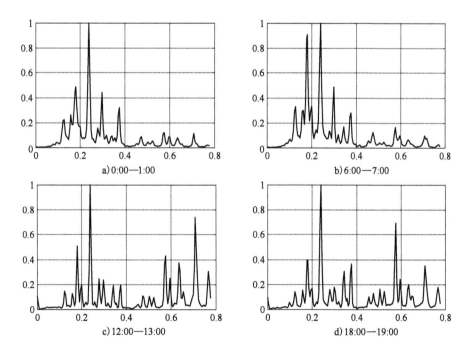

图 5.3.4　2005 年 8 月 7 日传感器 2 号的归一化自功率谱图(注：横坐标表示频率,单位为 Hz)

润扬大桥悬索桥的动力测试结果(Hz)　　　　表 5.3.1

振型阶数	振型特点	2005 年 8 月 6 日			
		0:00—1:00	6:00—7:00	12:00—13:00	18:00—19:00
1	主梁一阶对称竖弯	0.1232	0.1235	0.1241	0.1240
2	主梁二阶反对称竖弯	0.1791	0.1788	0.1796	0.1791
3	主梁三阶反对称竖弯	0.2795	0.2790	0.2797	0.2795
4	主梁四阶对称竖弯	0.3405	0.3415	0.3406	0.3412
5	主梁四阶反对称竖弯	0.3761	0.3764	0.3759	0.3762
6	主梁五阶对称竖弯	0.4525	0.4532	0.4531	0.4527
振型阶数	振型特点	2005 年 8 月 7 日			
		0:00—1:00	6:00—7:00	12:00—13:00	18:00—19:00
1	主梁一阶对称竖弯	0.1236	0.1239	0.1238	0.1237
2	主梁二阶反对称竖弯	0.1797	0.1796	0.1802	0.1796
3	主梁三阶反对称竖弯	0.2796	0.2788	0.2792	0.2798
4	主梁四阶对称竖弯	0.3422	0.3405	0.3407	0.3407
5	主梁四阶反对称竖弯	0.3764	0.3763	0.3760	0.3759
6	主梁五阶对称竖弯	0.4528	0.4532	0.4529	0.4529

5.3.2 模态频率识别的环境变异性

本节考察润扬大桥悬索桥在正常运营条件下环境温度和运营载荷的变化对实测模态频率的影响[15]。为了考察一年四季的环境温度变化对实测模态频率的影响,分别选取 2005 年 5 月 7 日(春季)、8 月 14 日(夏季)、11 月 7 日(秋季)和 2006 年 2 月 7 日(冬季)采集的动力响应数据进行分析。采用峰值法对上述四天采集的加速度传感器信号进行模态参数识别,以 10min 为单位进行连续识别,则 24h 可以得到 144 个实测模态频率。

图 5.3.5~图 5.3.10 分别给出了润扬大桥悬索桥主要振型的模态频率日变化曲线。从中可以看出:①一阶对称竖弯振型和二阶反对称竖弯振型的模态频率随时间的变化规律不明显。②三阶反对称竖弯振型的模态频率在 2005 年 11 月 7 日和 2006 年 2 月 7 日存在较明显的昼夜起伏现象,相对而言,2005 年 5 月 7 日和 8 月 14 日的模态频率随时间的变化规律不明显。③四阶对称竖弯振型、四阶反对称竖弯振型和五阶对称竖弯振型的模态频率在 2005 年 5 月 7 日、11 月 7 日和 2006 年 2 月 7 日存在较明显的昼夜起伏现象,相对而言,2005 年 8 月 14 日的模态频率随时间的变化规律不明显。

根据上述分析可知,环境温度对润扬大桥悬索桥实测模态频率的影响很大。将模态频率的变化规律与温度昼夜变化的特点相结合分析可知:①总体上看,润扬大桥悬索桥实测模态频率随日环境温度的增加而逐渐减小,随日环境温度的减小而逐渐增大,从而表现为昼夜起伏的变化特征。②润扬大桥悬索桥实测模态频率在一年的运营期间具有较明显的变化,夏季(8 月 14 日)环境温度较高,日温差较小,因此,各阶振型的实测模态频率昼夜变化较小;春季(5 月 7 日)和秋季(11 月 7 日)环境温度适中,具有一定的昼夜温差变化,因此,环境温度对桥梁各阶振型的模态频率具有一定的影响。特别是秋季的温差较春季稍大一些,秋季模态频率的昼夜变化较春季亦稍大一些;冬季(2 月 7 日)气温较低,昼夜温差对润扬大桥悬索桥模态频率的影响更为明显,其昼夜起伏的变化特征最为明显。③润扬大桥悬索桥高阶振型的模态频率受环境温度的影响较低阶振型大,一阶对称竖弯振型和二阶反对称竖弯振型的模态频率在各个季节的日昼夜变化均较小;而高阶竖弯振型的模态频率则在春季、秋季和冬季表现出明显的日昼夜变化特征。综上所述,润扬大桥悬索桥高阶竖弯振型的实测模态频率与环境温度存在较为明显的相关关系。

下面考察运营载荷的变化对润扬大桥悬索桥实测模态频率的影响。如前所述,采用峰值法识别结构模态频率时假定结构的荷载激励是平稳随机过程,而悬索桥的动力响应在一定的时间尺度内是非平稳的。因此,对每个数据段的测试信号采用峰值法识别模态频率将具有一定的变异性。如图5.3.5~图5.3.10所示,运营荷载的非平稳性使得桥梁实测模态频率即使在稳定的温度环境下,也存在一定的变化。这种变化与环境温度的影响不同,温度变化对模态频率的影响是长期性的趋势,而运营荷载对模态频率的影响则由于荷载的非平稳性呈现瞬时的颤动变化。

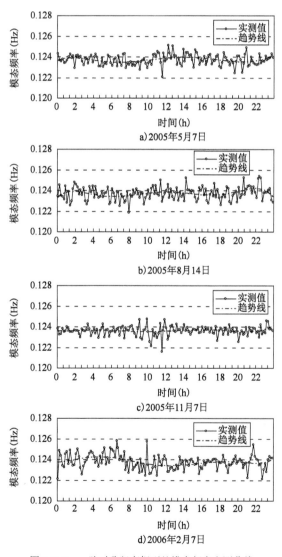

图5.3.5 一阶对称竖弯振型的模态频率实测曲线

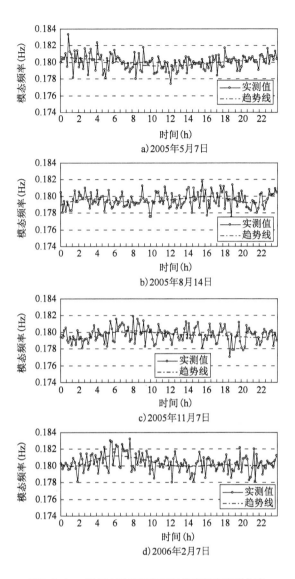

图 5.3.6 二阶反对称竖弯振型的模态频率实测曲线

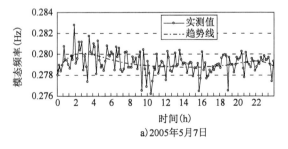

图 5.3.7

第5章 桥梁振动监测与分析Ⅰ：模态频率

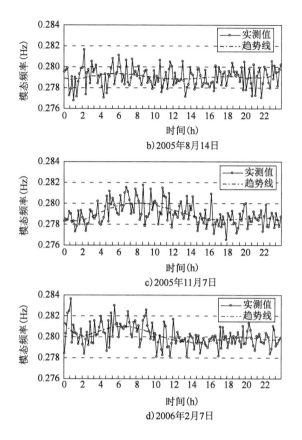

图 5.3.7 三阶反对称竖弯振型的模态频率实测曲线

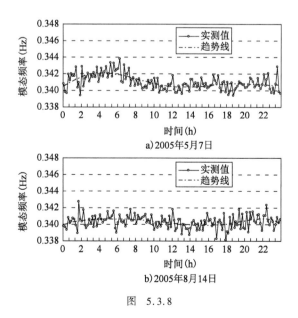

图 5.3.8

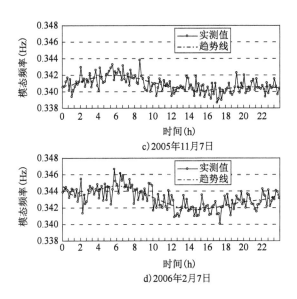

c) 2005年11月7日

d) 2006年2月7日

图 5.3.8 四阶对称竖弯振型的模态频率实测曲线

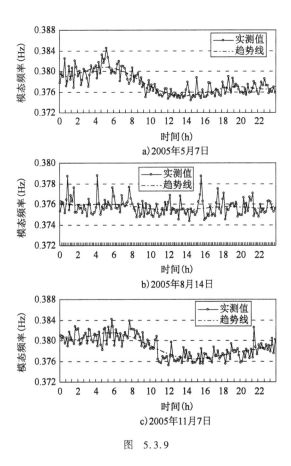

a) 2005年5月7日

b) 2005年8月14日

c) 2005年11月7日

图 5.3.9

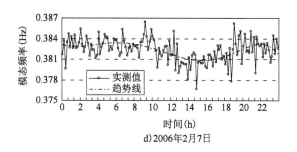

d) 2006年2月7日

图 5.3.9 四阶反对称竖弯振型的模态频率实测曲线

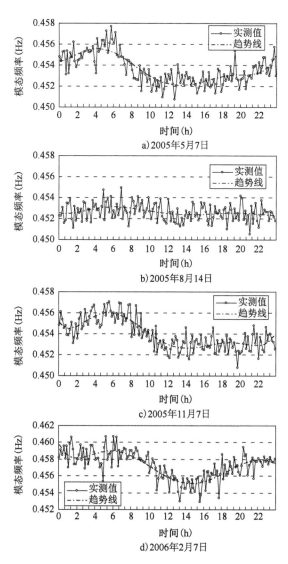

a) 2005年5月7日

b) 2005年8月14日

c) 2005年11月7日

d) 2006年2月7日

图 5.3.10 五阶对称竖弯振型的模态频率实测曲线

根据上述分析结果，润扬大桥悬索桥正常运营条件下的模态频率观测时间序列可以看成一个由不同频率成分组成的数字信号序列，其中随着环境温度而趋势变化的部分表现为低频率(长周期)的变化，一般日周期变化较为明显；受到运营荷载随机因素影响的随机部分，则表现为高频率(短周期)的颤动。综上所述，润扬大桥悬索桥正常运营条件下实测模态频率存在一定的环境变异性。

5.3.3　环境因素对模态频率影响的量化分析

5.3.3.1　环境温度导致的模态频率变异性

1) 模态频率识别的随机误差分析

本章5.3.2节的研究结果表明，润扬大桥悬索桥实测模态频率与实际环境条件(环境温度和运营荷载)存在较为明显的相关关系，主要表现为环境温度的变化对模态频率的影响是长期性的趋势，而运营荷载对模态频率的影响则由于荷载的非平稳性呈现瞬时的颤动变化。因此，环境温度和运营荷载对实测模态频率的影响存在较大的差异。这是因为，环境温度的变化会改变悬索桥结构的整体动力特性，进而改变结构的模态频率；相反，运营荷载对悬索桥结构整体动力特性的影响很小，实测模态频率的变化主要是由于运营荷载引起结构振动响应的非平稳性所造成的。为了进一步说明，图5.3.11a)～图5.3.11f)给出了润扬大桥悬索桥2006年中236d六阶振型模态频率与温度之间的相关散点图。需要说明，润扬大桥悬索桥以10min为单位进行模态频率识别，因此，悬索桥236d可以得到144×236=33984个实测频率值。为了与实测模态频率相对应，主梁所有温度传感器采集得到的有效温度数据亦以10min为单位计算平均值，共33984个实测值。从图中可以看出，润扬大桥悬索桥实测模态频率与温度的相关性比较离散，呈现明显的带状分布特征，即同一温度值对应的实测模态频率可以在一个较宽的范围内波动。显然，由图5.3.11难以有效地建立悬索桥实测模态频率与温度的统计模型。

为此，本节将采用模态频率与温度的季节相关性分析方法，也就是建立润扬大桥悬索桥模态频率的日平均值与温度日平均值的数学模型，通过多样本平均方法消除运营荷载引起的模态频率的随机颤动。图5.3.12给出了润扬大桥悬索桥模态频率日平均值与温度日平均值之间的相关性分析结果。可以看出，润扬大桥悬索桥模态频率与温度具有明显的季节相关性：①总体上看，润扬大桥悬索桥实测模态频率随日环境温度的增加而逐渐减小，随日环境温度的减小而逐渐增大，从而表现为"温度高频率低、温度低频率高"的季节变化特征；②润扬大桥悬索桥高阶振型的模态频率受环境温度的影响较低阶振型大，一阶对称竖弯振型和二阶反对称竖弯振型的模态频率与温度的季节相关性较差，散点图比较离散；而高阶竖弯振型的模态频率与温度之间呈现十分明显的季节相关性，散点图比较集中。

表5.3.2进一步给出了润扬大桥悬索桥实测模态频率的日平均值在2006年中的最大值、最小值及其相对变化。从表中可以看出，2006年润扬大桥悬索桥模态频率日平均值的最小变化为0.649%，最大变化则达到2.186%，特别是高阶模态频率的日平均值随着季节的变化在一年中可以发生1.5%～2.0%的变化。可以看出，悬索桥结构在环境温度的变化影响下，实测模态频率会在一个较宽的范围内波动。

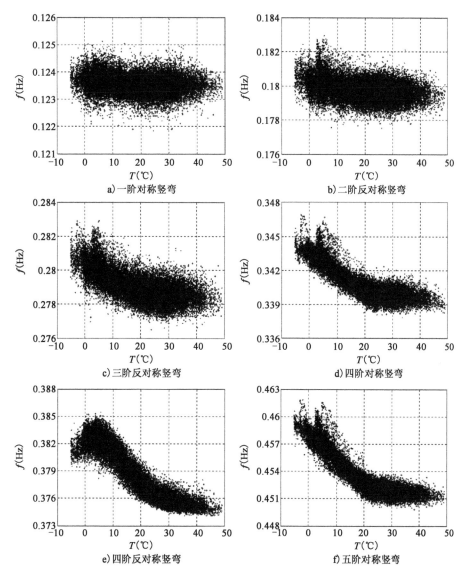

图 5.3.11 润扬大桥悬索桥模态频率与温度的相关性

润扬大桥悬索桥实测模态频率的季节变化   表 5.3.2

振型阶数	振型特点	最大值(Hz)	最小值(Hz)	相对变化(%)
1	主梁一阶对称竖弯	0.1241	0.1233	0.649
2	主梁二阶反对称竖弯	0.1812	0.1792	1.116
3	主梁三阶反对称竖弯	0.2812	0.2780	1.151
4	主梁四阶对称竖弯	0.3444	0.3391	1.563
5	主梁四阶反对称竖弯	0.3833	0.3751	2.186
6	主梁五阶对称竖弯	0.4589	0.4510	1.752

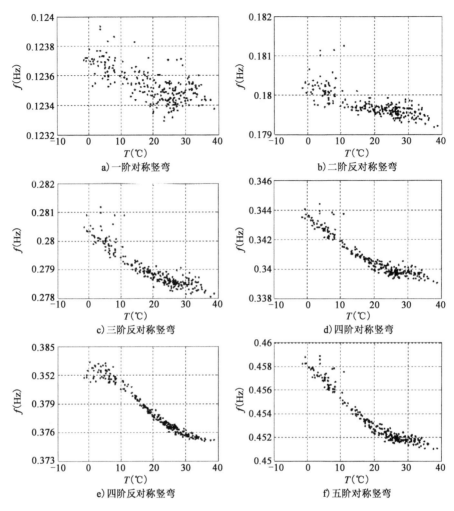

图 5.3.12 润扬大桥悬索桥模态频率日平均值与温度日平均值的季节相关性

2) 模态频率与温度的季节相关性模型

本节采用最小二乘法建立模态频率与温度季节相关性的多项式回归模型[15-16]。最小二乘法是一种寻求一组点集的最优拟合曲线的数学方法,其基本原理是构建一个误差函数,并且应用最小化算法(例如最速下降法、共轭梯度法)计算出其最小值(最好是全局最小值,而不是局部最小值)。最小二乘法的基本原理简述如下[17]:

设 f 是 $m+1$ 个节点 $x_j \in [a,b]$ 上给定的离散函数,即给定离散数据(或称试验数据或观测数据):

$$[x_j, f(x_j)] (j = 0,1,\cdots,m) \tag{5.3.1}$$

要在某特定的函数空间 $\boldsymbol{\Phi}$ 中找出一个函数 $s^*(x_j) \in \boldsymbol{\Phi}$ 作为 f 的近似连续模型,要求在 x_j 处 $s^*(x_j)$ 与 $f(x_j)$ 的误差(工程中也称残差):

$$\delta_j = f(x_j) - s^*(x_j) (j = 0,1,\cdots,m) \tag{5.3.2}$$

的平方和最小,即[记 $\boldsymbol{\delta} = (\delta_0, \delta_1, \cdots, \delta_m)^T$]:

$$\|\boldsymbol{\delta}\|_2^2 = \sum_{j=0}^m \delta_j^2 = \sum_{j=0}^m [f(x_j) - s^*(x_j)]^2 = \min_{s \in \Phi} \sum_{j=0}^m \rho(x_j)[f(x_j) - s(x_j)]^2 \quad (5.3.3)$$

这就是最小二乘拟合问题,$s^*(x_j)$ 称为 f 在 $m+1$ 个节点 $x_j(j=0,1,\cdots,m)$ 上的最小二乘解(即拟合曲线或经验公式,或称为回归线)。通常,在简单情形下,取 $\boldsymbol{\Phi}$ 为多项式空间(或其子空间)$\boldsymbol{\Phi} = \boldsymbol{P}_n = \mathrm{Span}\{1, x, \cdots, x^n\}$,这时 $s(x) \in \boldsymbol{P}_n$ 为:

$$s(x) = a_0 + a_1 x + \cdots + a_n x^n \quad (5.3.4)$$

在一般情形下,取 $\boldsymbol{\Phi}$ 为线性空间 $\boldsymbol{\Phi} = \mathrm{Span}\{\varphi_0(x), \varphi_1(x), \cdots, \varphi_n(x)\}$,其中 $\varphi_i(x)$ 是 $[a,b]$ 上已知的线性相关组,这时 $s(x) \in \boldsymbol{\Phi}$ 为:

$$s(x) = a_0 \varphi_0(x) + a_1 \varphi_1(x) + \cdots + a_n \varphi_n(x) \quad (5.3.5)$$

这就是说,式(5.3.4)相对式(5.3.5)来说,取 $\varphi_0(x) = 1, \varphi_1(x) = x, \cdots, \varphi_n(x) = x^n$。由于两式中待定参量(也称为回归系数)$a_0, a_1, \cdots, a_n$ 都是常数,所以 $s(x)$ 是一种线性模型,而上述问题称为线性最小二乘拟合。

为了检验回归模型的泛化性能(预测效果),从总共 236d 的监测样本中非连续抽取 196d 作为训练数据进行多项式拟合,得到模态频率与温度的回归模型,其余 40d 则作为检验数据用于验证模型的泛化能力。选取 1~10 次等不同阶次的多项式模型进行相关性拟合,分别计算不同阶次多项式回归模型的拟合误差与预测误差,如图 5.3.13 所示。可以看出,低次多项式模型的拟合效果及预测效果均较差,高次多项式模型的拟合效果及预测效果较好,并且 5 次以上的多项式模型误差趋于稳定。因此,采用 6 次多项式模型建立模态频率 f 与温度 T 的季节相关性回归公式:

$$f_{e,i}(T) = p_0 + p_1 T^1 + p_2 T^2 + p_3 T^3 + p_4 T^4 + p_5 T^5 + p_6 T^6 \quad (5.3.6)$$

式中: T ——温度日平均值;

$f_{e,i}$ ——悬索桥第 i 阶模态频率的日平均值;

$p_i(i = 0 \sim 6)$ ——回归模型的系数。

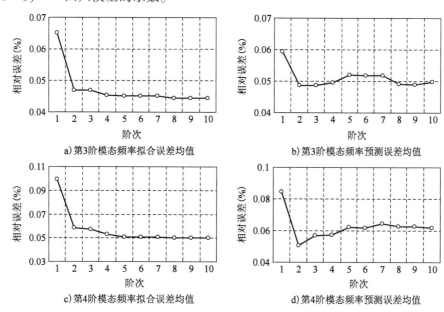

图 5.3.13

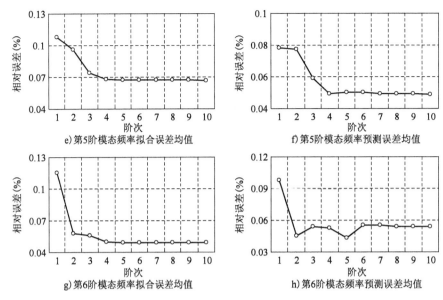

图 5.3.13　不同阶次多项式模型的拟合误差及预测误差分析

图 5.3.14 分别给出了采用 196d 作为训练数据的第 3 阶～第 6 阶模态频率-温度的多项式模型拟合效果。图中实线为频率实测值,虚线为基于回归模型的频率计算值。可以看出,频率实测值与计算值曲线比较吻合,说明采用 6 次多项式模型的拟合效果良好。在此基础上采用其余 40d 的温度数据代入 6 次多项式模型得到频率预测值,图 5.3.15 给出了第 3 阶～第 6 阶频率预测值和实测值的比较。可以看出,润扬大桥悬索桥模态频率的预测值与实测值总体吻合良好。因此,采用多项式回归模型可以实现对环境温度引起的模态频率变异性的量化评价。表 5.3.3 给出了当温度分别为 0℃ 和 40℃ 时,根据多项式回归模型计算得到的悬索桥前 6 阶模态频率。从中可以看出,温度对高阶频率的影响较大,而对低阶频率影响较小,第 5 阶模态频率的相对变化最大,为 1.975%,第 1 阶模态频率的相对变化最小,仅为 0.397%。

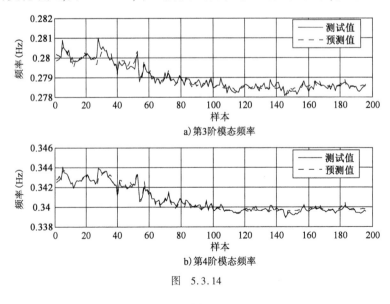

图　5.3.14

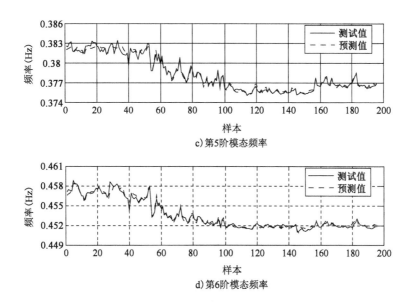

c) 第5阶模态频率

d) 第6阶模态频率

图 5.3.14 模态频率-温度的多项式模型拟合效果

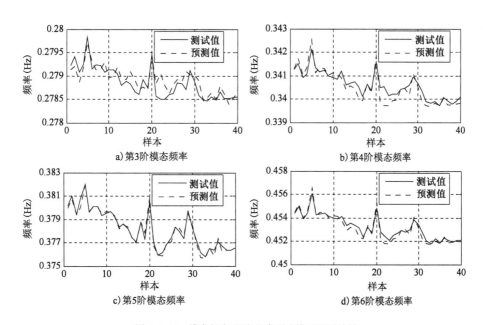

a) 第3阶模态频率

b) 第4阶模态频率

c) 第5阶模态频率

d) 第6阶模态频率

图 5.3.15 模态频率-温度的多项式模型预测效果

温度所引起的模态频率识别的变异性　　　　表 5.3.3

模态阶次	1	2	3	4	5	6
0℃时的频率值(Hz)	0.1237	0.1802	0.2804	0.3435	0.3822	0.4581
40℃时的模态值(Hz)	0.1232	0.1791	0.2777	0.3385	0.3747	0.4507
相对变化(%)	0.397	0.621	0.965	1.474	1.975	1.620

5.3.3.2 交通荷载导致的模态频率变异性

为了研究润扬大桥悬索桥模态频率与交通荷载和风速的相关性,需要将环境温度对模态频率的影响从频率实测值中消除掉,即得到环境温度归一化的模态频率。统计分析表明,本节选取的236d内,交通荷载和风的日平均值变化很小,与温度的日平均值变化相比可以忽略。因此,本节建立的模态频率-温度的季节相关性模型不包含风和交通荷载的影响,故采用季节相关性模型消除环境温度对模态频率的影响。

具体方法是取参考温度值为20℃,将参考温度值代入回归模型,得到每一阶模态频率的参考频率f_r,同样地将实测温度值代入回归模型,得到模态频率的计算值f_t,则环境温度归一化的模态频率可以表示为:

$$f = f_m - (f_t - f_r) \tag{5.3.7}$$

式中:f——温度归一化后的频率;

f_m——实测频率。

需要指出,模态频率识别以10min为单位进行(表示为10min模态频率),对10min模态频率的温度归一化亦采用季节相关性模型。

在此基础上采用悬索桥主梁竖向加速度响应的均方根(Root Mean Square,简称RMS)作为交通荷载的表征值。首先挑选出低风速状态(10min平均风速小于2m/s)的加速度响应数据,认为此时对模态频率产生影响的运营荷载只有交通荷载,其次对挑选出来的加速度响应进行低通滤波,截至频率为3Hz,通过滤波得到仅含有结构动力响应的加速度数据,最后分析温度归一化的10min模态频率和10min加速度响应均方根的相关性。图5.3.16给出了第1、3、4和6阶模态频率和加速度均方根的相关性散点图,可以看出图中频率-RMS的散点图分布十分离散,模态频率和交通荷载的相关性较弱。进一步采用线性回归分析建立温度归一化频率f和RMS的相关性模型,模型表达式为:

$$f = \beta_0 + \beta_1 M \tag{5.3.8}$$

式中:M——RMS的值;

β_0、β_1——回归系数。

回归系数可通过最小二乘的方法得到:

$$\beta_1 = \frac{S_{fM}}{S_{MM}} \tag{5.3.9}$$

$$\beta_0 = \bar{f} - \beta_1 \bar{M} \tag{5.3.10}$$

$$R = \frac{S_{fM}}{\sqrt{S_{ff}} \cdot \sqrt{S_{MM}}} \tag{5.3.11}$$

式中:S_{fM}——频率与RMS的协方差;

S_{MM}——RMS的方差;

S_{ff}——频率的方差;

$\bar{M}$、$\bar{f}$——RMS和频率的均值;

R——频率和RMS的相关系数。

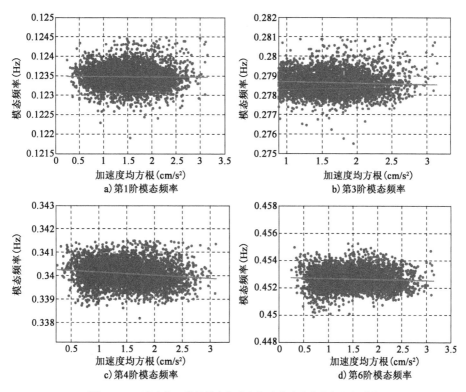

图 5.3.16 温度归一化的模态频率和加速度响应均方根的相关性

表 5.3.4 给出了频率和交通荷载的线性回归模型以及交通荷载所导致的模态频率的变化。从表中可以看到，所有线性回归模型的斜率都为负值，这表明随着交通荷载的增强，悬索桥模态频率有轻微的减小趋势。另外，表中给出了 RMS 分别为 $0cm/s^2$ 和 $3cm/s^2$ 时，根据回归模型计算得到的悬索桥前 6 阶模态频率，其中第 2 阶模态频率的相对变化最大，为 0.262%，这说明交通荷载对频率变化的影响甚微。

模态频率-交通荷载的线性回归模型和交通荷载导致的模态频率变异性　　　　表5.3.4

模态阶次	β_0	β_1	R	模态频率值（Hz）		相对变化（%）
				RMS 为 $0cm/s^2$	RMS 为 $3cm/s^2$	
1	0.1235	-1.0246×10^{-5}	0.020	0.1235	0.1235	0.025
2	0.1798	-1.5710×10^{-4}	0.161	0.1798	0.1793	0.262
3	0.2788	-7.6592×10^{-5}	0.069	0.2788	0.2786	0.082
4	0.3403	-1.3488×10^{-4}	0.142	0.3403	0.3399	0.119
5	0.3776	-1.0712×10^{-4}	0.062	0.3776	0.3773	0.085
6	0.4572	-7.1892×10^{-5}	0.056	0.4527	0.4525	0.048

5.3.3.3 风速导致的模态频率变异性

本节将在上节的基础上进一步消除交通荷载对模态频率的影响，即得到的 RMS 归一化的频率，此时模态频率的变化就仅受风速这一种环境因素的影响，在此基础上再分析模态频率和风速的相关性[15]。采用类似环境温度归一化的方法，将模态频率归一化至某一参考 RMS 值：

$$f = f_{\mathrm{m}} - (f_{\mathrm{t}} - f_{\mathrm{r}}) \tag{5.3.12}$$

式中：f——RMS 归一化的模态频率；

f_{m}——温度归一化的模态频率；

f_{t}——将 RMS 实测值代入上节模态频率-RMS 回归模型的频率计算值；

f_{r}——参考频率，其计算过程为设定 RMS 参考值为 $1\mathrm{cm/s}^2$，代入回归模型计算得到。

在此基础上，图 5.3.17 给出了第 1、3、5 和 6 阶 RMS 归一化模态频率和风速的相关性散点图，可以看出图中模态频率-风速的散点图分布十分离散，模态频率和风速的相关性较弱。采用与上节一样的线性回归模型对模态频率-风速相关性进行建模。表 5.3.5 给出了模态频率和风速的回归模型以及风速引起的模态频率的变化。从表中可以看到，线性回归模型的斜率都为正值，这表明随着风速的增强，悬索桥模态频率有轻微的增大趋势。同时，表中给出了风速分别为 0m/s 和 20m/s 时，根据回归模型计算得到的悬索桥前 6 阶模态频率，其中第 1 阶模态频率的相对变化最大，为 0.215%，这说明风速对频率变化的影响也很微弱。

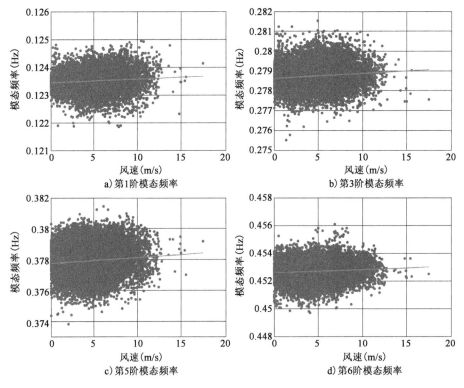

图 5.3.17　模态频率和风速的相关性

模态频率-风速的线性回归模型和风速导致的模态频率变异性　　表 5.3.5

模态阶次	β_0	β_1	R	模态频率值（Hz）		相对变化（%）
				风速为 0m/s	风速为 20m/s	
1	0.1234	1.3281×10^{-5}	0.093	0.1234	0.1237	0.215
2	0.1796	0.7247×10^{-5}	0.030	0.1796	0.1797	0.081
3	0.2786	2.4866×10^{-5}	0.099	0.2786	0.2791	0.178

续上表

模态阶次	β_0	β_1	R	模态频率值(Hz) 风速为0m/s	模态频率值(Hz) 风速为20m/s	相对变化(%)
4	0.3401	3.3087×10^{-5}	0.135	0.3401	0.3408	0.194
5	0.3777	3.8282×10^{-5}	0.096	0.3777	0.3785	0.203
6	0.4526	2.3781×10^{-5}	0.083	0.4526	0.4531	0.105

5.4 润扬大桥悬索桥模态频率监控与异常预警

5.4.1 问题的提出

根据本章前述研究工作可知,影响润扬大桥悬索桥模态频率的主要环境因素是风、温度和车辆荷载。因此,为了能够有效地消除环境条件对润扬大桥悬索桥结构模态频率的影响,本节将建立健康状态下桥梁模态频率和环境因素的多元相关模型:

$$f = f(T, W, V) \tag{5.4.1}$$

式中:f——桥梁结构系统的模态频率;

T、W、V——桥梁所处环境的温度、风速以及车辆荷载的代表值。

根据多元相关模型就可以对未知状态的桥梁结构模态频率进行环境归一化,此时,若环境归一化的模态频率与健康状态下的频率存在显著差别,就可以做出结构状态异常预警[18]。

然而,根据5.3.3节的分析可知,环境条件对模态频率的影响规律是复杂的,其中车辆荷载随机性的影响尤其复杂,并且通过简单的线性回归模型也不可能有效地消除这种随机性对频率的影响。因此,选择一种具有较强容错性的非线性映射工具来建立模态频率和环境条件的多元相关性模型是必要的。人工神经网络以其强大的非线性映射能力在各个领域得到了广泛应用,本节将采用应用最为广泛的反向传播(Back-Propagation,简称 BP)神经网络来建立式(5.4.1)所定义的多元相关模型。BP 神经网络具有逼近任意连续函数和非线性映射的能力,能模拟任意的非线性输入输出关系。泛化能力(Generalization Capacity)是衡量神经网络结构性能好坏的重要标志,对于训练样本集,一个"过度训练"(Over fitting)的神经网络会获得较高的匹配效果,但是对于一个新的输入样本矢量,却可能会产生与目标矢量差别较大的输出,即神经网络不具有或具有较差的推广能力,因此本节将采用提前停止技术和贝叶斯正则化技术对 BP 神经网络进行改进。

5.4.2 BP 神经网络及其改进

5.4.2.1 BP 网络模型的基本原理

BP 网络是误差反向传播的多层前向神经网络,包含输入层、隐含层和输出层,同层单元之间不互联,其结构如图 5.4.1 所示。BP 网络可被看作是一个从输入集到输出集的非线性映射,能学习和存储大量的输入–输出模式映射关系,而无须事先知道可描述这种映射关系的数学方程,BP 网络是前向网络的核心部分,体现了神经网络中最精华、最完美的内容。以

图 5.4.1 中第 2 隐层为例说明 BP 网络的训练过程,第 2 隐层神经元 k 的输入为[19]:

$$h_k^{(2)} = \sum_{i=1}^{S^{(1)}} W_{kj}^{(2)} y_j^{(1)} + b_k^{(2)} \qquad (5.4.2)$$

式中:$h_k^{(2)}$——第 2 隐层神经元 k 的输入;

$s^{(1)}$——第 1 隐层的神经元数目;

$W_{kj}^{(2)}$——连接第 2 层 k 神经元和第 1 层 j 神经元的权重;

$y_j^{(1)}$——第 1 层 j 神经元的输出;

$b_k^{(2)}$——第 2 层 k 神经元的偏差值。

第 2 隐层神经元 k 的输出为:

$$y_k^{(2)} = f^{(2)}(h_k^{(2)}) \qquad (5.4.3)$$

式中:$f^{(2)}$——第 2 隐层的传递函数。

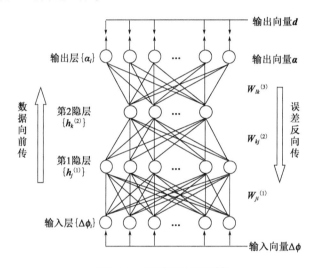

图 5.4.1 BP 神经网络的结构

有学者已经从理论上证明采用 sigmoid 传递函数的单隐层的非线性 BP 网络可以模拟任意的连续函数[20],因此本节将采用结构最为简单的单隐层 BP 网络来建立模态频率和环境因素的相关性模型。

过拟合是神经网络训练过程中经常出现的关键问题,过拟合将削弱网络的泛化能力。为了提高神经网络的泛化能力,采用提前停止技术和贝叶斯正则化技术对通用 BP 神经网络进行改进。

5.4.2.2 提前停止技术

有学者提出采用提前停止技术来防止网络的训练出现过拟合的现象,从而提高 BP 网络的泛化能力。其基本思想是将所有的训练数据分成两个子样本集,第一个子样本集是训练样本,用来计算梯度和更新网络的权重及偏差值,第二个子样本集是验证样本,用来在网络的训练过程中监测验证样本的仿真误差[21]。与训练样本一样,验证样本的误差通常将随着训练的进行而不断降低,而当网络出现"过拟合"的现象时,验证样本的仿真误差将开始变大。因此在网络的训练过程中,若验证样本的仿真误差开始增大,此时就可以停止网络的训练,这样就得到了使验证样本误差最小的网络权重和偏差值。提前停止技术的实际应用十分方便,并能够与任何网络训练函数结合使用,只需在网络的训练函数中导入验证子样本集。

5.4.2.3 贝叶斯正则化技术

在 BP 模型的常规训练算法中,网络目标函数定义为网络输出值和目标值之间的误差平方和,网络通过优化权重和偏差值等参数去逐步减小性能函数的绝对值,但是在这一过程中有些参数可能被赋予较大的值而使得网络的输出值出现较大的方差。因此,可以引入贝叶斯正则化的技术对这一现象进行改进,这是一种将贝叶斯正则化技术和 Levenberg-Marquardt 算法(L-M 算法)联合使用的网络训练方法,它可以使得在网络参数取较小值的情况下保证网络的输出更加光滑并防止出现"过拟合"的现象[22-24]。

BP 神经网络通常采用均方误差作为目标函数:

$$E_D = \frac{1}{n}\sum_{i=1}^{n}(t_i - a_i)^2 \tag{5.4.4}$$

式中:E_D——网络响应的均方误差;

n——学习集样本总数;

t_i——第 i 组训练的期望输出值;

a_i——第 i 组训练的实际输出值。

在贝叶斯正则化技术中,网络的目标函数被重新定义为:

$$E(W) = \alpha E_W + \beta E_D \tag{5.4.5}$$

$$E_W = m^{-1}\sum_{j=1}^{m}W_j^2 \tag{5.4.6}$$

式中:W——网络的权值向量;

E_W——网络权值的均方值,其中 m 为网络权值的总数;

$\alpha 、 \beta$——正则化系数,正则化系数 α 和 β 的大小影响网络的训练效果。若 α 过大,则会导致欠拟合;若 β 过大,会使网络过拟合。

常规算法难以确定 α 和 β,可以采用贝叶斯正则化方法在网络训练中选定 α 与 β 值,将网络权值视为随机变量,由贝叶斯规则,给定学习集后的权值的后验概率密度函数为:

$$p(W|D,\alpha,\beta,M) = \frac{p(D|W,\beta,M)p(W|\alpha,M)}{p(D|\alpha,\beta,M)} \tag{5.4.7}$$

式中: D——学习集数据;

M——所采用的神经网络模型;

$p(D|\alpha,\beta,M)$——标准化因子,以保证总体概率为 1;

$p(W|\alpha,M)$——权值向量的先验概率密度函数;

$p(D|W,\beta,M)$——权值给定时输出的概率密度函数。

假定样本数据中存在的噪声和权向量均服从高斯分布,则有:

$$p(D|W,\beta,M) = \frac{\exp(-\beta E_D)}{Z_n(\beta)}$$

$$p(W|\alpha,M) = \frac{\exp(-\alpha E_W)}{Z_m(\alpha)} \tag{5.4.8}$$

式中:$Z_n(\beta) = (\pi/\beta)^{n/2}$;

$Z_m(\alpha) = (\pi/\alpha)^{m/2}$。

将式(5.4.8)代入式(5.4.7),故式(5.4.7)可写为:

$$p(W|D,\alpha,\beta,M) = \frac{\exp^{-(\alpha E_W + \beta E_D)}}{Z_n(\beta) \cdot Z_m(\alpha) \cdot p(D|\alpha,\beta,M)} = \frac{\exp^{-E(W)}}{Z(\alpha,\beta)} \quad (5.4.9)$$

可见 $Z(\alpha,\beta)$ 与网络权值 W 无关,而最优的权值向量应具有最大后验概率 $p(W|D,\alpha,\beta,M)$,故最大的后验概率在 $Z(\alpha,\beta)$ 一定的情况下等于最小正则化目标函数 $E(W)$,$E(W)$ 最小点 W_0 处的 α 和 β 的优化解:

$$\alpha(W_0) = \frac{\gamma}{2E_W(W_0)} \quad (5.4.10)$$

$$\beta(W_0) = \frac{N-\gamma}{2E_D(W_0)} \quad (5.4.11)$$

式中:γ——网络参数的有效个数,$\gamma = k - \alpha \mathrm{Trace}(H^{-1})$;

k——网络参数的总个数;

H——式(5.4.5)所定义目标函数的 Hessian 矩阵;

N——网络输出的个数。

网络训练时,首先选取网络初始权值和 α 和 β 值,用 L-M 算法训练得到 $E(W)$ 最小点 W_0,再按式(5.4.10)和式(5.4.11)更新 α 和 β,再用 L-M 算法训练网络,如此反复迭代直至收敛。

5.4.3 隐层神经元数目的确定

众所周知,隐层神经元的数目对神经网络的泛化能力起着至关重要的作用,关于隐层神经元数目的确定是人工神经网络应用过程一个十分复杂的问题,也不存在一个理想的解析公式,隐层单元数目太多会导致学习时间过长、误差不一定最佳,也会导致容错性差、不能识别以前没有看到的样本,因此一定存在一个最佳的数目,而这通常是根据设计者的经验和多次实验来确定。

在确定隐层神经元数目之前,先确定用于 BP 神经网络的数据集,由于高阶模态频率对结构损伤更为敏感,因此选取第 5 阶和第 6 阶模态频率进行分析。本章 5.3 节计算得到了 10min 频率原始测试值,为了训练 BP 神经网络建立频率与环境因素之间的相关性模型,每隔 6h 提取一个样本,共计得到了 860 个频率测试样本,表 5.4.1 给出了这 860 个频率实测值的统计特性。为了应用提前停止技术对 BP 网络进行改进并检验网络模型的泛化能力,将 860 个样本分成三部分,其中二分之一为训练样本,四分之一为验证样本,其余四分之一为测试样本。

用于 BP 神经网络的频率实测值的统计特性　　　　表 5.4.1

频率阶次	振型描述	最大值(Hz)	最小值(Hz)	均值(Hz)	标准差(Hz)	相对变化(%)
5	四阶反对称竖弯	0.3843	0.3746	0.3783	2.743×10^{-3}	2.584
6	五阶对称竖弯	0.4612	0.4507	0.4535	2.293×10^{-3}	2.312

为了确定隐层神经元,本节取隐层神经元数目为 1~30,每一隐层单元数目训练网络 200 次,每次训练之后将验证样本输入网络,计算验证样本的性能函数 $\mathrm{mse}_i(i=1,2,\cdots,200)$,最后计算 200 个 mse_i 的平均值 MSE,以此来评价网络训练的质量,从而得到最优的隐层单元数目,

因此，性能函数 MSE 的定义如下：

$$\text{MSE} = \frac{1}{K}\sum_{i=1}^{K}\text{mse}_i = \frac{1}{K}\sum_{i=1}^{K}\left[\frac{1}{N}\sum_{j=1}^{N}(f_j^m - f_{i,j}^s)^2\right] = \frac{1}{KN}\sum_{i=1}^{K}\sum_{j=1}^{N}(f_j^m - f_{i,j}^s)^2 \quad (5.4.12)$$

式中：N——验证样本长度，其值为 215；

K——网络训练次数，其值为 200；

f_j^m——模态频率实测值；

$f_{i,j}^s$——模态频率仿真值。

图 5.4.2 给出了第 6 阶频率隐层神经元的优化结果，从图中可以看出，不论是采用提前停止技术还是贝叶斯正则化技术，当隐层神经元数为 2 时，网络的性能函数 MSE 达到最小，另外，第 5 阶模态频率的计算结果也表明当隐层神经元数为 2 时，性能函数 MSE 取最小值。故选取隐层神经元数目为 2。

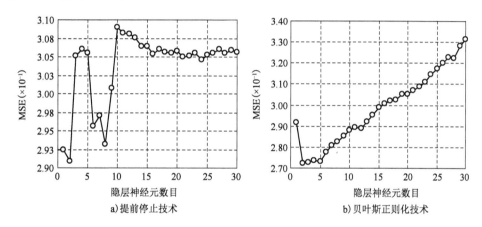

图 5.4.2 第 6 阶模态频率的网络性能函数

5.4.4 模型重构能力

泛化能力是衡量神经网络结构性能好坏的重要标志，它包括重构能力和预测能力两方面内容。重构能力反映了神经网络对训练数据的拟合效果，而预测能力则是衡量神经网络非线性外推能力的主要指标。首先，考察改进 BPNN（Back-Propagation Neural Network，反向传播神经网络）的重构能力。图 5.4.3 和图 5.4.4 给出了采用两种 BPNN 计算得到的第 6 阶模态频率的重构值，图中虚线表示重构值，实线表示实测值，可以看出频率实测值与重构值曲线吻合情况良好。为进一步评价网络的重构能力，采用线性回归的方法建立重构值和实测值之间的关系，并计算两者之间的相关系数，如下所示：

$$f_r = af_m + b \quad (5.4.13)$$

$$R = \frac{S_{rm}}{\sqrt{S_r S_m}} \quad (5.4.14)$$

式中：f_m——实测值；

f_r——重构值；

a、b——回归系数；

R——相关系数；

S_{rm}——f_r、f_m 的协方差；

S_r、S_m——f_r 和 f_m 的方差。

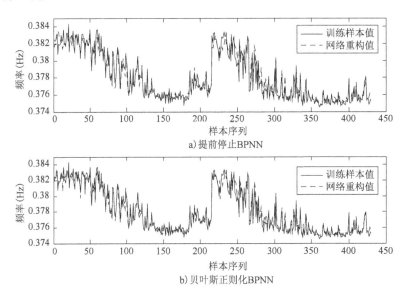

图 5.4.3　第 5 阶频率实测值与重构值的对比

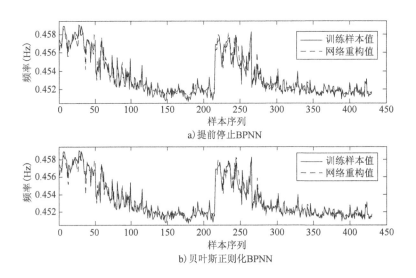

图 5.4.4　第 6 阶频率实测值与重构值的对比

当 a 和 R 越接近于 1，b 越接近于 0 时，表明频率的实测值和重构值的相同程度越高，模型的重构能力越强，当 $a=R=1$ 且 $b=0$ 时，可认为频率重构值和实测值之间无差别。

表 5.4.2 列出了第 5 阶和第 6 阶频率的实测值和重构值的关系，从中可以看出，回归系数 a 和相关系数 R 较接近于 1，而回归系数 b 则很小，两种改进网络的重构误差都很小，这说明采用这两种技术改进的 BP 网络均具有很强的重构能力。

训练用频率实测值和重构值的误差及相关性　　　表 5.4.2

频率阶次	网络类型	误差均方根 RMS	a	b	相关系数 R
5	提前停止	6.8244×10^{-4}	0.9383	0.02334	0.9694
	贝叶斯正则化	5.9857×10^{-4}	0.9536	0.01754	0.9766
6	提前停止	4.6837×10^{-4}	0.9489	0.02322	0.9767
	贝叶斯正则化	4.6422×10^{-4}	0.9537	0.02097	0.9770

5.4.5 模型预测能力

接下来考察模型的预测能力,图 5.4.5 和图 5.4.6 给出了采用两种 BP 网络计算得到的第 6 阶模态频率的预测值,可以看出频率实测值与预测值曲线吻合情况良好。与上节类似,计算测试样本实测值和网络预测值的线性回归和相关系数,表 5.4.3 列出了第 5 阶和第 6 阶频率的实测值和预测值的关系,从中可以看出,回归系数 a 和相关系数 R 也接近于 1,而回归系数 b 则很小,两种改进网络的预测误差都很小,这说明采用这两种技术改进的 BP 网络均具有很强的预测能力。

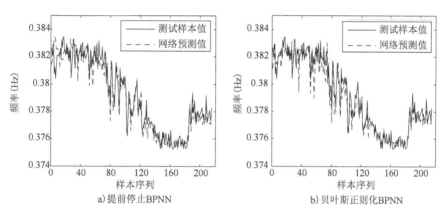

图 5.4.5　第 5 阶频率实测值与预测值的对比

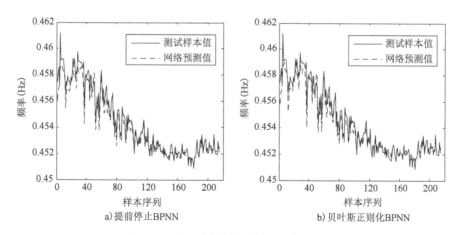

图 5.4.6　第 6 阶频率实测值与预测值的对比

测试用频率实测值和预测值的误差及相关性 表5.4.3

频率阶次	网络类型	误差均方根 RMS	a	b	相关系数 R
5	提前停止	9.9244×10^{-4}	1.006	-0.00253	0.9381
5	贝叶斯正则化	6.3323×10^{-4}	0.9428	0.02142	0.9755
6	提前停止	5.5141×10^{-4}	0.8946	0.04762	0.9858
6	贝叶斯正则化	5.7673×10^{-4}	0.8715	0.05818	0.9820

5.4.6 环境条件影响的消除

为了消除环境条件对模态频率的影响，采用上述所建立的改进BP网络将模态频率实测值归一化至某一参考环境条件来去除环境因素的影响。具体做法是取温度为20℃，风速为4m/s，车辆荷载代表值为1cm/s²，将这一参考环境条件输入改进BP网络，得到参考频率值f_{re}，这样就可以计算消除环境因素影响的频率值：

$$f = f_m - (f_s - f_{re}) \quad (5.4.15)$$

式中：f——消除环境影响的频率；

　　　f_m——实测频率；

　　　f_s——频率的网络仿真值；

　　　f_{re}——参考频率。

图5.4.7和图5.4.8分别给出了第5阶和第6阶消除环境影响模态频率的变化曲线，其中实线表示原始测试值，虚线表示消除环境影响值。从图中可以看出，环境因素对频率的趋势性影响都被有效地消除了，消除环境影响后的频率变化范围较小。

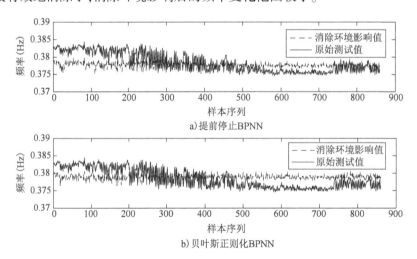

图5.4.7 消除环境影响的第5阶频率值

表5.4.4进一步给出了消除环境影响后的频率值的统计特性。与表5.4.1对比可以发现频率标准差减小较为显著，前后相差一个数量级，频率的相对变化也明显较小。以上分析表明采用人工神经网络的方法可以有效地去除环境因素对悬索桥结构模态频率的影响。

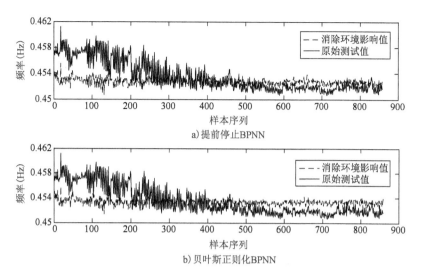

a) 提前停止BPNN

b) 贝叶斯正则化BPNN

图 5.4.8 消除环境影响的第 6 阶频率值

消除环境条件影响后的频率的统计特性 表 5.4.4

频率阶次	网络类型	最大值(Hz)	最小值(Hz)	均值(Hz)	标准差(Hz)	相对变化(%)
5	提前停止	0.37888	0.37404	0.37692	6.176×10^{-4}	1.2848
	贝叶斯正则化	0.37887	0.37396	0.37652	5.8777×10^{-4}	1.3045
6	提前停止	0.45564	0.45037	0.45271	4.752×10^{-4}	1.1632
	贝叶斯正则化	0.4586	0.45015	0.45203	5.4788×10^{-4}	1.8699

5.4.7 整体状态异常预警

定义结构整体状态异常预警指标为:

$$e = |f_m - f_s| \tag{5.4.16}$$

式中:f_m、f_s——模态频率的实测值和网络仿真值。

以训练样本表示结构的健康状态,测试样本表示损伤状态,采用上式可以计算得到两组结构损伤预警指标,其数据长度分别为 430 和 215,在此基础上,采用两样本 t 检验的方法比较这两组损伤预警指标的均值是否存在显著性的差异,并定量地给出两者之间的差异,达到损伤预警的目的。设 μ_1、μ_2 分别是来自训练样本和测试样本指标 e 的均值,要检验假设:

$$H_0: \mu_1 = \mu_2, H_1: \mu_1 \neq \mu_2 \tag{5.4.17}$$

当检验结果为 H_1 时说明测试样本和训练样本的均值存在显著差异,即可以发出结构损伤预警。

由于采用的数据均为大桥通车后不久所采集的,故训练样本和测试样本中的模态频率实测值都可认为来自结构的健康状态,为了考察该方法应用于结构状态预警的效果,对 5.4.3 节测试样本中的 215 个模态频率值按下式施加一定的变化,以模拟损伤对频率的影响:

$$f_d = f_t - \varepsilon \bar{f} \tag{5.4.18}$$

式中:f_t——测试样本实测值;

f_d——损伤状态下的测试样本值;

$\bar{f}$——训练样本的平均值;

ε——用百分比表示的损伤程度,取值范围为[0.01% 0.25%]。

计算了第5阶和第6阶模态频率状态预警指标的假设检验结果,如图5.4.9所示,图中竖坐标为 t 检验的 P 值,图中虚线左边的检验结果为 H_0,而虚线右边的检验结果为 H_1。可以看出,当损伤引起第5阶和第6阶频率变化程度超过图中虚线时,假设检验的结果为 H_1,由此可以判断结构状态发生异常,可以看出假设检验能够识别的第5阶和第6阶频率最低异常变化分别为0.16%和0.12%,具有较强的损伤敏感性。

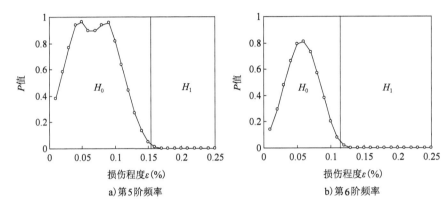

图5.4.9 假设检验结果

参 考 文 献

[1] 周传荣,赵淳生. 机械振动参数识别及其应用[M]. 北京:科学出版社,1989.

[2] 傅志方. 振动模态分析与参数辨识[M]. 北京:机械工业出版社,1990.

[3] 刘习军,贾启芬. 工程振动理论与测试技术[M]. 北京:高等教育出版社,2004.

[4] 李爱群,缪长青,李兆霞. 润扬长江大桥结构健康监测系统研究[J]. 东南大学学报(自然科学版),2003,33(5):544-548.

[5] Li A Q, Miao C Q, Zhao L. The health monitoring system of the Runyang Yangtse River Bridge[C]// Proceedings of the 1st International Conference on Structural Health Monitoring and Intelligent Infrastructure, Tokyo, Japan, 2003.

[6] 李惠彬. 大型工程结构模态参数识别技术[M]. 北京:北京理工大学出版社,2007.

[7] 任伟新,韩建刚,孙增寿. 小波分析在土木工程结构中的应用[M]. 北京:中国铁道出版社,2006.

[8] Li H B, Peng Y X, Qin Q. Modal identification of Tsing Ma bridge by using the frequency domain method[C]// Proceedings of SPIE—The International Society for Optical Engineering, Proceedings of IMAC-XX: A Conference on Structural Dynamics, Los Angeles, CA, 2002.

[9] Ni Y Q, Fan K Q, Zheng G, et al. Automatic modal identification and variability in measured modal vectors of a cable-stayed bridge[J]. Structural Engineering and Mechanics, 2005, 19(2):123-139.

[10] Gardner-Morse M G, Huston D R. Modal identification of cable-stayed pedestrian bridge[J]. Journal of Structural Engineering, 1993, 119(11): 3384-3404.

[11] Arici Y L, Mosalam K M. Modal identification of bridge systems using state-space methods [J]. Structural Control and Health Monitoring, 2005, 12(3-4): 381-404.

[12] Abd-Elzaheri A K, Rabei M, El-Attar A G. Modal parameters identification of Aswan cable stayed bridge[J]. Journal of Engineering and Applied Science, 2005, 52(4): 733-751.

[13] Qin Q, Li H B, Qian L Z, et al. Modal identification of Tsing Ma bridge by using improved eigensystem realization algorithm[J]. Journal of Sound and Vibration, 2001, 247(2): 325-341.

[14] Brincker R, Andersen P. Identification of the Swiss Z24 highway bridge by frequency domain decomposition[C] // Proceedings of SPIE—The International Society for Optical Engineering, Proceedings of IMAC-XX: A Conference on Structural Dynamics, Los Angeles, CA, 2002.

[15] Ding Y L, Li A Q. Temperature-induced variations of measured modal frequencies of steel box girder for a long-span suspension bridge[J]. International Journal of Steel Structures, 2011, 11(2): 145-155.

[16] 孙君, 李爱群, 丁幼亮, 等. 润扬大桥悬索桥模态频率-温度的季节相关性研究及其应用 [J]. 工程力学, 2009, 26(9): 50-55.

[17] 鲁铁定, 陶本藻, 周世健. 基于整体最小二乘法的线性回归建模和解法[J]. 武汉大学学报(信息科学版), 2008, 33(5): 504-507.

[18] Ding Y L, Deng Y, Li A Q. Correlations of modal frequencies and environmental conditions for a suspension bridge based on improved neural networks[J]. Science in China Series E: Technological Sciences, 2010, 53(9): 2501-2509.

[19] Lee J J, Lee J W, Yi J H, et al. Neural networks-based damage detection of bridges considering errors in baseline finite element models[J]. Journal of Sound and Vibration 2005, 280 (3-5):555-578.

[20] Cybenko G. Approximation by superpositions of a sigmoidal function[J]. Mathematics of Control, Signals and Systems, 1989, 2(4): 303-314.

[21] Amari S, Murata N, Muller K R, et al. Asymptotic statistical theory of overtraining and cross-validation[J]. IEEE Transactions on Neural Networks, 1997, 8(5): 985-996.

[22] Mackay D J C. Bayesian Interpolation[J]. Neural Computation, 1992, 4(3): 415-447.

[23] Geman S, Bienenstock E, Doursat R. Neural networks and the bias/variance dilemma[J]. Neural Computation, 1992, 4(1):1-58.

[24] Mackay D J C. Bayesian methods for adaptive models[D]. Pasadena: California Institute of Technology, 1991.

第6章 桥梁振动监测与分析 Ⅱ：小波包能量谱

6.1 结构小波包能量谱识别技术

6.1.1 结构动力系统的多尺度分解

本节简述基于小波包分析的结构动力系统的多尺度分解原理[1-2]。关于小波包分析与信号多尺度分析的数学理论可以参阅相关文献[3-10]。将结构离散为 n 自由度的动力系统，其运动微分方程为：

$$M\ddot{x}(t) + C\dot{x}(t) + Kx(t) = F(t) \tag{6.1.1}$$

式中：$M \in R^{n \times n}$、$C \in R^{n \times n}$、$K \in R^{n \times n}$——系统的质量矩阵、阻尼矩阵及刚度矩阵；

$x \in R^{n \times 1}$、$F \in R^{n \times 1}$——系统的位移响应向量及激励力向量。

令状态向量 $\bar{x}(t) = \begin{Bmatrix} x(t) \\ \dot{x}(t) \end{Bmatrix}$，则运动方程式(6.1.1)可改写为如下状态方程：

$$\dot{\bar{x}}(t) = A\bar{x}(t) + B\bar{F}(t) \tag{6.1.2}$$

式中：$A = \begin{bmatrix} 0 & I \\ -M^{-1}K & -M^{-1}C \end{bmatrix}$；

$B = \begin{bmatrix} 0 & 0 \\ -M^{-1} & 0 \end{bmatrix}$；

$\bar{F}(t) = \begin{Bmatrix} F(t) \\ 0 \end{Bmatrix}$。

假定有一个加速度传感器对结构动力响应进行观测，其值为 $-p$ 维连续信号 $f(t) \in R^{p \times 1}$：

$$f(t) = T\ddot{x}(t) + v(t) \tag{6.1.3}$$

式中：$T \in R^{p \times n}$——观测矩阵；

$v(t) \in R^{p \times 1}$——观测噪声。

采用状态向量 $\bar{x}(t)$ 表示 $f(t)$，则式(6.1.3)改写为：

$$f(t) = \bar{C}\bar{x}(t) + \bar{D}\bar{F}(t) + v(t) \tag{6.1.4}$$

式中:$\bar{C} = [\,-TM^{-1}K \quad -TM^{-1}C\,]$;

$\bar{D} = [\,TM^{-1} \quad 0\,]$。

将状态方程式(6.1.2)和输出方程式(6.1.4)在时间域进行离散,假定系统采样的时间间隔为Δt(相应的分析尺度N),则式(6.1.2)和式(6.1.4)可离散为:

$$\bar{x}(N,k+1) = \bar{A}(N)\bar{x}(N,k) + \bar{B}(N)\bar{F}(N,k) \tag{6.1.5}$$

$$f(N,k) = \bar{C}(N)\bar{x}(N,k) + \bar{D}(N)\bar{F}(N,k) + v(N,k) \tag{6.1.6}$$

式中:$\bar{A} = e^{A\Delta t}$;

$\bar{B} = \int_{t-\Delta t}^{t} e^{A(t-\tau)} B \, d\tau = \int_{0}^{\Delta t} e^{A\tau} B \, d\tau$;

$k \in \mathbf{Z}^+$。

假定某小波包分解尺度$i(1 \leq i \leq N)$上的结构系统的状态方程和观测方程分别为:

$$\bar{x}(i,k+1) = \bar{A}(i)\bar{x}(i,k) + \bar{B}(i)\bar{F}(i,k) \tag{6.1.7}$$

$$f(i,k) = \bar{C}(i)\bar{x}(i,k) + \bar{D}(i)\bar{F}(i,k) + v(i,k) \tag{6.1.8}$$

采用小波变换将动力系统的状态方程(6.1.7)从尺度i分解到尺度$i-1$,得到粗尺度(平滑)信号空间V_{i-1}上的状态方程为:

$$\bar{x}_V^i(i-1,k+1) = \sum_l h(l)\bar{x}(i,2k-l+2) = \bar{A}_V^i(i-1)\bar{x}_V^i(i-1,k) + \bar{B}_V^i(i-1)\bar{F}_V^i(i-1,k) \tag{6.1.9}$$

式中:下标V——尺度i上的信号序列$\bar{x}(i,k) \in V_i \subset L^2(\mathbf{Z})$在粗尺度信号空间$V_{i-1}$上的投影;

上标i表示是从尺度i分解到的。其中:

$$\bar{A}_V^i(i-1) = \bar{A}(i)\bar{A}(i);\ \bar{B}_V^i(i-1) = \bar{B}(i) \tag{6.1.10}$$

$$\bar{F}_V^i(i-1,k) = \bar{A}(i)\sum_l h(l)\bar{F}(i,2k-l) + \sum_l h(l)\bar{F}(i,2k-l+1) \tag{6.1.11}$$

采用小波变换将动力系统的观测方程(6.1.8)从尺度i分解到尺度$i-1$,得到粗尺度信号空间V_{i-1}上的观测方程为:

$$\bar{f}_V(i-1,k) = \bar{C}_V^i(i-1)\bar{x}_V^i(i-1,k) + \bar{D}_V^i(i-1)\bar{F}_V^i(i-1,k) + v_V^i(i-1,k) \tag{6.1.12}$$

其中:

$$\bar{C}_V^i(i-1) = \bar{C}(i);\ \bar{D}_V^i(i-1) = \bar{D}(i) \tag{6.1.13}$$

$$\bar{F}_V^i(i-1,k) = \sum_l h(l)\bar{F}(i,2k-l) \tag{6.1.14}$$

$$v_V^i(i-1,k) = \sum_l h(l)v(i,2k-l) \tag{6.1.15}$$

动力系统的状态方程(6.1.7)和观测方程(6.1.8)从尺度 i 分解到尺度 $i-1$,在细尺度(细节)信号空间 W_{i-1} 上的状态方程和观测方程与式(6.1.9)和式(6.1.12)有类似的表达式,本节不再赘述。

6.1.2 环境激励下的虚拟脉冲响应函数提取

由上述公式推导可以看出,当系统的激励力向量一定时(假定忽略观测噪声),结构损伤所引起的结构动力特性的变化必然会引起不同小波包尺度(频带)上结构响应 $f(i,k)$ 的变化,从而引起结构动力响应 $f(N,k)$ 的能量在各个频带内的重新分布。据此,结构动力响应 $f(N,k)$ 在第 i 分解层的小波包能量谱向量 E_i 可以作为结构损伤预警参数:

$$E_i = \{E_{i,j}\} = \{\sum |f_{i,j}|^2\} \quad (j = 0,1,2,\cdots,2^i - 1) \quad (6.1.16)$$

式中:$f_{i,j}$——第 i 层分解节点 (i,j) 上的结构响应。

在上述分析中存在一个基本假定,即结构损伤前后所受到的外部激励保持不变。为了消除小波包能量谱对结构激励的这种依赖性,理论上通过输入输出数据求取结构的脉冲响应函数并在此基础上计算小波包能量谱可以消除小波包能量谱对结构激励的依赖性。对于环境荷载激励,一般仅能量测到结构动力系统的响应信息,此时可以采用环境荷载激励技术(Natural Excitation Technique,简称 NExT)来获取类似于结构脉冲响应函数的互相关函数,从而消除环境激励对小波包能量谱的不利影响[11-12]。NExT 技术理论上要求环境激励满足白噪声的假定,而实际工程中很多环境激励是非白噪声平稳激励甚至是非平稳激励。因此,环境激励下互相关函数的小波包能量谱仍具有一定的波动性与随机性。为了使小波包能量谱对于环境激励具有更好的鲁棒性,文献[13]在互相关函数的基础上进一步采用虚拟脉冲响应函数,其基本思想是以参考点的动力响应作为虚拟激励,计算参考点的虚拟激励与其他测点响应之间的虚拟脉冲响应函数,用以表征环境激励下结构动力系统的动力特性。

虚拟脉冲响应函数的理论分析简述如下[13]。为了便于表述,以下分析在频域中进行。激励和响应进行傅立叶变换后在频域内有如下关系:

$$Y(\omega) = H(\omega)U(\omega) \quad (6.1.17)$$

式中:$Y(\omega)$——响应的傅立叶变换;

$U(\omega)$——激励的傅立叶变换;

$H(\omega)$——频率响应函数。

令参考点 j 的响应(虚拟激励) $x_j(t)$ 和测点 i 的响应 $x_i(t)$ 的互谱密度以及虚拟激励 $x_j(t)$ 的自谱密度分别为 $G_{yu}(\omega,i,j)$ 和 $G_{uu}(\omega,j)$,如下式所示:

$$G_{yu}(\omega,i,j) = Y^*(\omega,j) \cdot Y(\omega,i); G_{uu}(\omega,j) = Y^*(\omega,j) \cdot Y(\omega,j) \quad (6.1.18)$$

式中:$Y(\omega,i)$、$Y(\omega,j)$——响应 $x_i(t)$ 和虚拟激励 $x_j(t)$ 的傅立叶变换;

$Y^*(\omega,i)$、$Y^*(\omega,j)$——$Y(\omega,i)$、$Y(\omega,j)$ 的复共轭。

由式(6.1.17)可知,$Y(\omega,i)$ 和 $Y(\omega,j)$ 可以表示为:

$$Y(\omega,i) = H(\omega,i)U(\omega); Y(\omega,j) = H(\omega,j)U(\omega) \quad (6.1.19)$$

将式(6.1.19)代入式(6.1.18),并按下式计算频率响应函数$H_{yu}(\omega,i,j)$:

$$H_{yu}(\omega,i,j) = \frac{G_{yu}(\omega,i,j)}{G_{uu}(\omega,j)} = \frac{Y^*(\omega,j) \cdot Y(\omega,i)}{Y^*(\omega,j) \cdot Y(\omega,j)} = \frac{H^*(\omega,j) \cdot H(\omega,i)}{H^*(\omega,j) \cdot H(\omega,j)} \quad (6.1.20)$$

从上述推导可以看出,两点响应的互谱密度仍然与激励频谱相关,即对互谱密度的逆傅立叶变换求得的互相关函数仍然具有一定的激励依赖性。然而,两点响应的频率响应函数$H_{yu}(\omega,i,j)$可以有效地消除激励频谱的影响,也就是说,对频率响应函数$H_{yu}(\omega,i,j)$进行逆傅立叶变换求得的虚拟脉冲响应函数可以有效地克服环境激励的随机性和不确定性,从而具有更好的环境激励鲁棒性。由上述理论分析可知,根据环境激励下的结构动力响应计算虚拟脉冲响应函数并在此基础上计算结构的小波包能量谱,可以较好地表征环境激励下结构动力系统的损伤状态。

6.1.3 环境激励下的小波包能量谱识别

本节在上述理论研究基础上简述基于虚拟脉冲响应函数的小波包能量谱识别方法[13-14]。假设对虚拟脉冲响应函数f进行第i层小波包分解,则虚拟脉冲响应函数f在第i分解层的小波包能量谱向量E_i可以表征结构的动力特性:

$$E_i = \{E_{i,j}\} \quad (j = 0,1,2,\cdots,2^i - 1) \quad (6.1.21)$$

采用 Daubechies 小波函数,并采用l^p范数熵标准作为代价函数,对虚拟脉冲响应函数做有限次小波包分解,计算不同小波函数和小波包分解层次上小波包能量谱E_i的代价函数,在此基础上根据代价函数和计算时间综合确定适宜的小波函数阶次和小波包分解层次。进一步选择小波包能量谱向量E_i中前m个较大能量系数的特征频带,将其组成结构损伤预警的小波包能量谱。将各特征频带的能量比I_p作为结构损伤预警参数:

$$I_p = \frac{E_{i,p}}{\left(\sum_{j=1}^{2^i-1} E_{i,j}\right)/2^i} \quad (p = 1,2,\cdots,m) \quad (6.1.22)$$

可见,小波包能量谱特征频带的能量比I_p表征了环境激励下结构的动力特性,可以作为结构损伤预警参数并通过这些能量比I_p的变化来判断结构的损伤情况,从而适合于实际工程结构在环境激励下的整体状态监测。

6.1.4 ASCE Benchmark 结构试验研究

6.1.4.1 ASCE Benchmark 结构损伤试验概况

近年来,建立各种基准(Benchmark)验证模型,为不同研究者研究同一科学问题提供统一和标准的研究平台,成为土木工程研究领域内的一种有效方法和手段。美国的结构健康监测研究小组(ISAC-ASCE SHM 小组)将结构健康监测的 ASCE(American Society of Civil Engineers,美国土木工程师学会)Benchmark 问题研究分为两个阶段。第一阶段是基于一个实际结构的有限元分析模型开展研究的,目标是如何生成结构健康监测研究所需要的数据。该实际结构是加拿大哥伦比亚大学地震工程研究实验室的钢框架结构,如图 6.1.1 所示。第一阶段的主要任务是有限元分析模型创建、模拟数据生成并由此进行损伤分析。在此基础上,

ISAC-ASCE SHM 小组于 2000 年开始第二阶段的研究。这次分析所采用的数据来源于实际 Benchmark 结构的实测试验数据。第二阶段的试验分别于 2000 年 7 月 19 日—21 日和 2002 年 8 月 4 日—8 月 7 日进行。这些试验数据为研究结构损伤诊断方法提供了方便,试验数据可以由网址 http://cive.seas.wustl.edu/wusceel/asce.shm 下载得到。

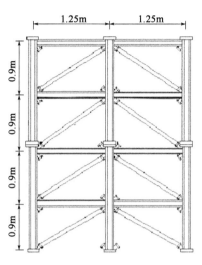

图 6.1.1　Benchmark 钢框架缩尺模型

本节试验研究将采用 2002 年 8 月 4 日—8 月 7 日进行的 Benchmark 结构损伤试验数据。试验中结构的损伤通过去除结构中的支撑或放松梁柱节点的螺栓连接来实现,分别测量了完好结构和 8 种损伤结构的激励和结构动力响应。表 6.1.1 列出了 Benchmark 结构的 9 种试验工况。

Benchmark 结构的试验工况　　　　　　　　表 6.1.1

试验工况	描述
1	完好结构
2	去除东面所有支撑
3	去除各层东南角一跨的支撑
4	去除第 1 层和第 4 层东南角一跨的支撑
5	去除第 1 层东南角一跨的支撑
6	去除东面所有支撑以及第 2 层北面支撑
7	去除所有支撑
8	工况 7 + 放松各层东面北侧跨的梁两端螺栓
9	工况 7 + 放松第 1、2 层东面北侧跨的梁两端螺栓

试验时的激励形式有三种:①锤击激励;②采用激振器施加白噪声和正弦激励;③环境激励。不同的荷载激励采用不同的采样频率:锤击激励采样频率为 1000Hz,其他激励为 200Hz。采用 16 通道的数据采集装置,在前两种激励条件下,15 个通道采集加速度信号,1 个通道采集激励信号。表 6.1.2 列出了 15 个加速度传感器在 Benchmark 结构上的安装情况。需要指出,由于 9 个试验工况是分两天完成的,因此,传感器的安装位置在第一天和第二天会发生变化。此外,传感器 7、10、13 和 16 在试验工况 8 和 9 中由于所在梁两端螺栓的放松,因此,在试验工

况8和9中将这些传感器移至另一跨的对称位置上。

传感器布置情况　　　　　　　　　　　　　　　　　表6.1.2

编　号	传感器布置情况	编　号	传感器布置情况
1	—	9	第2层中部测试 x 方向振动（W+）
2	基础西侧测试 y 方向振动（N+）	10	第2层东侧测试 y 方向振动（N+）
3	基础中部测试 x 方向振动（W+）	11	第3层西侧测试 y 方向振动（N+）
4	基础东侧测试 y 方向振动（N+）	12	第3层中部测试 x 方向振动（W+）
5	第1层西侧测试 y 方向振动（N+）	13	第3层东侧测试 y 方向振动（N+）
6	第1层中部测试 x 方向振动（W+）	14	第4层西侧测试 y 方向振动（N+）
7	第1层东侧测试 y 方向振动（N+）	15	第4层中部测试 x 方向振动（W+）
8	第2层西侧测试 y 方向振动（N+）	16	第4层东侧测试 y 方向振动（N+）

6.1.4.2　小波包能量谱分析

本节采用第二天试验工况中的工况1、5、7和9共4个工况在环境激励下的测试数据进行小波包能量谱分析[13,15]。环境激励的采样时间间隔为0.05s，为了考察环境激励的随机性影响，将测试数据划分为10个测试样本，分别计算各测试样本下不同传感器响应之间的频率响应函数，在此基础上采用逆傅立叶变换得到环境激励下的虚拟脉冲响应函数。

首先考察环境激励下结构的虚拟脉冲响应函数能否有效地表征结构的动力特性。图6.1.2和图6.1.3分别给出了以传感器8号为参考点，计算完好结构和损伤结构8号和9号传感器的4个测试样本的虚拟脉冲响应函数 $h8\_9$。可以看出，环境激励下计算的虚拟脉冲响应函数具有良好的数值稳定性，4组曲线从波形上看虽然有一定的变化，但仍具有较好的可重复性。这说明，实际结构由于测试误差以及环境因素的偶然性使得虚拟脉冲响应函数不可避免地产生一定的波动性和随机性。

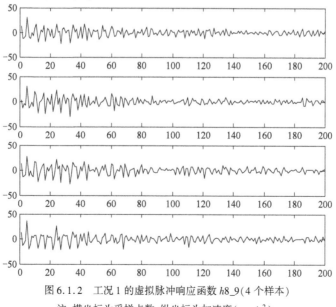

图6.1.2　工况1的虚拟脉冲响应函数 $h8\_9$（4个样本）

注：横坐标为采样点数，纵坐标为加速度（mm/s²）。

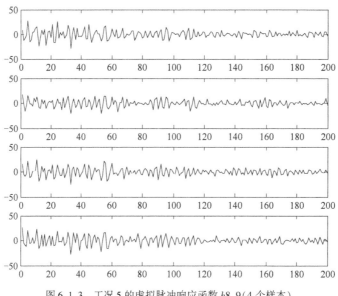

图 6.1.3 工况 5 的虚拟脉冲响应函数 $h8\_9$(4 个样本)
注:横坐标为采样点数,纵坐标为加速度(mm/s^2)。

下面考察环境激励下基于虚拟脉冲响应函数的小波包能量谱的鲁棒性。采用 Daubechies25 小波函数,分解层次取为 6。图 6.1.4 ~ 图 6.1.7 分别给出了环境激励下测试工况 1、5、7 和 9 的虚拟脉冲响应函数计算得到的 64 阶频带的能量比 I_p。可以看出,完好工况 1 和损伤工况 5、7 和 9 的 4 个测试样本的能量比具有较好的一致性。比较图 6.1.4 和图 6.1.5 ~ 图 6.1.7 可以较好地判断结构损伤的发生。从统计模式识别的角度看,环境激励下基于虚拟

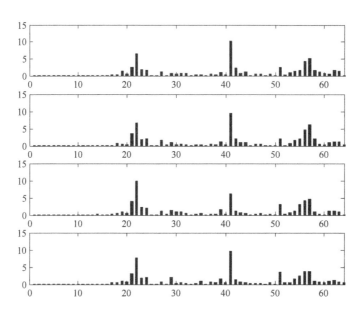

图 6.1.4 工况 1 虚拟脉冲响应函数 $h8\_9$ 的小波包能量谱(4 个样本)
注:横坐标为频带阶次,纵坐标为能量比 I_p。

脉冲响应函数的小波包能量谱的差异可以分为组内差异和组间差异两类。组内差异也就是相同测试工况下不同测试样本间的小波包能量谱的差异,主要是由环境因素和测试误差等偶然因素造成的,而组间差异也就是不同测试工况下的小波包能量谱的差异,则是由结构损伤这种必然因素所造成的。从这一角度考虑,采用虚拟脉冲响应函数计算结构的小波包能量谱具有较强的剔除环境因素、识别结构初期损伤的能力。

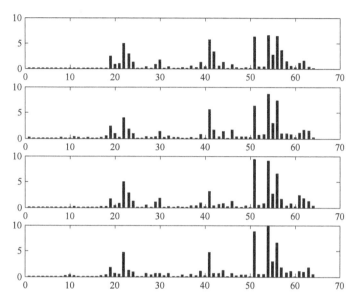

图 6.1.5 工况 5 虚拟脉冲响应函数 $h8\_9$ 的小波包能量谱(4 个样本)
注:横坐标为频带阶次,纵坐标为能量比 I_p。

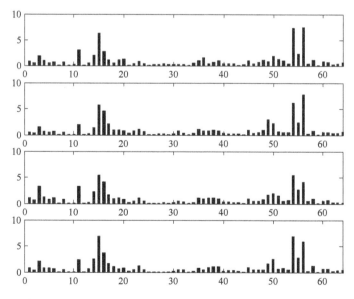

图 6.1.6 工况 7 虚拟脉冲响应函数 $h8\_9$ 的小波包能量谱(4 个样本)
注:横坐标为频带阶次,纵坐标为能量比 I_p。

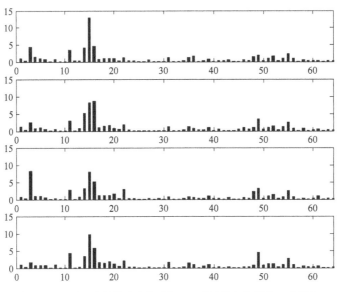

图 6.1.7 工况 9 虚拟脉冲响应函数 $h8\_9$ 的小波包能量谱(4 个样本)
注:横坐标为频带阶次,纵坐标为能量比 I_p。

6.2 润扬大桥悬索桥小波包能量谱识别

6.2.1 小波包能量谱识别结果

根据润扬大桥悬索桥结构健康监测系统的加速度传感器布置方案[16-17],选取主梁跨中截面下游和 1/8 跨截面下游的垂向加速度传感器的动力响应数据进行小波包能量谱分析。以主跨跨中截面传感器为参考点计算虚拟脉冲响应函数 $h1\_2$,在此基础上以 10min 为单位计算小波包能量谱。采用 Daubechies25 小波函数,分解层次取为 6,特征频带取前 32 个较大能量系数的频带。图 6.2.1 和图 6.2.2 分别给出了 2005 年 8 月 6 日—8 月 7 日典型时段虚拟脉冲响应函数 $h1\_2$ 的小波包能量谱。需要说明,本节所称的小波包能量谱为各特征频带的能量比 I_p 组成的整体状态监测参数。从图中可以看出,润扬大桥悬索桥在环境激励下的实测小波包能量谱在特征频带阶次上分布较为一致,但由于环境激励的影响使得特征频带上的能量比 I_p 幅值存在一定的变化,下面将进一步详细分析环境条件的变化对润扬大桥悬索桥实测小波包能量谱的影响。

6.2.2 小波包能量谱的环境变异性分析

本节考察润扬大桥悬索桥在正常运营条件下环境温度和运营载荷的变化对实测小波包能量谱的影响[18]。分别选取 2005 年 5 月 7 日(春季)、8 月 14 日(夏季)、11 月 7 日(秋季)和 2006 年 2 月 7 日(冬季)采集的润扬大桥悬索桥主梁跨中截面和 1/8 跨截面的动力响应数据进行小波包能量谱分析。

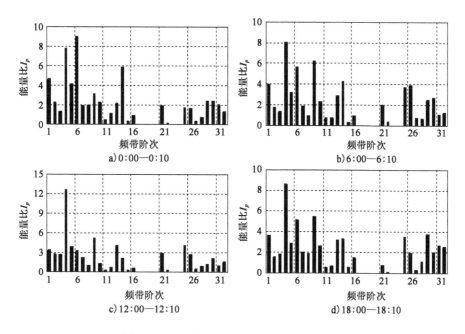

图 6.2.1　2005 年 8 月 6 日 $h1\_2$ 的小波包能量谱

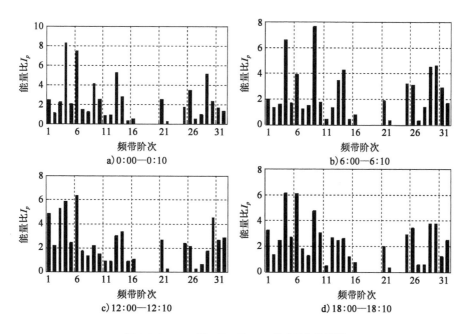

图 6.2.2　2005 年 8 月 7 日 $h1\_2$ 的小波包能量谱

首先考察小波包能量谱特征频带的能量比 I_p 的日变化规律。图 6.2.3～图 6.2.6 分别给出了润扬大桥悬索桥主要特征频带的能量比 I_p 的日变化曲线。从中可以看出：①第 16 阶特征频带的能量比 I_p 在 2005 年 5 月 7 日、8 月 14 日、11 月 7 日和 2006 年 2 月 7 日均存在较明显的昼夜起伏现象，呈现出"昼小夜大"的变化特征。②第 21 阶特征频带的能量比 I_p 在 2005

年 5 月 7 日、11 月 7 日和 2006 年 2 月 7 日存在较明显的昼夜起伏现象,呈现出"昼小夜大"的变化特征;相对而言,2005 年 8 月 14 日的能量比 I_p 随时间的变化规律不明显。③第 22 阶特征频带的能量比 I_p 在 2005 年 5 月 7 日、8 月 14 日、11 月 7 日和 2006 年 2 月 7 日均存在较明显的昼夜起伏现象,呈现出"昼大夜小"的变化特征。④第 31 阶特征频带的能量比 I_p 在 2005 年 5 月 7 日、8 月 14 日、11 月 7 日和 2006 年 2 月 7 日均存在较明显的昼夜起伏现象,呈现出"昼大夜小"的变化特征。

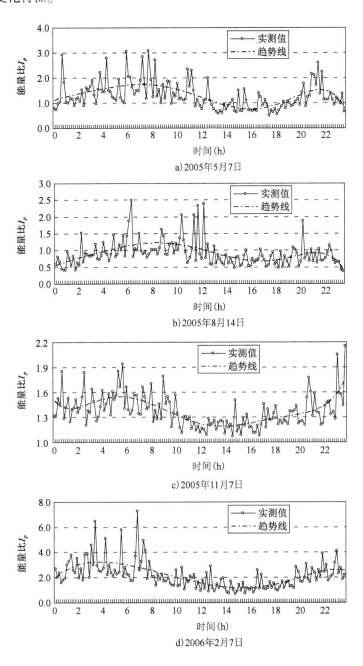

图 6.2.3 第 16 阶特征频带的能量比 I_p 实测曲线

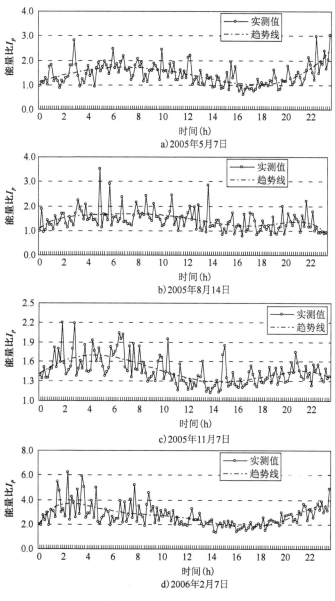

图 6.2.4 第 21 阶特征频带的能量比 I_p 实测曲线

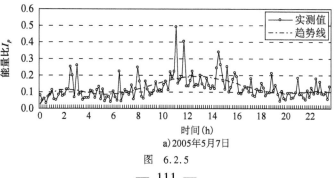

图 6.2.5

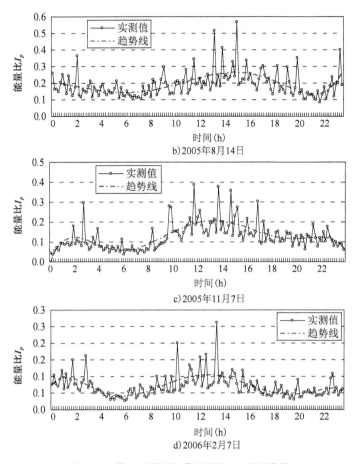

图 6.2.5 第 22 阶特征频带的能量比 I_p 实测曲线

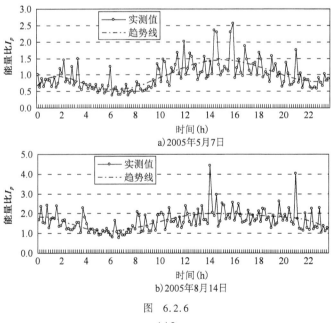

图 6.2.6

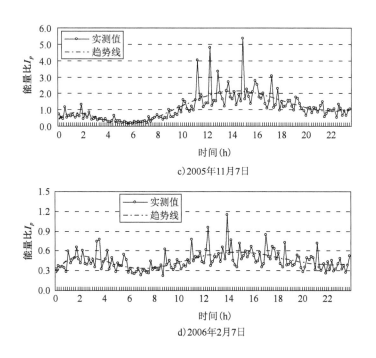

图 6.2.6　第 31 阶特征频带的能量比 I_p 实测曲线

根据上述分析,环境温度对润扬大桥悬索桥实测小波包能量谱的影响较大。将小波包能量谱特征频带的能量比 I_p 的日变化规律与温度昼夜变化的特点结合分析可知:①总体上看,润扬大桥悬索桥特征频带的实测能量比 I_p 表现为昼夜起伏的变化特征。与实测模态频率"昼小夜大"的日变化规律不同,小波包能量谱随着特征频带阶次的不同分别表现出"昼小夜大"和"昼大夜小"的日变化规律。②润扬大桥悬索桥特征频带的实测能量比 I_p 在一年的运营期间具有较明显的变化。夏季(8 月 14 日)环境温度较高,日温差较小,因此,特征频带的实测能量比 I_p 昼夜变化相对较小;在春季(5 月 7 日)和秋季(11 月 7 日)环境温度适中,具有一定的昼夜温差变化,因此,环境温度对桥梁各阶频带的实测能量比 I_p 具有一定的影响。冬季(2 月 7 日)气温较低,昼夜温差对润扬大桥悬索桥特征频带的能量比 I_p 的影响更大,其昼夜起伏的变化特征最为明显。③总体上看,润扬大桥悬索桥各阶特征频带的能量比 I_p 与环境温度均存在较为明显的相关关系。与环境温度对实测模态频率阶次的影响规律("低阶小、高阶大")不同,环境温度对实测小波包能量谱的影响呈现出低阶频带和高阶频带影响均较大的特点。综上所述,润扬大桥悬索桥的实测小波包能量谱日变化特征较为明显,并且与模态频率相比,小波包能量谱包含更多的环境温度日变化特征信息。

下面考察运营荷载的变化对润扬大桥悬索桥实测小波包能量谱的影响。从图 6.2.3～图 6.2.6 可知,与模态频率相类似,运营荷载对特征频带能量比 I_p 的影响由于荷载的非平稳性呈现出瞬时的颤动变化。根据上述分析结果,与实测模态频率相类似,润扬大桥悬索桥正常运营条件下的小波包能量谱观测时间序列可以看成一个由不同频率成分组成的数字信号序列,其中随着环境温度而趋势变化的部分表现为低频率(长周期)的变化;受到运营荷载随机因素影响的随机部分则表现为高频率(短周期)的颤动。综上所述,润扬大桥悬索桥正常运营条件下实测小波包能量谱的各阶特征频带能量比 I_p 存在一定的环境变异性。

6.2.3 环境因素对小波包能量谱影响的量化分析

6.2.3.1 环境温度导致的小波包能量谱变异性

本章 6.2.2 节的研究结果表明,润扬大桥悬索桥实测小波包能量谱与实际环境条件(环境温度和运营荷载)存在较为明显的相关关系,主要表现为环境温度的变化对小波包能量谱的影响是长期性的趋势,而运营荷载对小波包能量谱的影响则由于荷载的非平稳性呈现瞬时的颤动变化。与模态频率相似,为了消除运营荷载对悬索桥小波包能量谱识别的影响,本节采用小波包能量谱与温度的季节相关性分析方法,也就是建立润扬大桥悬索桥小波包能量谱的日平均值与温度日平均值的数学模型[19]。以润扬大桥悬索桥 2006 年 236d 的长期监测数据为研究对象,图 6.2.7 给出了润扬大桥悬索桥小波包能量谱特征频带能量比的日平均值与温度日平均值之间的季节相关性分析结果。可以看出,悬索桥实测小波包能量谱与温度之间呈现出十分明显的季节相关性,散点图比较集中,并且总体上表现为"温度高能量比低、温度低能量比高"和"温度高能量比高、温度低能量比低"两种季节变化特征。采用基于季节相关性分析的多样本平均方法可以较好地消除运营荷载引起的小波包能量谱的随机颤动。表 6.2.1 进一步给出了润扬大桥悬索桥特征频带能量比的日平均值在 2006 年中的最大值、最小值及其相对变化。从表中可以看出,2006 年润扬大桥悬索桥小波包能量谱的日平均值的最小变化为 52.7130%,最大变化则达到 451.6737%,平均变化达到约 200%。

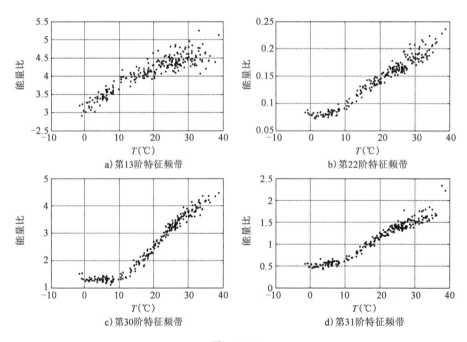

图 6.2.7

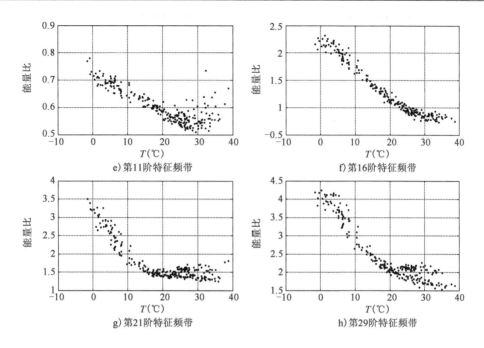

图 6.2.7 润扬大桥悬索桥小波包能量谱日平均值与温度日平均值的季节相关性

润扬大桥悬索桥实测小波包能量谱的季节变化　　　　表 6.2.1

频 带 阶 次	能量比最大值	能量比最小值	相对变化(%)
11	0.7796	0.5105	52.7130
13	5.1212	2.9085	76.0770
16	2.3050	0.7368	212.8393
21	3.4914	1.2468	180.0289
22	0.2364	0.0721	227.8779
29	4.2239	1.5479	172.8794
30	4.4707	1.1706	281.9153
31	2.3402	0.4242	451.6737

与模态频率类似,润扬大桥悬索桥的小波包能量谱与温度之间具有明显的季节相关性特征。因此,亦采用 6 次多项式模型建立小波包能量谱各阶特征频带的能量比 I_p 与温度 T 的季节相关性回归公式:

$$I_{p,j}(T) = q_0 + q_1 T^1 + q_2 T^2 + q_3 T^3 + q_4 T^4 + q_5 T^5 + q_6 T^6 \tag{6.2.1}$$

式中:　　T——温度日平均值;

$I_{p,j}$——悬索桥第 j 阶特征频带能量比 I_p 的日平均值;

$q_i(i=0\sim6)$——回归模型的系数。

为了检验回归模型的泛化性能(预测效果),从总共236d的监测样本中非连续抽取196d作为训练数据进行多项式拟合,得到小波包能量谱与温度的回归模型,其余40d则作为检验数据用于验证模型的泛化能力。图6.2.8给出了采用196d作为训练数据的小波包能量谱-温度的多项式模型拟合效果。图中实线为特征频带能量比I_p的实测值,虚线为基于回归模型的能量比I_p计算值。可以看出,能量比I_p实测值与计算值曲线比较吻合,说明采用6次多项式模型的拟合效果良好。在此基础上采用其余40d的温度数据代入6次多项式模型得到能量比I_p的预测值,图6.2.9给出了预测值和实测值的比较。可以看出,润扬大桥悬索桥各阶特征频带的能量比I_p的预测值与实测值吻合良好。因此,根据小波包能量谱与温度的季节相关性特征建立统计模型可以有效地实现对环境温度引起的小波包能量谱变异性的量化评价。表6.2.2给出了当温度分别为0℃和40℃时,根据多项式回归模型计算得到的悬索桥8个特征频带的能量比。从中可以看出,由温度引起的能量比的相对变化的最大值和平均值分别为159.111%和93.463%,这说明温度对小波包能量谱的影响较为显著。

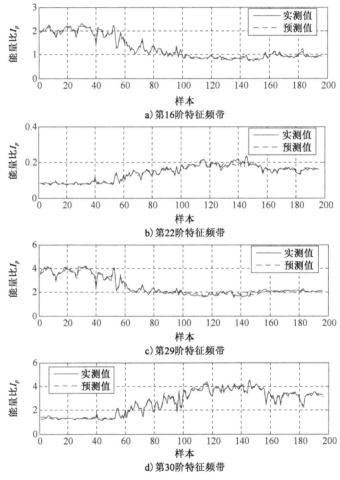

图6.2.8 小波包能量谱-温度的多项式模型拟合效果

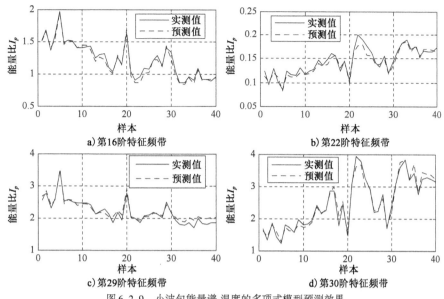

图 6.2.9 小波包能量谱-温度的多项式模型预测效果

温度引起的小波包能量谱的变异性 表 6.2.2

频带阶次	0℃时的 I_p	40℃时的 I_p	相对变化(%)
13	3.1235	5.0310	46.383
22	0.0803	0.2470	117.147
30	1.3716	4.7740	130.761
31	0.5166	2.3206	159.111
11	0.7276	0.5713	25.882
16	2.1910	0.7093	115.740
21	3.1967	2.2066	56.329
29	4.0691	1.7187	96.359

6.2.3.2 交通荷载导致的小波包能量谱变异性

在研究能量比 I_p 和交通荷载、风速的相关性之前,应首先将环境温度对能量比的影响从其实测值中消除掉,即得到环境温度归一化的能量比。采用上节建立的多项式回归模型将实测的 8 个特征频带能量比 I_p 归一化至某一特定参考温度。取参考温度值为 20℃,将参考温度值代入回归模型,得到每一阶能量比 I_p 的参考值 $I_{p,r}$,同样地将实测温度值代入回归模型,得到能量比 I_p 的计算值 $I_{p,t}$,则环境温度归一化的能量比 I_p 可以表示为:

$$I_p = I_{p,m} - (I_{p,t} - I_{p,r}) \qquad (6.2.2)$$

式中:$I_{p,m}$——能量比 I_p 的实测值。

首先,研究温度归一化的能量比与交通荷载的相关性,采用悬索桥主梁跨中竖向加速度响应的均方根(Root Mean Square,简称 RMS)作为交通荷载的表征值。首先挑选出低风速状态(10min 平均风速小于 2m/s)的加速度响应数据,认为此时对小波包能量谱产生影响的运营荷载只有交通荷载,其次对挑选出来的加速度响应进行低通滤波,截至频率为 3Hz,得到仅含有结构动力响应的加速度数据,最后得到以 10min 为计算区间的悬索桥结构加速度 RMS 值。图 6.2.10 给出了第 21 阶和第 30 阶归一化的能量比 I_p 和加速度 RMS 的相关性散点图,可以看出图中能量比-RMS 的散点图分布十分离散,交通荷载对能量比 I_p 的影响模式不明显。

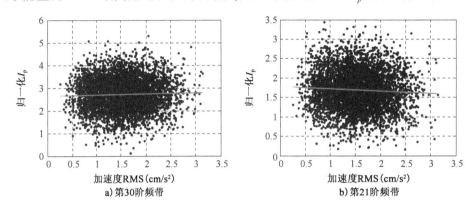

a) 第30阶频带   b) 第21阶频带

图 6.2.10　归一化的小波包能量谱与加速度响应 RMS 的相关性

为了分析交通荷载对能量比 I_p 的影响程度,采用线性回归模型建立温度归一化能量比 I_p 和 RMS 的相关性模型:

$$I_p = \beta_0 + \beta_1 M \tag{6.2.3}$$

式中:M——RMS 的值;

β_0、β_1——回归系数。

表 6.2.3 给出了能量比和交通荷载的线性回归模型以及交通荷载所导致的能量比的变化。从中可以看出,交通荷载对能量比的影响模式通过线性回归模型得以显现,前 4 个温度"正影响"频带的回归模型的斜率均为正,这说明当交通荷载增强时,温度归一化的能量比 I_p 有增大的趋势,而后 4 个温度"负影响"频带的回归模型的斜率均为负,这说明当交通荷载增强时,温度归一化的能量比 I_p 有减小的趋势。表中进一步列出了交通荷载所引起的能量比 I_p 的变异性,从中可以得到能量比 I_p 的相对变化的最大值和平均值分别为 10.139% 和 5.101%,这说明交通荷载对能量比的影响相比环境温度而言很小。

交通荷载-能量比相关性模型及交通荷载引起的小波包能量谱的变异性　　表 6.2.3

频带阶次	线性回归模型		RMS 为 0cm/s² 时的 I_p	RMS 为 3cm/s² 时的 I_p	相对变化(%)
	β_0	β_1			
13	4.1096	0.0245	4.1096	4.1830	1.787
22	0.1420	0.0025	0.1420	0.1495	5.265
30	2.5982	0.0665	2.5982	2.7976	7.665
31	1.1317	0.0383	1.1317	1.2467	10.139
11	0.6029	-0.0035	0.6029	0.5924	1.746
16	1.2779	-0.0174	1.2779	1.2257	4.079
21	1.7550	-0.0428	1.7550	1.6266	7.303
29	2.4360	-0.0230	2.4360	2.3670	2.828

6.2.3.3 风速导致的小波包能量谱变异性

在研究能量比 I_p 和风速的相关性之前,应首先将交通荷载对能量比 I_p 的影响从其温度归一化值中消除掉,即得到 RMS 归一化的能量比,此时能量比 I_p 的变化将仅受风速这一种环境因素的影响。采用式(6.2.3)的线性回归模型将实测的 8 个特征频带能量比 I_p 归一化至某一特定参考加速度 RMS。选取 RMS 参考值为 $1cm/s^2$,由于 RMS 归一化的能量比的计算过程与温度归一化的能量比类似,故不再赘述。图 6.2.11 给出了第 21 阶和第 33 阶特征频带 RMS 归一化能量比 I_p 和风速的相关性散点图,图中风速的计算区间为 10min,可以看出图中能量比-风速的散点图分布十分离散。此外,与交通荷载类似,风速对能量比 I_p 的影响模式也不明显。

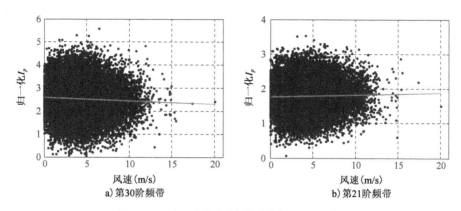

图 6.2.11 归一化的小波包能量谱与风速的相关性

同样采用线性回归模型建立 RMS 归一化能量比 I_p 和风速的相关性模型:

$$I_p = \beta_0 + \beta_1 U \qquad (6.2.4)$$

式中:U——悬索桥主梁跨中的 10min 平均风速值;

β_0、β_1——回归系数。

表 6.2.4 给出了能量比和风速的线性回归模型以及风速所导致的能量比的变化。从中可以看出,风速对能量比的影响具有固定的统计模式,前 4 个温度"正影响"频带的回归模型的斜率均为负,这说明当风速增强时,RMS 归一化的能量比 I_p 有轻微减小的趋势,而后 4 个温度"负影响"频带的回归模型的斜率均为正,这说明当风速增强时,RMS 归一化的能量比 I_p 有轻微增大的趋势。表中进一步列出了风速所引起的能量比 I_p 的变异性,从中可以得到能量比 I_p 的相对变化的最大值和平均值分别为 13.914% 和 9.798%,这说明与交通荷载类似,风速对小波包能量谱的影响也很小。

风速-能量比相关性模型及风速引起的小波包能量谱的变异性　　表 6.2.4

频带阶次	线性回归模型		风速为 0m/s 时的 I_p	风速为 20m/s 时的 I_p	相对变化(%)
	β_0	β_1			
13	4.1066	-0.0113	4.1066	3.8809	5.488
22	0.1421	-0.0007	0.1421	0.1288	9.349
30	2.5967	-0.0157	2.5967	2.2820	12.092

续上表

频带阶次	线性回归模型		风速为0m/s 时的I_p	风速为20m/s 时的I_p	相对变化(%)
	β_0	β_1			
31	1.1317	-0.0079	1.1317	0.9739	13.914
11	0.6029	0.0013	0.6029	0.6281	4.160
16	1.2777	0.0082	1.2777	1.4424	12.866
21	1.7542	0.0068	1.7542	1.8900	7.724
29	2.4350	0.0156	2.4350	2.7470	12.791

6.2.4 小波包能量谱识别参数讨论

小波包能量谱识别参数(包括小波函数和小波包分解层次)的合理选择是小波包能量谱识别技术面向实际工程应用的重要问题。本节通过Benchmark损伤试验数据和润扬大桥悬索桥现场监测数据详细考察不同小波函数和小波包分解层次的损伤预警效果,为结构损伤预警方法的实际工程应用提供依据[20]。

6.2.4.1 小波函数的选择

小波函数的种类较多,常用的有Haar小波、Daubechies小波、Coiflets小波、Morlet小波、Mexican Hat小波和Meyr小波等。表6.2.5列出了常用小波函数的主要特征。从表中可以看出,不同的小波函数具有不同的时频特性。因此,在建立结构损伤预警的小波包能量谱时,需要根据小波函数的特征和小波包能量谱损伤预警的特点,选择合适的小波函数。小波函数应用于结构损伤预警时应具有以下基本特征:

(1)正交性。正交性是小波包分解时对频率空间剖分的基本要求。结构动力响应的小波包分解应使所有频带的组合能覆盖原信号所占有的整个频带,同时各频带间在频域上不应该有重叠。

(2)时域上的局域性。小波包能量谱损伤预警的一个重点特点是对结构在时域内的动力响应进行多尺度分析,因此,要求小波函数具有良好的时域局部化特性。为此,小波函数要有高的消失矩。高的消失矩表示小波函数尽快地衰减到0,从而在时域会有较好的分辨率。另外,要求小波函数具有紧支性,紧支宽度越窄,则小波函数的局部化特性越好。

(3)信号重建的无损性。信号重建的无损性使得结构动力响应在小波包分解时,能将原信号无冗余、无疏漏地分解到各个独立的频带内。

常用小波函数的主要特征 表6.2.5

小波函数	Haar	Daubechies	Coiflets	Morlet	Mexican Hat	Meyr
正交性	有	有	有	无	无	有
双正交性	有	有	有	无	无	有
紧支性	有	有	有	无	无	无
连续小波变换	可以	可以	可以	可以	可以	可以
离散小波变换	可以	可以	可以	不可以	不可以	可以

续上表

小波函数	Haar	Daubechies	Coiflets	Morlet	Mexican Hat	Meyr
FWT(快速小波变换)	可以	可以	可以	不可以	不可以	不可以
支撑长度	1	$2N-1$	$6N-1$	有限长度	有限长度	有限长度
滤波器长度	2	$2N$	$6N$	$[-4,4]$	$[-5,5]$	$[-8,8]$
对称性	对称	不对称	近似对称	对称	对称	对称
消失矩	1	N	$2N$(时域)、$2N-1$(频域)	没有	没有	没有
完全重建	可以	可以	可以	不可以	可以	可以

从表6.2.5可见,Daubechies 小波和 Coiflets 小波均满足上述基本特征。因此,本节将重点考察采用 Daubechies 小波和 Coiflets 小波的损伤预警效果。Daubechies 小波函数和 Coiflets 小波函数分别简记为 db$N$ 和 co$N$(N 为阶次)。对于 Coiflets 小波来说,N 最大仅可取为5,而 Daubechies 小波原则上没有限制。

(1) Benchmark 结构损伤预警

本节采用 Benchmark 试验工况中的完好工况1和损伤工况5(工况5是损伤程度最小的试验工况,即去除第1层东南角一跨的支撑)的实测数据进行损伤预警分析。分析时传感器采用第8号和第9号传感器(分别测试钢框架第2层西侧 y 方向和中部 x 方向振动),并以第8号传感器为参考点,计算两传感器响应的虚拟脉冲响应函数。

为了考虑环境激励对小波包能量谱的随机性影响,首先将实测数据划分为10个测试样本,根据式(6.1.21)计算各测试样本下虚拟脉冲响应函数的小波包能量谱,在此基础上选取前8个较大能量系数的特征频带,根据式(6.1.22)得到各阶特征频带的能量比 I_p。计算时,小波包分解层次取为6,小波函数选取为 db1、db5、db10、db15、db20、db25、db30 以及 co1、co3 和 co5。图6.2.12给出了采用 co3 和 db25 小波函数计算的完好工况1和损伤工况5的各阶特征频带能量比 I_p。可以看出,各特征频带上的能量比 I_p 发生较为明显的增大或减小的变化,可以较好地判断结构损伤的发生。

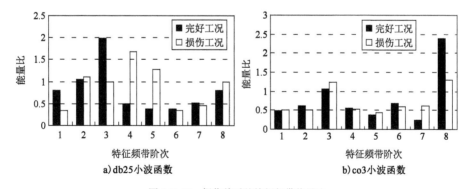

图 6.2.12 损伤前后的特征频带能量比

考虑到环境激励下小波包能量谱识别的波动性影响,定义损伤预警效果的评价指标 EI_p (Evaluation Index)为:

$$EI_p = \frac{\sum_{j=1}^{10} |I_{p,j}^d - \overline{I_{p,j}^i}|}{\sum_{j=1}^{10} |I_{p,j}^i - \overline{I_{p,j}^i}|} \quad (p = 1, 2, \cdots, 8) \tag{6.2.5}$$

式中：$I_{p,j}^i$、$I_{p,j}^d$——完好工况 1 和损伤工况 5 第 j 个测试样本的第 p 阶特征频带能量比；

$\overline{I_{p,j}^i}$——完好工况 1 所有测试样本的第 p 阶特征频带能量比的平均值。

表 6.2.6 分别给出了采用不同小波函数时所有特征频带评价指标 EI_p 的最大值和平均值。可以看出，随着小波阶次 N 的增大，评价指标 EI_p 逐渐增大并且趋于稳定，表明采用较大的小波函数阶次具有较好的时域分辨能力，损伤预警效果也越好。此外，由于 db 小波函数的消失矩和支撑长度均线性相关于小波阶次 N，因此，db 小波阶次 N 大于 10 时其时域分辨能力亦即损伤预警效果变化不大。根据上述分析，结构损伤预警可以采用 db10 以上的 db 小波函数和 co5 小波函数。

特征频带评价指标 EI_p 的统计结果　　　　　表 6.2.6

小波函数	评价指标 EI_p 的最大值	评价指标 EI_p 的平均值	小波函数	评价指标 EI_p 的最大值	评价指标 EI_p 的平均值
db1	2.1278	1.4002	db25	16.8504	5.4766
db5	10.6370	4.4179	db30	15.3295	5.5408
db10	13.7865	5.1284	co1	7.3090	2.7119
db15	15.4888	5.7281	co3	9.1996	3.1994
db20	16.0409	5.9787	co5	15.2168	5.0666

（2）润扬大桥悬索桥损伤预警

本章 6.2.3 节采用润扬大桥悬索桥 2006 年中 236d 的主梁振动响应数据进行了小波包能量谱分析。结果表明，小波包能量谱随着特征频带阶次的不同分别表现出"温度高能量比低、温度低能量比高"和"温度高能量比高、温度低能量比低"两种变化特征。图 6.2.13 分别给出了采用 db5 和 db25 小波函数时润扬大桥悬索桥特征频带能量比的日平均值与温度日平均值之间的季节相关性分析结果。可以看出，悬索桥实测小波包能量谱与温度之间呈现出十分明显的季节相关性，说明利用小波包能量谱可以敏感地发现悬索桥结构的振动特性变化。此外，相比 db5 小波函数来说，采用 db25 小波函数时的特征频带能量比年变化更为明显。

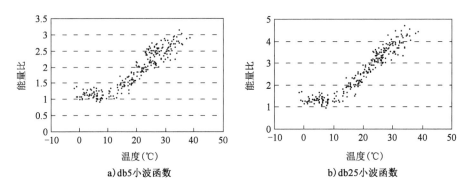

a) db5 小波函数　　　　　b) db25 小波函数

图 6.2.13　特征频带能量比与温度的相关性

为了进一步考察不同小波函数的实际应用效果，计算小波函数分别为 db1、db5、db10、db15、db20、db25、db30 以及 co1、co3 和 co5 时所有特征频带能量比年变化的最大值和平均值，如表 6.2.7 所示。可以看出，随着小波阶次 N 的增大，特征频带能量比的年变化逐渐增大，并且 db 小波阶次 N 大于 10 时变化不大，这与 Benchmark 损伤试验结果是一致的。因此，从损伤预警效果考虑，实际工程应采用 db10 以上的 db 小波函数和 co5 小波函数。

特征频带能量比年变化的统计结果　　　　表 6.2.7

小波函数	能量比年变化的最大值(%)	能量比年变化的平均值(%)	小波函数	能量比年变化的最大值(%)	能量比年变化的平均值(%)
db1	192.81	124.76	db25	600.70	293.82
db5	349.41	227.06	db30	572.15	280.63
db10	494.72	263.52	co1	250.28	181.05
db15	458.83	254.42	co3	325.02	207.19
db20	556.08	274.69	co5	484.11	249.25

6.2.4.2 小波包分解层次的选择

理论分析证明，随着小波包分解尺度的增加，结构损伤引起的系统矩阵的变化将越为明显[2]。因此，随着小波包分解层次的增加，小波包能量谱对结构损伤将越为敏感。但另一方面，小波包分解层次的增加会导致小波包能量谱向量的维数呈指数增长，将有大量的计算负担。因此，在计算结构损伤预警的小波包能量谱时，需要合理地选择小波包分解层次。本节将采用 db25 小波函数考察不同小波包分解层次的损伤预警效果。

首先考察 Benchmark 结构。小波包分解层次取为 3~7，特征频带数均取为 8。按式(6.2.5)计算评价指标 EI_p。表 6.2.8 给出了 8 阶特征频带评价指标 EI_p 的最大值和平均值。可以看出，随着小波包分解层次的增加，评价指标 EI_p 逐渐增大。这与理论分析是一致的，表明采用较大的小波包分解层次具有更好的频域分辨能力，损伤预警效果也更好。

特征频带评价指标 EI_p 的统计结果　　　　表 6.2.8

小波包分解层次	评价指标 EI_p 的最大值	评价指标 EI_p 的平均值
3	9.7430	3.4856
4	11.2955	3.8950
5	14.2643	4.2288
6	16.8504	5.4766
7	20.2915	6.0769

下面考察润扬大桥悬索桥。小波包分解层次取为 4~9，在此基础上考察与温度具有季节相关性的特征频带能量比的年变化情况。图 6.2.14 分别给出了小波包分解层次为 4 和 7 时的特征频带能量比与温度的相关性结果。表 6.2.9 给出了所有特征频带能量比年变化的最大值和平均值。可以看出，采用不同小波包分解层次计算的特征频带能量比与温度均具有明显的季节相关性，同时随着小波包分解层次的增加，特征频带能量比的年变化更为明显，说明其

损伤预警能力更强。表6.2.9进一步给出了润扬大桥悬索桥300s测试数据采用不同小波包分解层次的计算时间。可以看出,随着小波包分解层次的增加,计算耗时越为明显。小波包分解层次取为9时计算时间已大于数据采集时间,不利于损伤实时预警。因此,工程实际应用时,在保证实时性的前提下尽量选择较大的小波包分解层次,以取得更好的损伤预警效果。

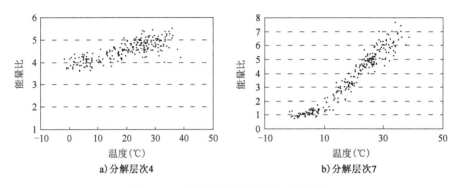

图 6.2.14 特征频带能量比与温度的相关性

特征频带能量比年变化的统计结果　　　　　表 6.2.9

小波包分解层次	能量比年变化的最大值(%)	能量比年变化的平均值(%)	计算时间*(s)
4	80.01	65.32	6
5	163.20	90.60	20
6	600.71	293.82	32
7	1002.45	416.44	76
8	1445.44	602.01	188
9	1978.23	837.75	334

注:*计算机的中央处理器(CPU)为 Intel Pentium M Processor 1400MHz。

6.3 润扬大桥悬索桥小波包能量谱监控与异常预警

润扬大桥悬索桥小波包能量谱异常预警方法可以分为两个步骤[19]:①建立悬索桥小波包能量谱-温度的季节相关性模型,用以消除环境温度对小波包能量谱的影响;②采用统计模式识别方法对"温度归一化"的小波包能量谱的异常变化进行判别分类,用以实现结构异常预警。本章6.2.3.1节研究表明,根据小波包能量谱与温度的季节相关性特征建立多项式模型可以有效地消除温度的变化对悬索桥实测小波包能量谱的影响。

下面讨论如何采用统计模式识别方法对"温度归一化"的小波包能量谱的异常变化进行判别分类。首先将特征频带能量比 I_p 的实测值与预测值的残差定义为结构损伤预警指标:

$$e = I_{p,m} - I_{p,e} \tag{6.3.1}$$

式中:$I_{p,m}$、$I_{p,e}$——特征频带能量比 I_p 的实测值与预测值。

在此基础上采用均值控制图法对悬索桥小波包能量谱的异常变化进行统计模式识别。均值控制图是一种用统计方法设计的图,是统计假设检验的图上作业法,在均值控制图上每描一个点就是做一次统计假设检验,而且假设检验用一种可视的形式表示出来。图中有中心线(CL)、上控制线(UCL)、下控制线(LCL)和一系列样本的描点序列。其中,中心线表示的是所有样本的均值位置,而上控制线和下控制线则是按照一定的置信度得到的置信区间。若是样本点落在了控制线之间,就认为该样本点正常;相反,若是落在了控制线之外,则认为该点异常。因此,为了将均值控制图法应用于结构整体状态监测中,首先需要确定正常状态下的中心线、上控制线和下控制线的位置,即通过改变假设检验的显著性水平调整上、下限范围,使得正常状态的样本点均落在允许变化范围内。

如本章 6.2.3.1 节所述,温度的变化对小波包能量谱各阶特征频带的影响性质不同。其中,对温度变化敏感的特征频带可以划分为两类:①"正"影响频带,即特征频带的能量比随着温度的变化呈现"温度高能量比高、温度低能量比低"的变化特征;②"负"影响频带,即特征频带的能量比随着温度的变化呈现"温度高能量比低、温度低能量比高"的变化特征。也就是说,温度变化引起的结构动力特性改变对于"正"影响频带和"负"影响频带的能量比变化特征亦不同。因此,为了更好地分离结构损伤引起的动力特性变化,分别对小波包能量谱的"正"影响频带和"负"影响频带的能量比计算均值控制图,如图 6.3.1 所示。其中,"正"影响频带选取第 13、22、30 和 31 阶;"负"影响频带选取第 11、16、21 和 29 阶。图中,前 196 个样本为训练样本,后 40 个样本为检验样本。可以看出,采用均值控制图法可以直观地描述悬索桥实测小波包能量谱的变化情况,并且通过多样本点的假设检验可以有效降低误判的概率。

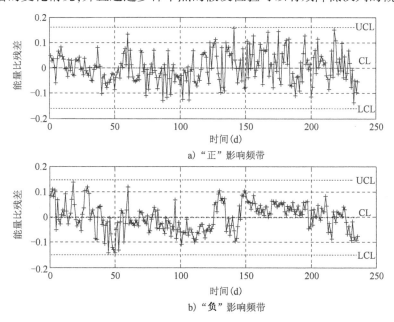

图 6.3.1 结构正常状态下的均值控制图

为了考察均值控制图应用于结构损伤预警的效果,对润扬大桥悬索桥 40d 检验样本的实测小波包能量谱按下式施加一定的变化,用以模拟结构损伤对小波包能量谱的影响:

$$I_{p,j} = I_{p,j}^{a} - \varepsilon \bar{I}_{p,j}^{a} \tag{6.3.2}$$

式中:$I_{p,j}^a$——第j阶特征频带能量比的实测值;

$I_{p,j}$——考虑损伤影响的特征频带能量比值;

ε——用百分比表示的损伤程度,分别取为5%和10%;

$\bar{I}_{p,j}^a$——第j阶特征频带能量比实测值的年平均值。

根据式(6.3.2)计算40d检验样本的特征频带能量比值并得到能量比实测值与预测值的残差,在此基础上与正常状态下的测试样本一起绘制均值控制图。图6.3.2和图6.3.3分别给出了"正"影响频带和"负"影响频带的均值控制图。

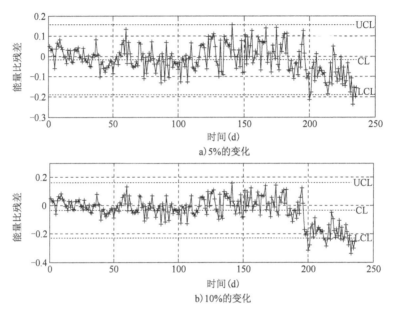

图6.3.2 结构损伤状态下"正"影响频带的均值控制图

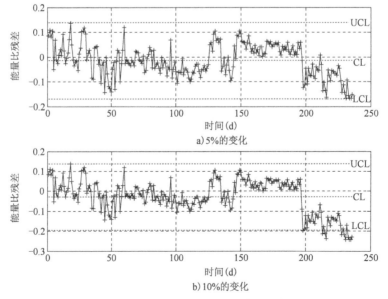

图6.3.3 结构损伤状态下"负"影响频带的均值控制图

可以看出,结构损伤引起特征频带能量比发生5%的变化时,采用"负"影响频带绘制的均值控制图无法明确判定结构发生异常;而采用"正"影响频带绘制的均值控制图呈现一定的整体下降的变化,且有少数样本已超出控制范围,可以判定结构发生异常。当特征频带能量比发生10%的变化时,无论是"正"影响频带或是"负"影响频带,后40个样本均呈现较明显的整体下降的变化,偏离了均值控制线,且有部分样本已超出控制范围,可以判定结构发生异常。根据上述分析,采用均值控制图法可以较好地识别出悬索桥结构损伤引起的小波包能量谱10%的异常变化。

参 考 文 献

[1] 丁幼亮,李爱群. 基于振动测试与小波包分析的结构损伤预警[J]. 力学学报,2006,38(5):639-644.

[2] 丁幼亮,李爱群,缪长青. 基于小波包能量谱的结构损伤预警方法研究[J]. 工程力学,2006,23(8):42-48.

[3] Chui C K. Anintroduction to wavelets[M]. San Diego:Academic Press, 1992.

[4] Mallat S. A wavelet tour of signal processing[M]. New York:Academic Press, 1998.

[5] 杨福生. 小波变换的工程分析与应用[M]. 北京:科学出版社,2001.

[6] 成礼智,郭汉伟. 小波与离散变换理论及工程实践[M]. 北京:清华大学出版社,2005.

[7] Daubechies I. The wavelet transform, time-frequency localization and signal analysis[J]. IEEE Transactions on Information Theory, 1990, 36(5):961-1005.

[8] Mallat S G. A theory for multiresolution signal decomposition:the wavelet representation[J]. IEEE Transactions on Pattern Analysis and Machine Intelligence, 1989, 11(7):674-693.

[9] Mallat S G. Multifrequency channel decompositions of images and wavelet models[J]. IEEE Transactions on Acoustics, Speech, and Signal Processing, 1989, 37(12):2091-2110.

[10] 文成林,周东华. 多尺度估计理论及其应用[M]. 北京:清华大学出版社,2002.

[11] James G H, Garne T G. The natural excitation technique (NExT) for modal parameter extraction from ambient operating structure[J]. The International Journal of Analytical and Experimental Modal Analysis, 1995, 10(4):260-277.

[12] James G H, Carne T G. Damping measurements on operating wind turbines using the natural excitation technique (NExT)[J]. American Society of Mechanical Engineers, Solar Energy Division (Publication) SED, 1992, 12:75-81.

[13] 丁幼亮,李爱群,缪长青. 环境激励下基于小波包分析的结构损伤预警方法研究[J]. 应用力学学报,2008,25(3):366-370.

[14] Ding Y L, Li A Q, Liu T. Environmental variability study on the measured responses of Runyang Cable-stayed Bridge using wavelet packet analysis[J]. Science in China Series E:Technological Sciences, 2008, 51(5):517-528.

[15] Ding Y L, Li A Q, Liu T. A study on the WPT-based structural damage alarming of the ASCE benchmark experiments[J]. Advances in Structural Engineering, 2008, 11(1):121-127.

[16] 李爱群,缪长青,李兆霞,等. 润扬长江公路大桥结构健康监测系统研究[J]. 东南大学学报,2003,33(5):544-548.

[17] Li A Q, Miao C Q, Zhao L. The health monitoring system of the Runyang Yangtse River Bridge[C] // Proceedings of the First International Conference on Structural Health Monitoring and Intelligent Infrastructure, Tokyo, Japan, 2003, 1017-1023.

[18] 孙君,李爱群,丁幼亮,等. 润扬大桥悬索桥小波包能量谱识别的环境变异性[J]. 东南大学学报(自然科学版),2009,39(1):91-95.

[19] Ding Y L, Li A Q, Sun J, et al. Research on seasonal correlation of wavelet packet energy spectrum and temperature of Runyang Suspension Bridge[J]. Science in China Series E: Technological Sciences, 2009, 52(6): 1776-1785.

[20] 丁幼亮,李爱群,邓扬. 面向结构损伤预警的小波包能量谱识别参数研究[J]. 东南大学学报(自然科学版),2011,41(4):824-828.

第7章 桥梁振动监测与分析Ⅲ：基于振动测试的损伤定位

7.1 问题的提出

现代结构损伤诊断技术随着现代科学技术的发展取得了较大的成果，目前最常用的是基于振动测试的全局损伤诊断方法，其核心思想是，结构模态参数(固有频率、模态振型和阻尼)是结构物理参数(质量、刚度和阻尼)的函数，结构损伤引起的物理参数的变化必然会改变结构的模态参数。

基于结构整体动力特性的损伤诊断方法层出不穷，例如有模态频率、模态曲率、模态应变能等，研究表明这些方法对于不同结构、不同损伤形式的诊断效果不尽相同。目前较为一致的看法是模态频率可以检测到损伤的发生，但是不能确定局部损伤的位置。模态柔度是比单独自振频率或振型更灵敏的参数。此外亦可以采用模态保证准则、模态选择策略和有限元模型修正等方法来检测损伤。因此对于那些"独一无二"的工程结构，必须通过损伤定位方法研究详细地探讨各种结构损伤诊断方法的可行性与有效性，找到具有较好损伤敏感性和较强噪声鲁棒性的损伤诊断指标。同时，由于动力特性是结构的整体行为，而损伤的发生是结构的局部行为，因此为了评价不同损伤诊断方法的识别效果，还需要合理地模拟局部损伤对结构整体动力特性的影响。

本章将以苏通大桥斜拉桥为研究对象，讨论如何应用大跨径桥梁有限元模型开展结构损伤定位方法研究。如前所述，结构损伤诊断方法研究必须考虑到结构整体尺度和损伤构件局部尺度之间的悬殊差距，子结构分析方法可以较好地实现这两个尺度的衔接，因此本章将重点关注基于子结构技术的结构多尺度损伤分析方法，应用苏通大桥斜拉桥多尺度有限元模型详细讨论模态曲率、模态应变能和模态柔度的损伤敏感性和噪声鲁棒性，在此基础上与润扬大桥斜拉桥的损伤诊断效果进行了对比分析，探讨斜拉桥跨径及结构形式变化对损伤诊断效果的影响。分析结果可为利用海量振动测试数据开展大跨径桥梁损伤识别提供依据。

7.2 子结构分析方法

子结构模态综合理论已日趋成熟，20世纪60年代开始，不断有学者提出各种子结构的方法。多年的实践证明，该方法已成为解决复杂结构动力分析的有效方法，它不仅能够大幅度降低动力方程的数目，且能保证结构分析的精度。关于子结构模态综合方法的理论介绍可以参阅相关文献，这里仅简要介绍子结构综合法的求解思路，一般计算步骤可以归纳为[1-3]：

(1) 根据结构的特点，把复杂的结构划分为若干个子结构，并对每一个子结构进行有限元分析,得到每一子结构的刚度矩阵 k_a、质量矩阵 m_a。

(2) 计算并选择各子结构的分支模态,形成各子结构的分支模态矩阵 $\boldsymbol{\Phi}_a$,进行第一次坐标变换,即由各子结构的物理坐标变换到模态坐标 $u_a = \boldsymbol{\Phi}_a q_a$,并形成对于各子结构、子模态坐标 q_a 的 k_a 和 m_a。

(3) 在 $q = [q_a K]^T$ 中选择不独立的广义坐标 q_d,则 q 中其余的坐标就是独立的广义坐标 $q_I = p$。

(4) 根据子结构间相互连接协调条件形成对于广义坐标 q 的约束方程 $Cq = 0$,并由约束方程解出 q_d,完成独立的广义坐标变换 $q = sp$。

(5) 采用独立坐标变换矩阵 S 对 $K = \begin{bmatrix} k_a & 0 \\ 0 & k_n \end{bmatrix}$ 与 $m = \begin{bmatrix} m_a & 0 \\ 0 & m_n \end{bmatrix}$ 进行合成变换,得到系统对独立广义坐标 $q = p$ 的刚度矩阵 $K = S^T K S$ 和质量矩阵 $M = S^T M S$。

(6) 由 K 和 M 便可形成对于结构无阻尼自由振动特征值问题的方程,由此便可解得结构的近似固有频率与在模态坐标下的主模态。

(7) 再现子结构情况,即由模态坐标返回到子结构物理坐标。

7.3 多尺度分析模型

本节以苏通大桥斜拉桥的扁平钢箱梁结构为分析对象,详细介绍超大跨径斜拉桥结构的多尺度损伤分析方法,在此基础上分别选取模态曲率、模态应变能和模态柔度三类结构损伤定位指标,从损伤敏感性和噪声鲁棒性两个方面对各指标的损伤识别能力进行比较研究。为了对各损伤指标的损伤定位能力进行合理的考察与评价,面向结构损伤诊断的扁平钢箱梁多尺度分析模型应较准确地模拟扁平钢箱梁局部构件损伤对桥梁整体动力特性的影响。为此,将扁平钢箱梁结构划分为两个体系[4-5]:①第一体系为整体结构尺度模型,即将扁平钢箱梁的盖板及其纵向加劲肋进行等效,并与横隔板、底板和腹板等组成空间箱形结构分析模型。②第二体系为局部构件尺度模型,用以精细模拟盖板、纵向加劲肋、横隔板、底板和腹板等。采用上节介绍的子结构方法建立钢箱梁结构全尺度响应和细节尺度损伤之间"双向"的关系,在局部应力分析模型中模拟构件的损伤并将其"嵌入"整体动力分析模型中,在此基础上详细讨论各损伤指标应用于苏通大桥斜拉桥结构损伤定位的可行性与有效性。苏通大桥斜拉桥扁平钢箱梁的多尺度分析模型如图 7.3.1 所示。

表 7.3.1 列出了苏通大桥斜拉桥扁平钢箱梁的 8 个损伤模拟区域,损伤模拟区域示意图如图 7.3.2 所示(为了清楚起见,图中损伤区域的钢箱梁段未示出)。扁平钢箱梁的 6 种损伤构件分别是,A:顶板;B:底板;C:顶板 U 肋;D:底板 U 肋;E:横隔板;F:腹板。采用损伤区域编号加后缀 A~F 表示不同区域、不同构件的损伤工况。例如,损伤工况 1A 表示损伤区域 1 的顶板损伤工况。采用降低相应区域构件的弹性模量 E 进行损伤模拟,损伤程度为 $\Delta E = 90\%$。需要说明,本节的主要目的是采用结构多尺度分析方法对基于模态参数的各类损伤定位指标进行性能比较,因此,没有对实际的物理损伤情况与损伤程度的关系进行探讨。

表 7.3.1 中,钢箱梁损伤构件的区段由箱梁截面编号来表示。根据苏通大桥斜拉桥的横隔板布置情况将钢箱梁划分为 272 个区段,截面从跨中分别向两侧编号,左侧从 -1 到 -136,右侧

从 +1 到 +136。

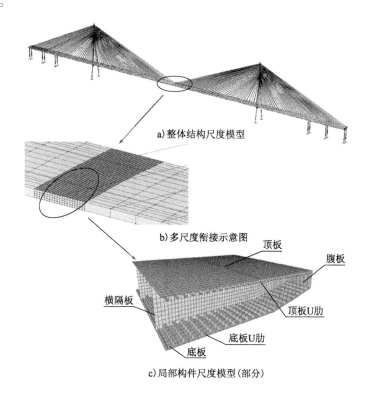

图 7.3.1 苏通大桥斜拉桥结构的多尺度分析模型

扁平钢箱梁的损伤模拟区域　　　　表 7.3.1

区域编号	损伤区域	截面编号	区域编号	损伤区域	截面编号
1	$X = 0 \sim 16\mathrm{m}$	$-1, -2$	5	$X = 832 \sim 848\mathrm{m}$	$-105, -106$
2	$X = 264 \sim 280\mathrm{m}$	$-34, -35$	6	$X = 888 \sim 904\mathrm{m}$	$-112, -113$
3	$X = 536 \sim 552\mathrm{m}$	$-68, -69$	7	$X = 934 \sim 946\mathrm{m}$	$-119, -120$
4	$X = 688 \sim 704\mathrm{m}$	$-87, -88$	8	$X = 988 \sim 1000\mathrm{m}$	$-128, -129$

注：$X = 0$ 为主跨跨中位置。

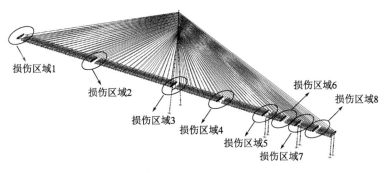

图 7.3.2 苏通大桥斜拉桥扁平钢箱梁的损伤模拟区域示意图

7.4 多尺度损伤定位分析

7.4.1 结构损伤定位指标

(1) 模态曲率指标[6-8]

对第 j 阶模态,模态曲率指标定义为:

$$\text{Index} C_j(i) = \frac{|C_j^d(i) - C_j^u(i)|}{\sum_i |C_j^d(i) - C_j^u(i)|} \quad (7.4.1)$$

式中: $C_j^u(i)$、$C_j^d(i)$——损伤前后第 j 阶模态在第 i 截面位置的曲率。

对于特定位置的损伤,各阶模态曲率的灵敏度显然是不同的。当损伤发生在某阶振型的拐点处,则该阶振型的曲率一般说来就不会发生变化。因此,一般要同时选择多个模态来计算曲率指标。模态曲率由下式计算:

$$C_j^u(i) = \frac{\phi_j^u(i-1) + \phi_j^u(i+1) - 2\phi_j^u(i)}{2l_i^2} \quad (7.4.2)$$

$$C_j^d(i) = \frac{\phi_j^d(i-1) + \phi_j^d(i+1) - 2\phi_j^d(i)}{2l_i^2} \quad (7.4.3)$$

式中:$\phi_j^u(i-1)$、$\phi_j^u(i)$、$\phi_j^u(i+1)$——完好结构第 j 阶模态在 $(i-1)$、i 和 $(i+1)$ 截面位置的振型值;

$\phi_j^d(i-1)$、$\phi_j^d(i)$、$\phi_j^d(i+1)$——损伤结构的上述相应量;

l_i——从 $(i-1)$ 截面到 i 截面距离和从 i 截面到 $(i+1)$ 截面距离的平均值。

(2) 模态应变能指标[9-12]

对第 j 阶模态,模态应变能指标定义如下:

$$\text{Index} U_j(i) = \frac{|U_j^d(i) - U_j^u(i)|}{\sum_i |U_j^d(i) - U_j^u(i)|} \quad (7.4.4)$$

式中:$U_j^u(i)$、$U_j^d(i)$——损伤前后第 j 阶模态在第 i 截面位置的模态应变能。

梁式结构的单元模态应变能可由下式近似计算:

$$U_j^u(i) = [C_j^u(i)]^2; \quad U_j^d(i) = [C_j^d(i)]^2 \quad (7.4.5)$$

(3) 模态柔度指标[13-17]

模态柔度矩阵 $[F]$ 可由特征值矩阵 $[\Lambda]$ 和按质量归一化的振型矩阵 $[\Phi]$ 确定,$[F]$ 定义如下:

$$[F] = [\Phi][\Lambda]^{-1}[\Phi]^T \quad (7.4.6)$$

本书采用按下式定义的模态柔度改变率指标:

$$\text{Index} F(i) = \frac{F_{ii}^d - F_{ii}^u}{F_{ii}^u} \quad (7.4.7)$$

式中:F_{ii}^u、F_{ii}^d——损伤前后柔度矩阵的对角元素。

文献[17]提出了模态柔度曲率差指标,损伤前后的模态柔度曲率按下式计算:

$$CF^u(i) = \frac{F_{ii}^u(i-1) + F_{ii}^u(i+1) - 2F_{ii}^u(i)}{2l_i^2} \quad (7.4.8)$$

$$CF^d(i) = \frac{F_{ii}^d(i-1) + F_{ii}^d(i+1) - 2F_{ii}^d(i)}{2l_i^2} \quad (7.4.9)$$

式中:$CF^u(i)$、$CF^d(i)$——损伤前后柔度矩阵的对角元素。类似模态曲率指标,模态柔度曲率差指标按下式计算:

$$\text{Index}CF(i) = \frac{|CF^d(i) - CF^u(i)|}{\sum_i |CF^d(i) - CF^u(i)|} \quad (7.4.10)$$

通常将上述损伤定位指标按下式作标准化处理[18]:

$$Z_i = \frac{\text{Index}(i) - M(\text{Index})}{\sigma(\text{Index})} \quad (7.4.11)$$

式中:M、σ——指标序列的均值和标准差。

称 Z_i 为相应指标的 Z-value。

7.4.2 模态曲率指标分析结果

(1)损伤敏感性分析

本节分析在无噪声情况下,模态曲率指标对扁平钢箱梁结构不同损伤工况的识别效果。按照7.3节所述的48种损伤工况分别在局部构件尺度模型中进行模拟,然后采用子结构方法"嵌入"整体结构尺度模型中,并计算整体动力分析模型的前若干阶振型。根据式(7.4.1)计算相应的模态曲率指标,并按式(7.4.11)进行标准化处理。分别计算10阶竖向弯曲模态在273个截面上的模态曲率指标,然后对10阶模态的模态曲率指标取其平均值作为损伤指标。

计算表明,模态曲率指标能较准确地识别出所有损伤工况。图7.4.1给出了部分损伤工况的识别结果。可以看出,模态曲率指标能准确地识别苏通大桥斜拉桥钢箱梁局部构件的损伤。根据上述分析,在无噪声情况下模态曲率指标对于扁平钢箱梁结构的局部构件损伤具有良好的损伤识别效果。

(2)噪声鲁棒性分析

本节进一步分析模态曲率指标在不同噪声水平下对扁平钢箱梁结构损伤的识别效果和变化规律,并且在此基础上确定不同损伤指标的噪声鲁棒性比较方法。为了考察噪声对各损伤指标的影响,将自振频率和振型数据分别按下式施加噪声:

① 频率的噪声模拟公式

$$f_i = f_i^a(1 + \varepsilon R_i) \quad (7.4.12)$$

式中:f_i^a、f_i——加噪前和加噪后的频率值;

ε——用百分比表示的噪声水平;

R_i——[-1,+1]上正态分布的随机变量。

② 振型的噪声模拟公式

$$\varphi_{i,j} = \varphi_{i,j}^a(1 + \varepsilon R_{i,j}) \quad (7.4.13)$$

式中:$\varphi_{i,j}^a$、$\varphi_{i,j}$——加噪前和加噪后的第 j 振型的第 i 个分量;

ε——用百分比表示的噪声水平；

$R_{i,j}$——$[-1, +1]$上正态分布的随机变量。

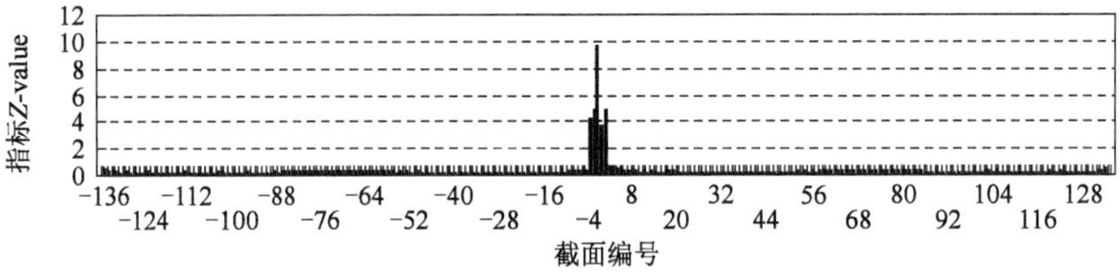

a) 损伤工况1A

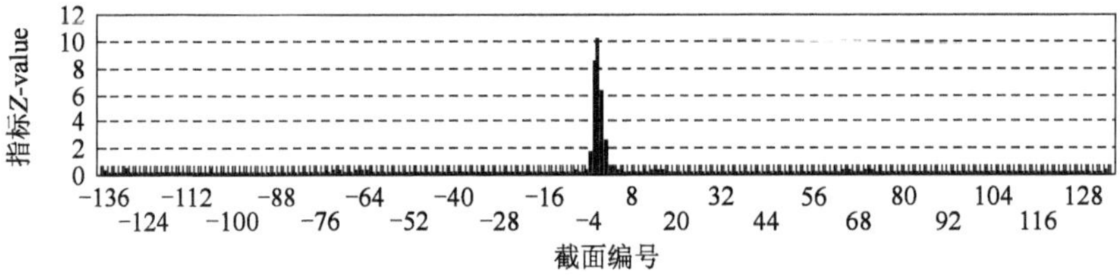

b) 损伤工况1C

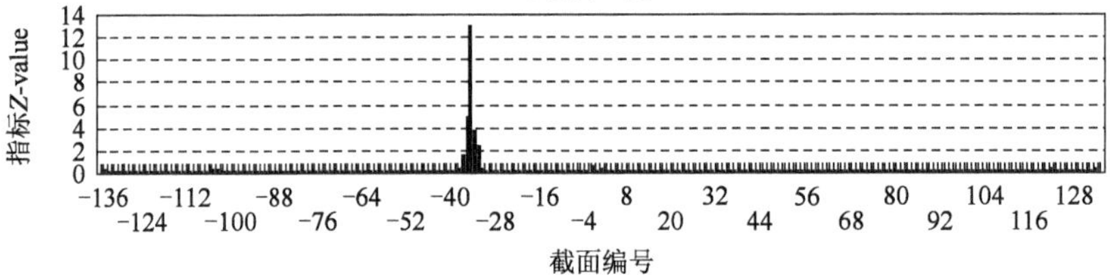

c) 损伤工况2A

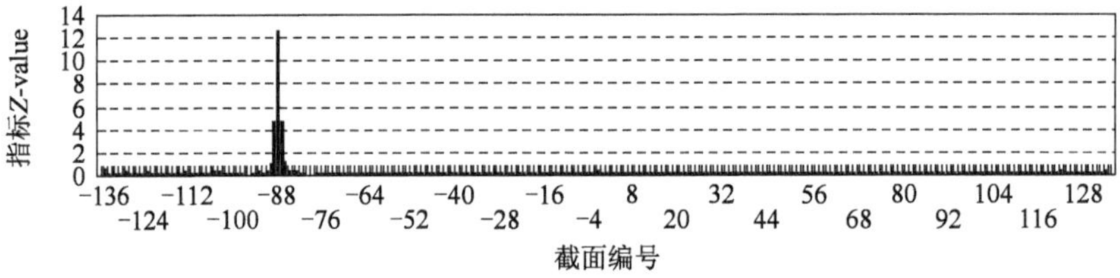

d) 损伤工况4A

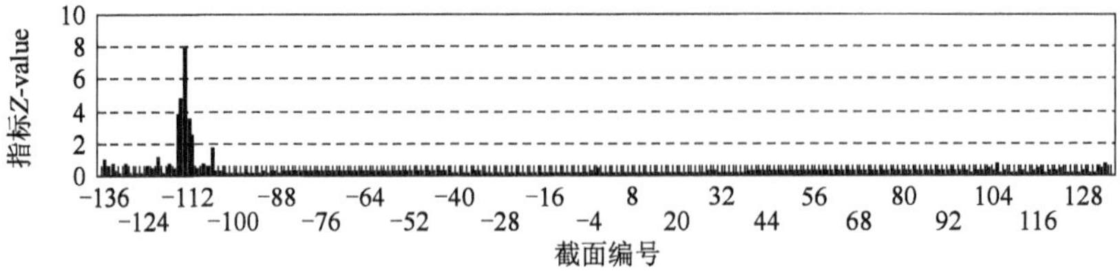

e) 损伤工况6A

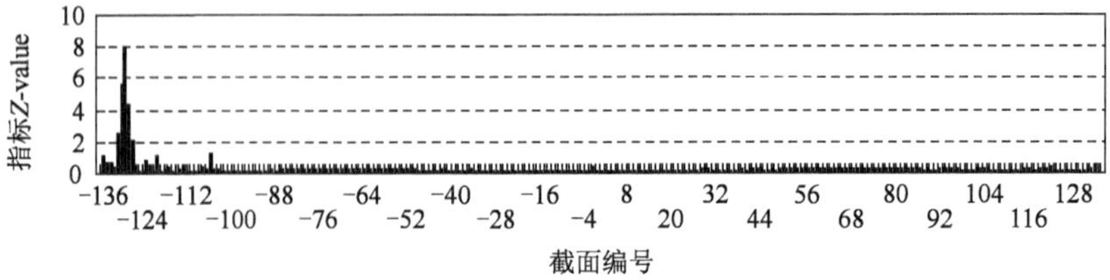

f) 损伤工况8A

图7.4.1 模态曲率指标对于不同损伤工况的识别效果

首先计算钢箱梁各损伤工况在不同噪声水平下所有测试截面的模态曲率指标。图 7.4.2 为损伤工况 1E 在没有噪声、0.1%、0.5%、1.0% 和 5.0% 噪声水平时沿桥面纵向分布的模态曲率指标。可以看出,没有噪声干扰时曲率指标能够明显地识别钢箱梁主跨跨中区域的损伤。损伤区域以外的曲率指标值均很小且较接近。随着噪声水平的增加,损伤区域的曲率指标值减小,其余区域的曲率指标值相应增大。噪声水平为 1.0% 时仍能识别出主跨跨中位置损伤,但噪声水平为 5.0% 时损伤区域由钢箱梁顶板损伤引起的曲率指标变化已被噪声引起的变化所掩盖。

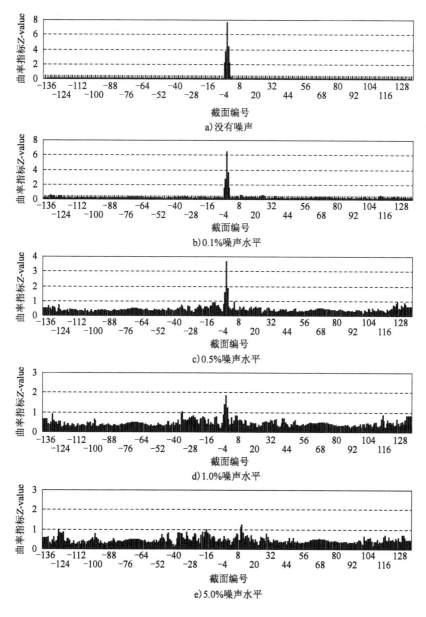

图 7.4.2　噪声干扰下损伤工况 1E 的模态曲率指标

下面进一步分析不同噪声样本数量下损伤指标的计算结果。图7.4.3为完好结构和损伤工况1E在噪声水平0.1%、0.5%、1.0%和5.0%时损伤截面的曲率指标曲线。需要指出,模态曲率指标由于标准化统计处理,因此噪声影响下完好结构的曲率指标计算值基本与噪声水平无关。从图中可知,完好结构在噪声影响下曲率指标存在一定的波动。当噪声水平为0.5%时,损伤结构的曲率指标可以明显地识别结构损伤;当噪声水平为1.0%时,损伤结构的曲率指标较噪声水平0.5%时更为接近完好结构,但根据统计平均值可以明显地识别结构损伤;当噪声水平达到5.0%时,模态曲率指标失去损伤定位能力。

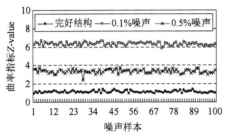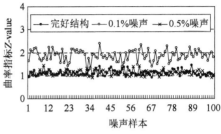

图7.4.3 损伤工况1E损伤截面的模态曲率指标曲线

根据上述对损伤指标的噪声影响分析结果可知:①损伤区域的定位指标在噪声干扰下逐渐减小,直到被噪声引起的损伤指标变化所掩盖而失去定位能力。②钢箱梁沿桥面纵向的损伤指标在噪声干扰下具有一定的波动性和随机性,仅由一次噪声样本的计算结果难以正确地比较不同损伤指标的噪声鲁棒性。为此,可以进行多次噪声样本的统计分析,确定不同损伤指标正确识别损伤所对应的临界噪声水平,在此基础上比较不同损伤指标的抗噪声干扰能力。

根据上述分析,本节采用多样本统计方法对比分析模态曲率指标的抗噪声干扰能力。选取12种损伤工况计算模态曲率指标在噪声样本数为100时对应不同噪声水平的损伤截面平均值。图7.4.4和图7.4.5给出了损伤截面的模态曲率指标平均值曲线。从图中可以看出,当噪声水平较小时,损伤截面的曲率指标能有效判断结构损伤,但当噪声水平达到一定程度时,损伤结构和完好结构的曲率指标值基本一致,失去了损伤识别能力,此时对应的噪声水平称为临界噪声水平。表7.4.1列出了模态曲率指标所对应的12种损伤工况的临界噪声水平。可以看出:①模态曲率指标对于钢箱梁顶板和底板抗噪性最好,横隔板和腹板次之,顶板U形肋和底板U形肋最小;②相对而言,模态曲率指标对于主跨跨中和主跨1/4跨的构件损伤识别能力最好,辅助墩区域(区域5和7)次之,其他损伤区域最差。

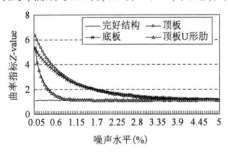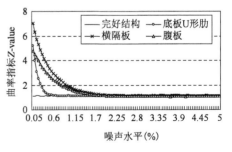

图7.4.4 损伤工况1A~1F损伤截面的模态曲率指标曲线

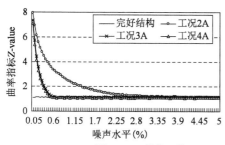
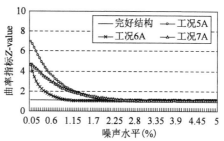

图7.4.5 损伤工况2A~7A损伤截面的模态曲率指标曲线

模态曲率指标的临界噪声水平(%)　　　　　　表7.4.1

损伤指标	损伤工况					
模态曲率	1A	1B	1C	1D	1E	1F
	3.75	4.45	1.10	0.60	2.00	1.85
损伤指标	损伤工况					
模态曲率	2A	3A	4A	5A	6A	7A
	3.45	0.60	0.55	2.00	0.95	2.35

7.4.3 模态应变能指标分析结果

(1) 损伤敏感性分析

本节分析无噪声情况下,模态应变能指标对扁平钢箱梁结构不同损伤工况的识别效果,按照7.3节所述的48种损伤工况分别在局部构件尺度模型中进行模拟,然后采用子结构方法"嵌入"整体结构尺度模型中,计算整体动力分析模型的前若干阶振型。根据式(7.4.4)计算模态应变能指标,并按式(7.4.11)进行标准化处理。分别计算10阶竖向弯曲模态在273个截面上的模态应变能指标,然后对10阶模态的模态应变能指标取其平均值作为损伤指标。

计算表明,模态应变能指标对少数损伤工况的识别效果较差,对其余损伤工况均能正确识别,识别效果如表7.4.2所示。图7.4.6分别给出了损伤工况3B、3E和3F的模态应变能指标。可以看出,模态应变能指标不能够正确识别主梁靠近塔根支座处的钢箱梁腹板损伤,对于该位置的钢箱梁底板识别效果亦较差。因此,模态应变能指标对于相同区域的钢箱梁不同构件的损伤识别效果存在着较大的差别,只有采用多尺度损伤分析方法才可以对扁平钢箱梁构件的损伤定位指标进行更为合理的评价。根据上述分析,在无噪声情况下模态应变能指标除对少数损伤工况外,对于扁平钢箱梁结构的局部构件损伤总体上具有良好的损伤识别效果。

模态应变能指标对于不同损伤工况的识别效果　　　　　　表7.4.2

损伤工况					
1A	1B	1C	1D	1E	1F
√	√	√	√	√	√
损伤工况					
2A	2B	2C	2D	2E	2F
√	√	√	√	√	√
损伤工况					
3A	3B	3C	3D	3E	3F
√	较差	√	√	√	×

续上表

损伤工况					
4A	4B	4C	4D	4E	4F
√	√	√	√	√	较差
损伤工况					
5A	5B	5C	5D	5E	5F
√	√	√	√	√	√
损伤工况					
6A	6B	6C	6D	6E	6F
较差	较差	√	较差	√	较差
损伤工况					
7A	7B	7C	7D	7E	7F
√	√	√	√	较差	√
损伤工况					
8A	8B	8C	8D	8E	8F
√	√	√	√	√	√

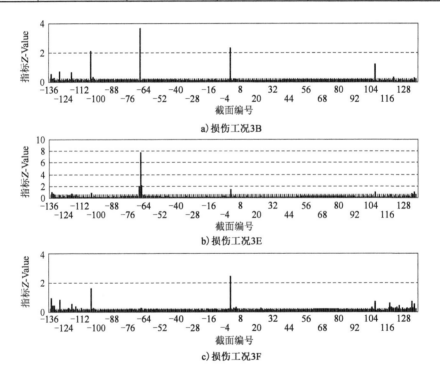

图 7.4.6 模态应变能指标对于不同损伤工况的识别效果

(2) 噪声鲁棒性分析

本节采用多样本统计方法对比分析模态应变能指标的抗噪声干扰能力。选取 12 种损伤工况计算模态应变能指标在噪声样本数为 100 时对应不同噪声水平的损伤截面平均值。图 7.4.7 和图 7.4.8 给出了损伤截面的模态应变能指标平均值曲线。从图中可以看出,当噪声水平较小时,损伤截面的模态应变能指标能有效判断结构损伤,但当噪声水平达到一定程度时,损伤结构和完好结构的应变能指标值基本一致,失去了损伤识别能力。表7.4.3列出了模态应变能指标所对应的12种损伤工况的临界噪声水平。可以看出:①模态应变能指标对于扁平钢箱梁顶板和底板抗噪性最好,横隔板和腹板次之,顶板U形肋和底板U形肋最小;②模态应变能指标对于主跨跨中和主跨1/4跨的构件损伤识别能力最好,辅助墩区域(区域5和7)次之,其他损伤区域最差。

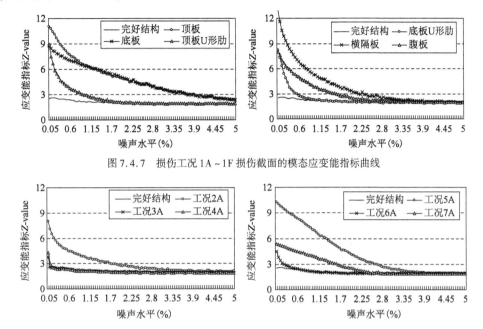

图7.4.7 损伤工况1A~1F损伤截面的模态应变能指标曲线

图7.4.8 损伤工况2A~7A损伤截面的模态应变能指标曲线

模态应变能指标的临界噪声水平(%) 表7.4.3

损伤指标	损伤工况					
模态应变能	1A	1B	1C	1D	1E	1F
	7.40	7.35	1.85	0.95	4.55	3.30
损伤指标	损伤工况					
模态应变能	2A	3A	4A	5A	6A	7A
	5.45	0.10	0.15	3.75	0.50	2.40

7.4.4 模态柔度指标分析结果

(1)损伤敏感性分析

本节分析无噪声情况下,两种模态柔度指标对扁平钢箱梁结构不同损伤工况的识别效果,按照7.3节所述的48种损伤工况分别在局部构件尺度模型中进行模拟,然后采用子结构方法"嵌入"整体结构尺度模型中,计算整体动力分析模型的前若干阶振型。选用桥面前10阶竖向弯曲模态并根据式(7.4.7)和式(7.4.10)分别计算模态柔度改变率和模态柔度曲率差指标,在此基础上按式(7.4.11)进行标准化处理。

计算结果表明,模态柔度改变率指标能够较准确地识别主梁靠近塔根支座处的钢箱梁局部构件损伤,其余损伤区域的损伤识别效果则较差,识别效果如表7.4.4所示。图7.4.9给出了部分损伤工况的识别结果。可以看出,模态柔度改变率指标对于损伤工况1B和5B的识别效果较差。因此,对于苏通大桥斜拉桥的多数损伤工况来说,模态柔度改变率指标存在模糊定位或者错误定位的问题。相反,模态柔度曲率差指标除了主梁靠近塔根支座处的钢箱梁损伤工况外,其余损伤区域均能较准确地识别,识别效果亦如表7.4.4所示。图7.4.10给出了部分损伤工况的识别结果。根据上述分析,在无噪声情况下模态柔度曲率差指标能够准确识别苏通大桥斜拉桥扁平钢箱梁的多数损伤工况,在下一节的噪声鲁棒性分析中将仅考察模态柔度曲率差指标的抗噪声能力。

模态柔度指标对于不同损伤工况的识别效果 表7.4.4

损伤指标	损伤工况					
模态柔度改变率	1A	1B	1C	1D	1E	1F
	√	×	×	×	√	×
损伤指标	损伤工况					
模态柔度改变率	2A	2B	2C	2D	2E	2F
	√	×	较差	×	√	较差
损伤指标	损伤工况					
模态柔度改变率	3A	3B	3C	3D	3E	3F
	√	√	√	√	√	√
损伤指标	损伤工况					
模态柔度改变率	4A	4B	4C	4D	4E	4F
	×	√	较差	√	√	较差
损伤指标	损伤工况					
模态柔度改变率	5A	5B	5C	5D	5E	5F
	×	较差	较差	较差	较差	√
损伤指标	损伤工况					
模态柔度改变率	6A	6B	6C	6D	6E	6F
	较差	较差	×	较差	√	×
损伤指标	损伤工况					
模态柔度改变率	7A	7B	7C	7D	7E	7F
	×	×	×	较差	较差	×
损伤指标	损伤工况					
模态柔度改变率	8A	8B	8C	8D	8E	8F
	较差	较差	×	较差	√	×
损伤指标	损伤工况					
模态柔度曲率差	1A	1B	1C	1D	1E	1F
	√	√	√	√	√	√
损伤指标	损伤工况					
模态柔度曲率差	2A	2B	2C	2D	2E	2F
	√	√	√	√	√	√

续上表

损伤指标	损伤工况					
模态柔度曲率差	3A	3B	3C	3D	3E	3F
	×	×	×	×	×	×

损伤指标	损伤工况					
模态柔度曲率差	4A	4B	4C	4D	4E	4F
	√	√	√	√	√	√

损伤指标	损伤工况					
模态柔度曲率差	5A	5B	5C	5D	5E	5F
	√	较差	√	较差	√	√

损伤指标	损伤工况					
模态柔度曲率差	6A	6B	6C	6D	6E	6F
	√	√	√	√	√	√

损伤指标	损伤工况					
模态柔度曲率差	7A	7B	7C	7D	7E	7F
	√	较差	√	√	√	√

损伤指标	损伤工况					
模态柔度曲率差	8A	8B	8C	8D	8E	8F
	√	√	√	√	√	√

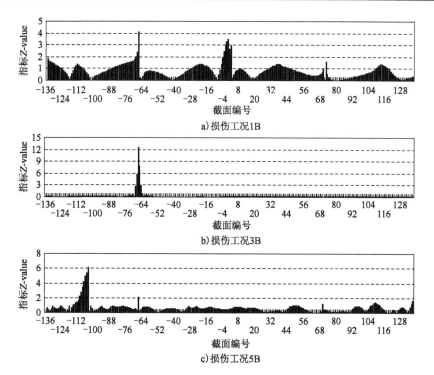

图 7.4.9　模态柔度改变率指标对于不同损伤工况的识别效果

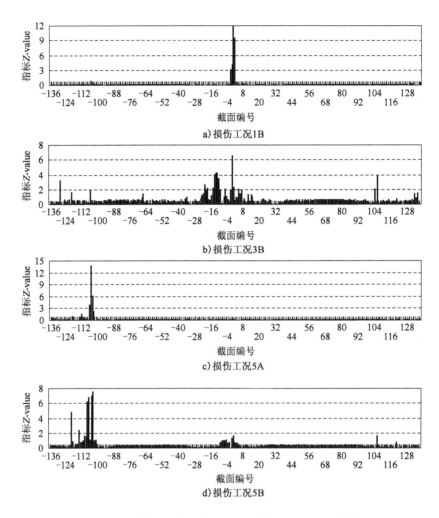

图 7.4.10 模态柔度曲率差指标对于不同损伤工况的识别效果

(2) 噪声鲁棒性分析

本节采用多样本统计方法对比分析模态柔度曲率差指标的抗噪声干扰能力。选取 12 种损伤工况计算模态柔度曲率差指标在噪声样本数为 100 时对应不同噪声水平的损伤截面平均值。图 7.4.11 和图 7.4.12 给出了损伤截面的模态柔度曲率差指标平均值曲线。从图中可以看出,噪声水平较小时,损伤截面的模态柔度曲率差指标能有效判断结构损伤,但当噪声水平达到一定程度时,损伤结构和完好结构的模态柔度曲率差指标值基本一致,失去了损伤识别能力。表 7.4.5 列出了模态柔度曲率差指标所对应的 12 种损伤工况的临界噪声水平。可以看出:①模态柔度曲率差指标对于扁平钢箱梁顶板和底板抗噪性最好,横隔板和腹板次之,顶板 U 形肋和底板 U 形肋最小;②模态柔度曲率差指标对于主跨跨中和主跨 1/4 跨的构件损伤识别能力最好,辅助墩区域(区域 5 和 7)次之,其他损伤区域最差;③就相对模态曲率和模态应变能指标而言,模态柔度曲率差指标的抗噪声能力最差,在噪声水平较小时已失去损伤识别能力。

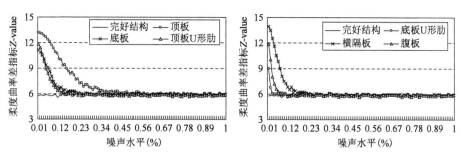

图 7.4.11 损伤工况 1A~1F 损伤截面的模态柔度曲率差指标曲线

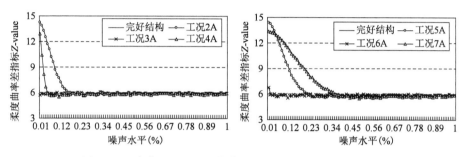

图 7.4.12 损伤工况 2A~7A 损伤截面的模态柔度曲率差指标曲线

模态柔度曲率差指标的临界噪声水平(%) 表 7.4.5

损伤指标	损 伤 工 况					
模态柔度曲率差	1A	1B	1C	1D	1E	1F
	0.44	0.21	0.14	0.03	0.21	0.09
损伤指标	损 伤 工 况					
模态柔度曲率差	2A	3A	4A	5A	6A	7A
	0.16	—	0.05	0.21	0.02	0.35

7.5 对比分析

7.5.1 润扬大桥斜拉桥扁平钢箱梁多尺度损伤分析

本节以润扬大桥斜拉桥扁平钢箱梁结构为研究对象,采用多尺度损伤分析方法考察模态柔度指标应用于润扬大桥斜拉桥结构损伤定位的可行性,在此基础上对比分析模态柔度指标对于不同跨径斜拉桥的损伤定位能力。需要指出,本节的主要目的是考察斜拉桥跨径的不同对于模态柔度指标损伤识别效果的影响,因此,多尺度损伤分析算例采用润扬大桥斜拉桥主跨跨中区域和边跨跨中区域(对应表 7.3.1 中苏通大桥斜拉桥的损伤区域 1 和 4)的损伤模拟工况,其 6 种损伤构件分别是,A:顶板;B:底板;C:顶板 U 肋;D:底板 U 肋;E:横隔板;F:腹板。如表 7.5.1 和图 7.5.1 所示(为了清楚起见,图中损伤区域的钢箱梁段未示出)。表 7.5.1 中,钢箱梁损伤构件的区段由箱梁截面编号来表示。根据润扬大桥斜拉桥的横隔板布置情况将钢箱梁划分为 103 个区段,截面从跨中分别向两侧编号,左侧从 -1 到 -52,右侧从 +1 到 +52。

润扬大桥斜拉桥扁平钢箱梁的损伤模拟工况 表7.5.1

损伤工况	损伤区域	截面编号	损伤构件	损伤程度 ΔE
1A	$X=1.75\sim9.25\mathrm{m}$	1,2	顶板	90%
1B	$X=1.75\sim9.25\mathrm{m}$	1,2	底板	90%
1C	$X=1.75\sim9.25\mathrm{m}$	1,2	顶板U形肋	90%
1D	$X=1.75\sim9.25\mathrm{m}$	1,2	底板U形肋	90%
1E	$X=1.75\sim9.25\mathrm{m}$	1,2	横隔板	90%
1F	$X=1.75\sim9.25\mathrm{m}$	1,2	腹板	90%
4A	$X=288\sim295.5\mathrm{m}$	40,41	顶板	90%
4B	$X=288\sim295.5\mathrm{m}$	40,41	底板	90%
4C	$X=288\sim295.5\mathrm{m}$	40,41	顶板U形肋	90%
4D	$X=288\sim295.5\mathrm{m}$	40,41	底板U形肋	90%
4E	$X=288\sim295.5\mathrm{m}$	40,41	横隔板	90%
4F	$X=288\sim295.5\mathrm{m}$	40,41	腹板	90%

注：$X=0$ 为主跨跨中位置。

7.5.2 模态柔度分析结果

本节仅讨论无噪声情况下，两种模态柔度指标对润扬大桥斜拉桥扁平钢箱梁不同损伤工况的识别效果。按照表7.5.1所列的12种损伤工况分别在局部构件尺度模型中进行模拟，然后采用子结构方法"嵌入"整体结构尺度模型中，并计算整体动力分析模型的前若干阶振型。选用桥面前15阶竖向弯曲模态并根据式(7.4.7)和式(7.4.10)分别计算模态柔度改变率和模态柔度曲率差指标，在此基础上按式(7.4.11)进行标准化处理。

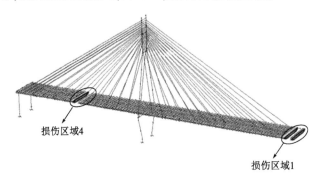

图7.5.1 润扬大桥斜拉桥扁平钢箱梁的损伤模拟区域示意图

计算结果表明，模态柔度改变率指标不能够正确识别钢箱梁主跨跨中和边跨跨中腹板的损伤，其余损伤工况均能正确识别，识别效果如表7.5.2所示。

模态柔度指标对于不同损伤工况的识别效果 表7.5.2

损伤指标	损伤工况					
模态柔度改变率	1A	1B	1C	1D	1E	1F
	√	√	√	√	√	×

续上表

损伤指标	损伤工况					
模态柔度改变率	4A	4B	4C	4D	4E	4F
	√	√	√	√	√	×

损伤指标	损伤工况					
模态柔度曲率差	1A	1B	1C	1D	1E	1F
	√	√	√	√	√	√

损伤指标	损伤工况					
模态柔度曲率差	4A	4B	4C	4D	4E	4F
	√	√	√	√	√	√

图 7.5.2 分别给出了模态柔度改变率指标对于钢箱梁主跨跨中和边跨跨中顶板和腹板的损伤识别结果。可以看出,模态柔度改变率指标对于损伤工况 1A 和 4A 而言,在截面 1、2 处和 40 处分别达到最大值,即能准确地识别出损伤工况 1A 和 4A。但是,对于钢箱梁腹板损伤工况而言,模态柔度改变率指标在斜拉桥主梁靠近塔根支座的截面处出现峰值,不能准确地识别出损伤工况 1F 和 4F。相反,模态柔度曲率差指标则可以准确识别扁平钢箱梁的所有损伤工况,识别效果亦如表 7.5.2 所示。图 7.5.3 给出了部分损伤工况的识别结果。

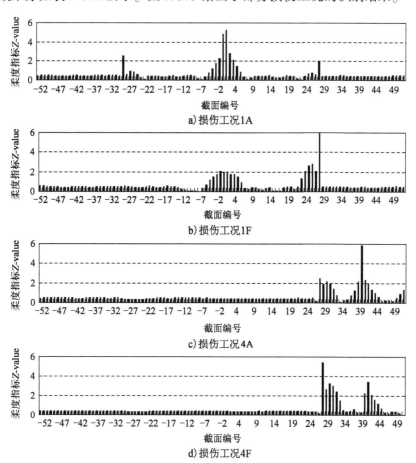

a) 损伤工况 1A

b) 损伤工况 1F

c) 损伤工况 4A

d) 损伤工况 4F

图 7.5.2 模态柔度改变率指标对于不同损伤工况的识别效果

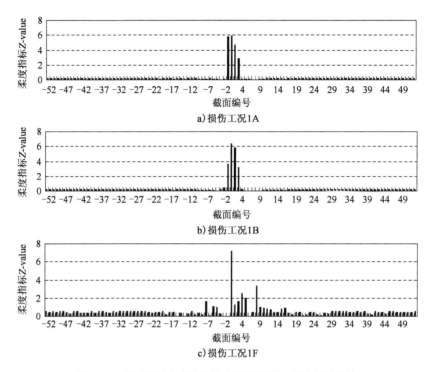

图 7.5.3　模态柔度曲率差指标对于不同损伤工况的识别效果

7.5.3　讨论

从表 4.3.5 和表 4.3.8 中可以看出,模态柔度曲率差指标均能较好地识别两种跨径斜拉桥主跨跨中和边跨跨中的局部构件损伤。然而,模态柔度改变率指标在两种跨径斜拉桥上的应用效果却存在着较大的差异。模态柔度改变率指标在润扬大桥斜拉桥上具有良好的损伤定位能力。从图 7.5.2 可以看出,润扬大桥斜拉桥主梁主跨跨中和边跨跨中发生损伤时,将引起模态柔度改变率指标在损伤区域和相邻塔根支座区域发生变化。塔根支座区域的指标变化是由于润扬大桥斜拉桥的主梁和索塔之间设有竖向抗风支座,钢箱梁局部构件损伤将导致主梁柔度在塔根支座区域发生不连续的变化,从而引起该区域模态柔度改变率指标的异常。因此,根据模态柔度改变率指标的这种识别特点,在实际应用中仍可以有效地进行结构损伤定位。由图 7.5.3 可知,模态柔度曲率差指标则能有效地避免塔梁连接对结构损伤识别的不利影响。根据上述讨论,两种模态柔度指标对于润扬大桥斜拉桥扁平钢箱梁的局部构件损伤均具有良好的损伤识别效果。

模态柔度改变率指标对于苏通大桥斜拉桥的钢箱梁结构损伤定位来说,多数存在模糊定位或者错误定位的问题。图 7.5.4 给出了模态柔度改变率指标对于钢箱梁部分损伤工况的识别效果。与图 7.5.2 相比可以看出,模态柔度改变率指标对于苏通大桥斜拉桥损伤工况 1C、1F 和 4A 来说存在错误定位的情况,对于损伤工况 4C 则存在模糊定位的情况,即非损伤区域的指标亦有一定的变化。此外,从表 7.5.2 可知,模态柔度改变率指标对于苏通大桥斜拉桥主跨跨中和边跨跨中相同构件的损伤识别效果相差较大,并且没有明显的识别规律。根据上述分析结果,模态柔度改变率指标不宜应用于苏通大桥斜拉桥钢箱梁的结构损伤识别。

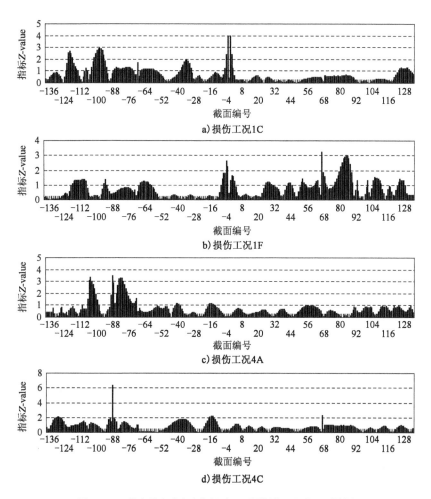

图 7.5.4 模态柔度改变率指标对于不同损伤工况的识别效果

可见,虽然苏通大桥和润扬大桥斜拉桥的结构布置基本相似,扁平钢箱梁的构造形式一样,但由于主梁跨径的不同以及塔梁连接构造的不同,导致模态柔度指标的损伤识别效果存在相当大的差异。因此,对于苏通大桥、润扬大桥斜拉桥这类"独一无二"的重要结构,需要建立经试验验证并能够全面、正确地反映结构性态的基准有限元模型,才能进一步开展多尺度损伤分析与损伤诊断方法的研究,从而对各种结构损伤诊断方法的可行性与有效性进行合理的考察与评价,实现对大跨径桥梁的安全健康状态以及各种灾害对结构的影响进行准确的分析与评估。

参 考 文 献

[1] Pegon P, Pinto A V. Pseudo-dynamic testing with substructuring at the ELSA laboratory[J]. Earthquake Engineering and Structural Dynamics, 2000, 29(7): 905-925.

[2] Biondi B, Muscolino G, Sofi A. A substructure approach for the dynamic analysis of train-track-bridge system[J]. Computers and Structures, 2005, 83(28-30): 2271-2281.

[3] Lee Z K, Loh C H. Substructural identification of bridge —a FFT-based spectral analysis[J].

Structural Engineering/Earthquake Engineering, 1998, 15(1): 41s-51s.

[4] 丁幼亮,李爱群,缪长青. 大跨斜拉桥扁平钢箱梁的多尺度损伤分析研究[J]. 工程力学, 2007, 24(7): 99-103.

[5] 丁幼亮,李爱群,缪长青. 大跨斜拉桥扁平钢箱梁损伤定位指标的噪声鲁棒性比较研究[J]. 公路交通科技, 2007, 24(4): 79-83.

[6] Pandey A K, Biswas M, Samman M M. Damage detection from changes in curvature mode shapes[J]. Journal of Sound and Vibration, 1991, 145(2): 321-332.

[7] Sazonov E, Klinkhachorn P. Optimal spatial sampling interval for damage detection by curvature or strain energy mode shapes[J]. Journal of Sound and Vibration, 2005, 285(4-5): 783-801.

[8] Abdel Wahab M M, De Roeck G. Damage detection in bridges using modal curvatures: Application to a real damage scenario[J]. Journal of Sound and Vibration, 1999, 226(2): 217-235.

[9] Stubbs N, Kim J T. Damage localization in structures without baseline modal parameters[J]. AIAA Journal, 1996, 34(8): 1644-1649.

[10] Shi Z Y, Law S S. Structural damage localization from modal strain energy change[J]. Journal of Sound and Vibration, 1998, 218(5): 825-844.

[11] Sazonov E S, Klinkhachorn P G, Hota V S, et al. Fuzzy logic expert system for automated damage detection from changes in strain energy mode shapes[J]. Nondestructive Testing and Evaluation, 2002, 18(1): 1-20.

[12] Eduard S S. An automated damage detection system for Armoured Vehicle Launched Bridge[D]. Morgantown: West Virginia University, 2002.

[13] Pandey A K, Biswas M. Damage detection in structures using changes in flexibility[J]. Journal of Sound and Vibration, 1994, 169(1): 3-17.

[14] Bernal D, Gunes B. Flexibility based approach for damage characterization: Benchmark application[J]. Journal of Engineering Mechanics, 2004, 130(1): 61-70.

[15] Pandey A K, Biswas M. Experimental verification of flexibility difference method for locating damage in structures[J]. Journal of Sound and Vibration, 1995, 184(2): 311-328.

[16] Gao Y, Spencer Jr. B F. Damage localization under ambient vibration using changes in flexibility[J]. Earthquake Engineering and Engineering Vibration, 2002, 1(1): 136-144.

[17] 曹晖, Friswell M I. 基于模态柔度曲率的损伤检测方法[J]. 工程力学, 2003, 23(4): 33-38.

[18] Gibson J D, Melsa J L. Introduction to nonparametric detection with applications[M]. New York: IEEE Press, 1996.

第8章 桥梁疲劳应变监测与分析Ⅰ：疲劳寿命确定性评估

8.1 桥梁疲劳应变监测概述

1966年，为了解决英国Severn桥的抗风问题，工程技术人员采用了具有优良抗风性能的正交异性板扁平钢箱梁截面作为主梁的断面，这是世界上第一座采用正交异性板扁平钢箱梁技术的桥梁[1]。由于具有优异的抗风性能，扁平钢箱梁在国内外的大跨径桥梁设计建造中得到了广泛的应用[2]。在欧洲、日本和中国较多使用扁平钢箱梁的同时，美国直到2003年建成的Carquinez第三大桥才首次使用扁平钢箱梁作为较大跨径悬索桥的加劲梁，其主跨也仅有780m[3]。主要原因是扁平钢箱梁的正交异性桥面板既作为桥面系直接承受交通荷载，又参与构成横梁甚至是纵梁的上翼缘，从而成为主梁的一部分，其结构受力复杂，桥面板较易发生疲劳开裂，对其进行修复将十分困难，而更换似乎更难实现。目前，正交异性钢桥面板疲劳开裂的事故在国内外的大跨径钢桥中均已出现。德国、英国20世纪60年代建造的钢桥面板，在80年代就出现了不同程度的疲劳开裂，如著名的英国Severn桥，在1971年和1977年就在桥面板焊缝处发现了疲劳裂纹[3-5]。国内1997年建成通车的广东虎门大桥，从2003年开始桥面板就出现了疲劳裂纹，更引发了学者对于扁平钢箱梁桥疲劳破坏问题的关注[6]。

桥梁结构健康监测系统技术的发展为运营状态下钢箱梁桥结构细节的疲劳寿命预测与评估研究的发展提供了契机。结构健康监测系统所采集的应变监测数据与结构细节的疲劳、损伤及断裂行为等密切相关，采用适当的方法对实测应变数据进行计数就可以直接用于疲劳评估。因此，对于运营状态下的钢箱梁桥而言，结构健康监测的实施可以进一步完善传统面向设计的钢桥疲劳分析方法。实时持续采集的应变时程数据可以更加真实和准确地再现钢箱梁桥结构细节的工作状态与疲劳行为，是实现钢箱梁桥疲劳寿命精确评估的重要手段。

8.2 钢箱梁疲劳损伤计算方法

8.2.1 疲劳应变监测数据处理方法

8.2.1.1 雨流计数法

在进行疲劳损伤累积计算和疲劳寿命评估之前，需要将监测系统的原始应力时程转化为一系列的应力循环。将应力-时间历程转化为一系列全循环和半循环的方法称之为"计数法"[7]，其中雨流计数法是目前应用最为广泛的一种计数法。雨流计数法是由Matsuishi和

Endo 等考虑到材料应力-应变行为而提出的一种计数法[8-9],该方法认为塑性存在是疲劳损伤的必要条件,而且其塑性性质表现为应力-应变的迟滞回线。一般情况下,虽然名义应力处于弹性范围内,但从局部的、微观的角度考虑,塑性变形仍然存在。雨流计数的特点是依据应力循环与应力-时间历程在材料中产生的应力-应变迟滞回线相一致,因此认为两者引起的疲劳累积损伤是等价的。图8.2.1给出了雨流计数法的原理示意图,图8.2.1a)为应力时间历程,对应的应力-应变曲线如图8.2.1c)所示,从图中的应力-应变中可以提取出1-4-7、2-3-2′和5-6-5′三个应力循环,见图8.2.1b)。若以疲劳损伤为目标,并假定一个大滞回曲线所产生的损伤不受小的滞回曲线的影响,则可依次将每个应力-应变滞回曲线(即应力循环)提取出来,因此,图8.2.1a)的应力时间历程就可以转化为图8.2.1b)中的应力循环结果。

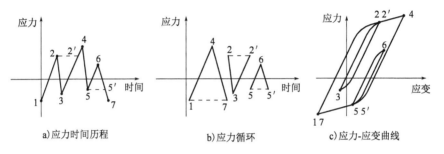

图8.2.1 雨流计数法的基本原理

采用 Downing 和 Socie 提出的简化雨流计数法[10]提取应力循环,其方法是预先将应变时程的峰谷值进行编号,然后不断将后续应变幅 S_n 与相邻前一应变幅 S_{n-1} 比较,若 S_n 大于 S_{n-1},则提取一个应力循环;若应变幅 S_n 不大于 S_{n-1},则继续比较 S_n 和 S_{n+1}。应变循环提取后应在应变时程中去除该应变循环并重新标记应变峰谷点的号码,继续下一轮应变循环的提取,直至所有循环被提出。以图8.2.2所示应力时程为例,依次共可提取出 B-C、I-J、G-H、K-L、E-F、A-D(D-M)6个应变循环。

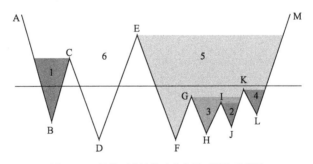

图8.2.2 简化雨流计数法应力循环提取示意图

8.2.1.2 应力峰谷提取算法

开展疲劳累积计算的基础是应力循环,由上节内容可知,组成应力循环的元素是应力时程曲线的拐点(即峰谷点),而曲线中的非拐点不会对疲劳损伤产生影响,但这些非拐点的数据将会对应力循环的提取产生干扰。因此,在采用雨流计数法提取应力循环之前,需要对原始应力时程进行预处理,剔除原始应力时程中的非拐点数据点,获取应力峰谷时程曲线,如图8.2.3所示。

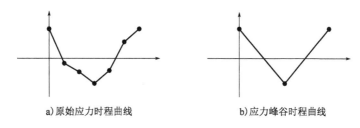

a) 原始应力时程曲线   b) 应力峰谷时程曲线

图 8.2.3 应力峰谷提取原理

采用三点比较法提取应力峰谷[11],三点比较法的具体实施方法为:从原始应力时程中依次读取三点 E_1、E_2 和 E_3。若 $E_1 < E_2 > E_3$,那么 E_2 为峰值点,保留 E_2,从数据中读入下一个点,重新生成 E_1、E_2 和 E_3。如果 $E_1 > E_2 < E_3$,那么 E_2 为谷值点,保留 E_2,从数据中读入下一个点,重新生成 E_1、E_2 和 E_3。如果 $E_1 < E_2 < E_3$ 或者 $E_1 > E_2 > E_3$,那么 E_2 非峰谷点,舍弃 E_2,从数据中读入下一个点,重新生成 E_1、E_2 和 E_3。根据以上的方法,直至读取全部的数据,那么保留下来的点即整个应力时程的峰谷值点。

下面通过一个简单算例来分析应力峰谷提取所带来的有益效果。图 8.2.4a)给出了某一段数据长度为 100 的原始应力时程曲线,从中可以看出,原始应力时程曲线中含有大量非拐点数据,这些数据点不能造成实际的疲劳损伤,因此,应予以去除。图 8.2.4b)给出了应力峰谷提取后的应力曲线,图中数据点均为拐点,从图中可见,数据长度被大幅压缩,处理后的数据长度仅为原始数据的 2/5。

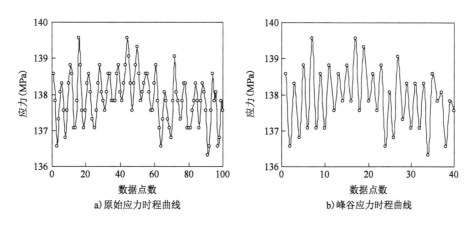

a) 原始应力时程曲线   b) 峰谷应力时程曲线

图 8.2.4 应力峰谷提取结果

表 8.2.1 给出了原始应力曲线和峰谷应力曲线经雨流计数后的应力循环结果,从表中可见,若采用原始应力数据时,应力范围几乎都集中在 0~1MPa 之间,计算结果与实际情况相差较大。当采用峰谷应力数据时,应力范围分布正常,计算结果与实际情况良好吻合。

原始应力数据和峰谷应力数据雨流计数结果   表 8.2.1

应力范围(MPa)		0~1	1~2	2~3	3~4	4~5
应力循环次数	原始应力数据	37	3	0	0	0
	峰谷应力数据	3.5	11.5	3.5	1	0

由以上分析可知,应力峰谷提取的预处理可带来两方面的有益效果:①通过峰谷提取使得应力数据长度得到了大幅度的压缩,这样可以明显节省后续雨流计数法的计算时间,这将为处理桥梁结构健康监测的海量监测数据提供极大的便利;②由于桥梁结构健康监测系统中应变传感器的采样频率一般都较高,如润扬大桥结构健康监测系统中三向应变计的采样频率为20Hz,因此,在原始应力监测数据中不可避免地掺杂了大量的非拐点数据,而峰谷提取的预处理可以有效地去除原始应力数据中非拐点数据点对应力循环提取结果的影响,防止应力谱提取结果的失真,保证疲劳损伤计算和疲劳寿命评估的准确性。

以上介绍了监测系统原始应变数据的应力谱提取方法,这是开展钢箱梁焊接细节疲劳损伤计算的基础,根据雨流计数的结果,就可以采用损伤累积理论和细节的疲劳强度曲线计算损伤,下面将介绍目前应用最为广泛的 Palmgren-Miner 线性损伤累积理论。

8.2.2　Palmgren-Miner 线性损伤累积理论

国内外针对钢桥结构疲劳细节的疲劳试验基本都是研究等幅荷载作用下的疲劳问题,并根据试验数据回归得到各种细节分类的疲劳强度曲线。对于实际钢桥而言,其疲劳问题具有变幅、低应力和高循环、长寿命的特点,因此,研究钢桥疲劳的实际意义就是在于研究结构在变幅荷载作用下的疲劳性能,主要工作是建立变幅疲劳强度和常幅疲劳强度之间的关系,在此基础上根据已有的常幅疲劳试验数据来评估钢桥结构的疲劳寿命。

为实现上述目的,需要引入疲劳的累积损伤理论,国内外的学者针对这一问题开展了大量的研究工作[12-14]。其中应用最为广泛的是 Palmgren 和 Miner 的研究成果,1924 年 Palmgren 提出线性疲劳累积损伤理论,1945 年 Miner 提出线性累积损伤准则,Palmgren-Miner 线性损伤累积理论认为,总疲劳损伤是由变幅应力循环 S_i 所造成疲劳损伤的线性叠加,即总损伤 D 为[12]:

$$D = \frac{n_1}{N_1} + \frac{n_2}{N_2} + \cdots + \frac{n_n}{N_n} = \sum_{i=1}^{n} \frac{n_i}{N_i} \tag{8.2.1}$$

式中:n_i——应力循环 S_i 的作用次数;

N_i——常幅 S-N 曲线中应力循环 S_i 的疲劳寿命。

Miner 准则所假定的疲劳破坏条件为 $D \geq 1$。但大量的试验结果表明,疲劳破坏时,D 不一定为 1,一般在 0.5~2.0 之间[15],可见 Miner 准则对于疲劳细节临界损伤的描述存在一定的误差,但由于其使用起来简单方便,并且大多数焊接细节疲劳试验所得 D 值大于 1.0,这说明采用 Miner 准则用于焊接结构的疲劳寿命评估是偏于安全的。采用 Miner 准则描述疲劳损伤的误差主要来源于两个因素:一是没有考虑不同应力循环作用的先后顺序对细节疲劳损伤的影响,二是认为低于常幅疲劳极限的应力循环不产生疲劳损伤。对处于变幅疲劳的实际钢桥而言,由于少量大于常幅疲劳极限的应力循环的存在,使得大量小于常幅疲劳极限的应力循环也会造成疲劳裂纹的扩展。

8.2.3　钢箱梁焊接细节 S-N 曲线的选取

S-N 曲线反映了外加应力 S(Stress Range)和疲劳寿命 N 之间的关系,根据 S-N 曲线可以确定材料的疲劳寿命,疲劳寿命越高,材料的抗疲劳性能越好。如果在疲劳曲线中考虑结构疲

劳寿命概率 P,则可以得到 P-S-N 曲线, P-S-N 曲线反映了材料疲劳寿命的不确定性。目前,我国公路钢桥规范没有给出以应力幅为参数的疲劳细节分级和相应的疲劳设计曲线,国内一些学者针对实际工程的需要,对疲劳细节开展了有限元分析和疲劳试验研究[16-20]。

对于变幅疲劳,如果应力谱中的所有应力循环均大于常幅疲劳极限 CAFL(Constant Amplitude Fatigue Limit),则根据 Miner 准则及常幅 S-N 曲线可以比较准确地计算出结构的疲劳寿命。若应力谱中的所有应力循环均小于 CAFL,结构将不会发生疲劳破坏,即具有无限疲劳寿命。但对于公路钢桥结构细节而言,其应力谱中通常同时包含大于和小于 CAFL 的应力循环,这时,根据 Miner 准则和常幅 S-N 曲线得到的疲劳寿命将远高于结构的实际疲劳寿命,这是偏不安全的。因此,为了准确评估公路钢桥结构细节的疲劳寿命,就必须对常幅 S-N 曲线进行修正,使得在应用 Miner 准则计算疲劳寿命时能合理地考虑低水平应力循环所产生的疲劳损伤。下面将总结介绍国内外先进规范的疲劳细节分类和相应的 S-N 曲线,并对低水平应力循环的处理方法展开较为详细的叙述与讨论,在此基础上分析各种 S-N 曲线在钢箱梁正交异性钢桥面板焊接细节疲劳寿命评估中的适用性。

8.2.3.1 英国 BS5400:Part 10 规范

BS5400[21] 和 BS7608[22] 将钢桥的疲劳细节分为 9 类,在实际工程中,钢桥的构件连接一般较难达到 B 级和 C 级标准。S-N 曲线为:

$$N \times S_r^m = K_2 \quad (N \leqslant 10^7) \tag{8.2.2a}$$

$$N \times S_r^{m+2} = K_2 S_0^2 \quad (N \leqslant 10^7) \tag{8.2.2b}$$

式中:K_2——疲劳强度系数,对应的超越概率为 2.3%,其他概率水平的疲劳强度系数可查阅 BS5400 确定;

m——$\lg N$ 和 $\lg S_r$ 曲线的反斜率,一般取值为 3;

S_r——应力范围;

N——与之对应的循环次数;

S_0——疲劳寿命为 10^7 时对应的应力范围。

图 8.2.5 给出了 BS5400 处理低水平应力循环的方法。当疲劳细节受常幅荷载作用,且处于洁净空气或海水环境下经防腐处理,若应力水平低于某一门槛值,认为疲劳细节的裂纹不会扩展,其寿命是无限的,这一门槛值对应的疲劳寿命为 10^7,即式[8.2.2b)]中的 S_0。当细节处于变幅荷载作用下,若部分高应力幅超过 S_0,考虑到疲劳细节多数均存在微裂纹或另外类型的缺陷,由于这些高应力幅的存在,裂纹将开始扩展,并且其扩展过程终将受到不断增长的低应力幅的影响,因此,当高应力幅存在时,疲劳门槛的概念并不适用[23],此时,应考虑所有应力循环对疲劳细节寿命的影响,但 S-N 曲线的斜率在超过 10^7 应力循环的部分应由 m 变为 $m+2$。另外,若变幅荷载所引起的应力幅均小于 S_0,此时疲劳细节的裂纹认为是不扩展的,其寿命也是无限的。可见,BS5400 规范中的 S_0 体现了常幅疲劳极限 CAFL 的作用。

BS5400 针对每种焊接细节均给出了 5 种超越水平下的 S-N 曲线,当考虑不同超越水平时,其疲劳强度系数为 K_d:

$$K_d = K_0 \times \Delta^d \tag{8.2.3}$$

式中:K_0——针对于不同焊接类型的常数。

Δ——关于疲劳寿命标准差的函数；

d——概率因子，当超越概率分别为50%、31%、16%、2.3%和0.14时，d的值分别为0、0.5、1、2和3，因此，当$d=2$时，K_d即式(8.2.2)中的K_2。

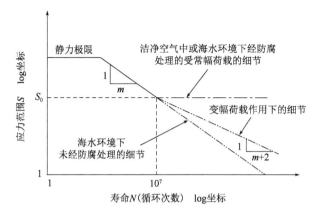

图8.2.5 考虑低水平应力循环的S-N曲线

表8.2.2列出了BS5400各种细节的S-N曲线参数，根据此表中的参数，图8.2.6给出了超越概率为50%时的S-N曲线。

BS5400疲劳细节S-N曲线参数　　　　　表8.2.2

分类	W	G	F2	F	E	D	C	B	S
K_0	0.37×10^{12}	0.57×10^{12}	1.23×10^{12}	1.73×10^{12}	3.29×10^{12}	3.99×10^{12}	1.08×10^{14}	2.34×10^{15}	2.13×10^{23}
Δ	0.654	0.662	0.592	0.605	0.561	0.617	0.625	0.657	0.313
m	3.0	3.0	3.0	3.0	3.0	3.0	3.5	4.0	8.0

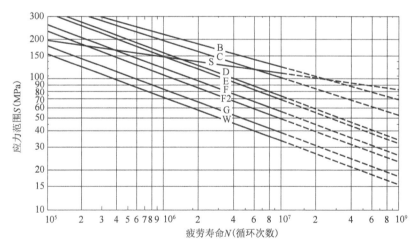

图8.2.6 BS5400规范疲劳S-N曲线(超越概率为50%)

8.2.3.2 美国AASHTO规范

美国AASHTO(American Association of State Highway and Transportation Officials，美国国家公路与运输协会)规范[24]将钢桥的疲劳细节分为5级，共8类，编号为A～E，在实际设计过

程中很少考虑 A~B' 类型的细节。S-N 曲线为：

$$N \cdot (\Delta F)_N^m = A \tag{8.2.4}$$

式中：$(\Delta F)_N$——应力幅值；

N——对应的循环次数；

A——与细节分类相关的疲劳强度系数，AASHTO 规范取常数 m 的值为 3.0。

此外，规范还规定了每种细节的常幅疲劳极限 CAFL，对于常幅荷载，当细节所承受的应力范围小于 CAFL 时，认为细节不发生疲劳开裂。对于变幅应力，则可以剔除应力范围小于 0.5CAFL 的应力循环，因此，0.5CAFL 可视为变幅疲劳极限（Variable Amplitude Fatigue Limit，即 VAFL）。表 8.2.3 给出了各细节的常数 A 和常幅疲劳极限，图 8.2.7 给出了 AASHTO 规范各细节的 S-N 曲线。

AASHTO 规范疲劳细节 S-N 曲线参数 表 8.2.3

分 类	A	B	B'	C	C'	D	E	E'
常数 A（$\times 10^{11}$ MPa³）	82.0	39.3	20.0	14.4	14.4	7.21	3.61	1.28
常幅疲劳极限（MPa）	165.0	110.1	82.7	69.0	82.7	48.3	31.0	17.9

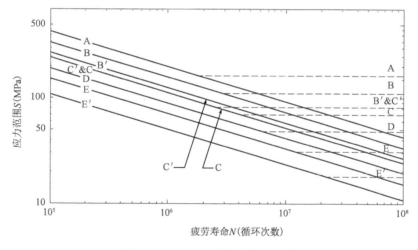

图 8.2.7 AASHTO 规范疲劳 S-N 曲线

8.2.3.3 欧洲 Eurocode 规范

Eurocode 规范[25]规定，对于名义应力谱，其对应的疲劳强度曲线为：

$$\Delta\sigma_R^m N_R = \Delta\sigma_C^m \cdot 2 \times 10^6 \quad (m = 3, N \leq 5 \times 10^6) \tag{8.2.5a}$$

$$\Delta\sigma_R^m N_R = \Delta\sigma_D^m \cdot 5 \times 10^6 \quad (m = 5, 5 \times 10^6 \leq N \leq 10^8) \tag{8.2.5b}$$

式中：$\Delta\sigma_R$——细节承受的应力幅；

N_R——对应的疲劳寿命；

$\Delta\sigma_C$——细节分类（Detail category），其数值等于疲劳寿命为 2×10^6 的 $\Delta\sigma_R$；

$\Delta\sigma_D$——常幅疲劳极限（Constant Amplitude Fatigue Limit，即 CAFL），当 $\Delta\sigma_R \leq \Delta\sigma_D$ 时，常数 m 由 3 变为 5。

此外,规范还确定了循环次数为 10^8 时的应力截止限 $\Delta\sigma_L$(Cut-off limit):

$$\Delta\sigma_L = \left(\frac{5}{100}\right)^{\frac{1}{5}} \cdot \Delta\sigma_D = 0.549\Delta\sigma_D \quad (8.2.6)$$

当 $\Delta\sigma_R \leq \Delta\sigma_L$ 时,认为细节的疲劳寿命是无限的,也可以认为小于 $\Delta\sigma_L$ 的应力循环不会造成细节的疲劳损伤,因此,也可以将 $\Delta\sigma_L$ 视为变幅疲劳作用的应力门槛。图 8.2.8 给出了 Eurocode 规范各细节的 S-N 曲线。表 8.2.4 给出了 Eurocode 规范疲劳细节 S-N 曲线参数。

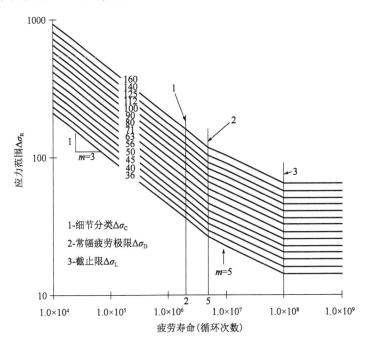

图 8.2.8　Eurocode 规范 S-N 曲线

Eurocode 规范疲劳细节 S-N 曲线参数　　　　表 8.2.4

细节分类 $\Delta\sigma_C$(MPa)	160	140	125	112	100	90	80	71	63	56	50	45	40	36
常幅疲劳极限 $\Delta\sigma_D$(MPa)	118	103	92	83	74	66	59	52	46	41	37	33	29	26
应力截止限 $\Delta\sigma_L$(MPa)	65	57	51	45	40	36	32	29	25	23	20	18	16	15

8.2.3.4　小结

以上介绍了国内外三种规范所给出的疲劳细节 S-N 曲线,如何根据钢箱梁焊接细节的疲劳特征选取合适的 S-N 曲线是对其进行准确疲劳寿命评估的关键所在。对于钢箱梁正交异性桥面板的焊接细节而言,选取 S-N 曲线时需要考虑的因素主要有两点:一是选取的 S-N 曲线应能较好地考虑变幅荷载作用过程中低水平应力循环对疲劳寿命的影响,二是选取的 S-N 曲线还应适用于正交异性桥面板焊接细节疲劳受力状态。

上述三种规范的 S-N 曲线均给出了相应的低水平应力循环的处理方法:①BS5400 采用了双斜率的方法,即将斜率为 $-1/m$ 的常幅 S-N 曲线在 CAFL 以下部分以更平缓的斜率 $-1/(m+2)$ 向下无限延伸;②AASHTO 的方法是首先将常幅 S-N 曲线在 CAFL 以下部分以相同的斜率

$-1/m$ 向下延伸到 0.5CAFL,然后变为水平线,即设置了变幅疲劳极限 VAFL;③Eurocode 的修正方法与 BS5400 相似,也采用了双斜率的方法,只是曲线在延长一定范围后变为水平线,即也设置了变幅疲劳极限 VAFL。

另一方面,BS5400 规范没有对正交异性板焊接细节给出具体的疲劳分类,AASHTO 规范中给出了部分正交异性板焊接细节的疲劳分类,但并不全面,例如,其中没有给出工程中较易发生疲劳开裂的顶板-加劲肋焊接细节的分类,这给其在工程中的进一步应用带来了较多不便。相较而言,Eurocode 规范给出了常见的大部分正交异性板焊接细节的疲劳分类,同时还分别针对封闭、开口加劲肋的焊接细节给出了相应的规定。因此,对于扁平钢箱梁正交异性桥面板而言,采用 Eurocode 规范提供的 S-N 开展疲劳寿命评估将取得较为合理的结果。

8.2.4 基于 Eurocode3 的疲劳损伤计算方法

为表述方便,将 Eurocode 规范给出的疲劳强度曲线改写为:

$$\Delta\sigma_R^3 N_R = K_C \quad (K_C = \Delta\sigma_C^3 \cdot 2\times 10^6, \Delta\sigma_R \geqslant \Delta\sigma_D) \tag{8.2.7a}$$

$$\Delta\sigma_R^5 N_R = K_D \quad (K_D = \Delta\sigma_D^5 \cdot 5\times 10^6, \Delta\sigma_L \leqslant \Delta\sigma_R \leqslant \Delta\sigma_D) \tag{8.2.7b}$$

式中,当应力幅 $\Delta\sigma_R$ 大于 $\Delta\sigma_D$ 时,疲劳强度系数为 K_C;当应力幅 $\Delta\sigma_R$ 小于 $\Delta\sigma_D$ 时,疲劳强度系数为 K_D。例如,对于细节 71,K_C 和 K_D 分别为 7.16×10^{11} 和 1.90×10^{15};对于细节 50,K_C 和 K_D 分别为 2.50×10^{11} 和 3.47×10^{14}。

焊缝中裂纹萌生的时刻仅是其疲劳寿命的一小部分,而焊接细节的疲劳寿命主要受裂纹扩展进程的控制。考虑到多数焊接均存在微裂纹或类似的缺陷,尽管在开始阶段这些缺陷并不会受到低应力幅的影响,但只要高应力幅存在,这些缺陷最终将扩展,从而仍将受到低应力幅的影响。当高应力幅存在时,所谓的"疲劳门槛"概念[23]并不完全适用,所有的应力循环均应纳入考虑,因此,在采用 Eurocode 规范的疲劳强度曲线时,将低于 $\Delta\sigma_L$ 的应力幅也纳入疲劳损伤的计算过程中。

根据以上分析,应力循环 S 所引起的疲劳损伤为:

$$\frac{n}{N} = \frac{nS^3}{K_C} \quad (S \geqslant \Delta\sigma_D) \tag{8.2.8a}$$

$$\frac{n}{N} = \frac{nS^5}{K_D} \quad (S \leqslant \Delta\sigma_D) \tag{8.2.8b}$$

式中:n——S 的作用次数;

N——与 S 对应的疲劳寿命。

在此基础上,依据 Palmgren-Miner 线性损伤累积理论可得变幅荷载作用下细节的疲劳损伤计算公式为:

$$D = \sum_{S_i \geqslant \Delta\sigma_D} \frac{n_i S_i^3}{K_C} + \sum_{S_j \leqslant \Delta\sigma_D} \frac{n_j S_j^5}{K_D} \tag{8.2.9}$$

式中:n_i、n_j——大于 $\Delta\sigma_D$ 和小于或等于 $\Delta\sigma_D$ 的作用次数。

根据疲劳损伤的等价原则,可以将变幅应力循环等效为一常幅应力循环,即 S_{eq}(Equivalent stress range)。对于公路钢桥来说,由于疲劳应力谱中小于 $\Delta\sigma_D$ 的应力循环占绝大多数,因此,S_{eq} 的值一般应小于常幅疲劳极限 $\Delta\sigma_D$,则 S_{eq} 可以表示为:

$$D = \frac{N_d \cdot S_{eq}^5}{K_D} = \sum_{S_i \geq \Delta\sigma_D} \frac{n_i S_i^3}{K_C} + \sum_{S_j \leq \Delta\sigma_D} \frac{n_j S_j^5}{K_D} \quad (8.2.10)$$

可得 S_{eq} 的表达式为:

$$S_{eq} = \left(\frac{\sum_{S_i \geq \Delta\sigma_D} \frac{n_i S_i^3}{K_C} + \sum_{S_j \leq \Delta\sigma_D} \frac{n_j S_j^5}{K_D}}{N_d / K_D} \right)^{1/5} \quad (8.2.11)$$

$$N_d = \sum_{S_i \geq \Delta\sigma_D} n_i + \sum_{S_j \leq \Delta\sigma_D} n_j \quad (8.2.12)$$

式(8.2.11)给出了符合公路钢桥疲劳应力谱特征的等效应力幅计算方法,式(8.2.12)给出了等效应力幅所对应的总循环次数 N_d。

8.3 润扬大桥钢箱梁焊接细节疲劳寿命评估

8.3.1 钢箱梁疲劳应变监测简介

为了在运营期中对润扬大桥钢箱梁焊接细节的应力进行持续不断的监测,在结构施工阶段就在悬索桥与斜拉桥的钢箱梁的某些重点关注位置安装了应变传感器。系统在悬索桥和斜拉桥主梁的 5 个截面均设置有应变传感器,但仅在两桥主跨跨中截面装有光纤应变计和应变花,可以用来进行动态应变的测试,采样频率为 20Hz,其余各截面安装的均为振弦式应变计,用来测试静态应变或温度[26]。

图 8.3.1 给出了斜拉桥和悬索桥的主跨跨中截面应变传感器的布置情况,图中的上游方向指扬州到镇江方向,斜拉桥主跨跨中截面布置了 12 个光纤式应变计、4 个振弦式应变计和 4 个应变花,悬索桥主跨跨中截面则布置了 8 个光纤式应变计、4 个振弦式应变计和 4 个应变花。编号 ZLNL4-13 ~ ZLNL4-16 和 ZLNL2-2-21 ~ ZLNL2-2-24 的应变传感器为三向应变花,应变花由横桥向、顺桥向、斜向 45°三个方向的应变片组成,其中 ZLNL4-13、ZLNL4-15、ZLNL2-2-21 和 ZLNL2-2-23 用来测试顶板-U 形肋焊缝处的动态应变,而 ZLNL4-14、ZLNL4-16、ZLNL2-2-22 和 ZLNL2-2-24 则用来测试 U 形肋对接位置处的动态应变。根据 Eurocode 规范关于焊接细节分类的规定可知,顶板-U 形肋细节的类型为 50,U 肋对接细节的类型为 71。

表 8.3.1 给出了两座大桥钢箱梁的主要设计参数。从中可以看出两座大桥的钢箱梁构造基本一致,两者最大的差别在于斜拉桥钢箱梁中设有实体式纵隔板和桁架式纵隔板,其中实体式纵隔板板厚为 12mm,桁架式纵隔板上下弦杆为 T 形截面,斜杆为 ϕ203mm 圆钢管[图 8.3.1a)]。显然,纵隔板将使得斜拉桥钢箱梁的局部刚度要比悬索桥钢箱梁大得多,这将直接导致两者焊缝细节的疲劳性能存在较大的差别。

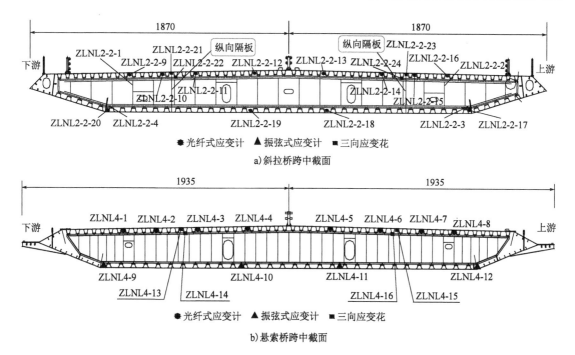

图 8.3.1 润扬大桥跨中应变监测传感器布置示意图(尺寸单位:cm)

润扬大桥扁平钢箱梁主要设计参数一览表 表 8.3.1

桥 型	主要设计参数					
	主跨跨径 (m)	总宽度 (m)	标准高度 (m)	材料弹性模量 (N/m^2)	材料密度 (kg/m^3)	顶板标准板厚 (mm)
斜拉桥	406	37.4	3.0	2.05	7850	14
悬索桥	1490	38.7	3.0	2.05	7850	14
桥 型	主要设计参数					
	顶板U形肋板厚 (mm)	顶板U形肋间距 (mm)	横隔板标准板厚 (mm)	横隔板标准间距 (m)	跨中横隔板间距 (m)	纵向加强桁架/ 隔板
斜拉桥	8	600	10	3.75	3.5	有
悬索桥	6	600	10	3.22	3.22	无

8.3.2 应变监测数据分析

润扬大桥钢箱梁疲劳监测系统在 2005 年 5 月 1 日通车之后,到目前为止,已正常运行了 6 年的时间,本节对 2006—2009 年全桥 8 个应变花的数据进行了处理,本节以下内容将基于这些长期监测数据给出润扬大桥钢箱梁焊接细节疲劳寿命的合理评价。

图 8.3.2 给出了斜拉桥 ZLNL2-2-23 传感器在 2006 年 8 月 13 日所记录的横桥向应变原始数据。在采用雨流计数法提取应力谱之前,为了详细地分析应变监测数据的变化特征,图 8.3.3 还给出了 2006 年 8 月 13 日 00:00—00:01 之间 ZLNL2-2-23 的应变曲线,从图 8.3.2 和图 8.3.3 可以看出,应变监测数据包含了三方面的内容。

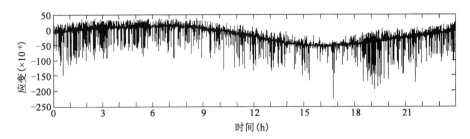

图 8.3.2 斜拉桥 ZLNL2-2-23 应变监测数据（2006 年 8 月 13 日）

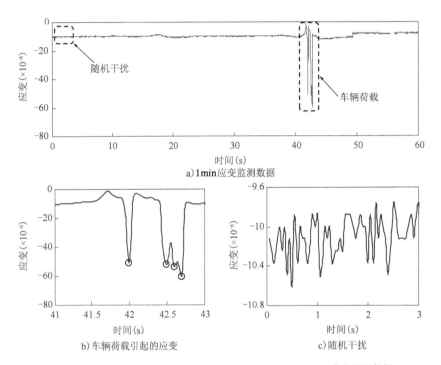

图 8.3.3 ZLNL2-2-23 传感器 2006 年 8 月 13 日 00:00—00:01 应变监测数据

（1）车辆在桥面通过时所产生的应变幅，图 8.3.2 中这部分的应变幅的变化范围在 20～100με 之间，图 8.3.3 中的曲线在 41～43s 之间记录了某一车辆在通过传感器所处截面时产生的应变，从图 8.3.3c) 可以发现较为明显的 4 个应变峰值，这时可近似推断通过车辆为一四轴货车。

（2）由温度引起的平均应变的昼夜变化，从图 8.3.2 中可以发现，7 时左右，钢箱梁温度最低，平均应变达最大值，而在 16 时左右，温度最高，平均应变达最小值，这表明平均应变与钢箱梁温度存在较为显著的相关性。

（3）在应变数据的测试、记录与传输过程中，不可避免地要受到各种随机干扰的影响，这部分应变成分的构成较为复杂，很难确定其来源。图 8.3.3c) 中给出了典型的由随机干扰所产生的应变监测数据，从中可以发现，其应变幅值较小，但数量众多。

下面分析钢箱梁昼夜温度变化对焊接细节应力谱的影响。首先采用小波变换的方法分离由温度昼夜变化所引起的平均应变[27-28]。小波函数为 Daubechies 小波，分离由温度变换产生的平均应变时,假定信号的采样频率为 f_s,则 Nyquist 频率为 $f_m = f_s/2$,小波分析 N 层后,信号 $x(t)$ 分解得到 N 级的近似信号 a_N 和 1~N 级的细节信号 d_N、d_{N-1}、…、d_1,同时,信号所在的频率范围为:

$$a_N: \begin{bmatrix} 0 & \dfrac{f_m}{2^N} \end{bmatrix} \tag{8.3.1a}$$

$$d_i: \begin{bmatrix} \dfrac{f_m}{2^i} & \dfrac{f_m}{2^{i-1}} \end{bmatrix}, i = 1, 2, \cdots, N \tag{8.3.1b}$$

对于 ZLNL2-2-23 传感器而言,其采样频率 f_s = 20Hz,则 Nyquist 频率 f_m 为 10Hz,通过选择合适的小波分析层次,就可以获得良好的分离效果,图 8.3.4 和图 8.3.5 分别给出了由温度引起的平均应变变化趋势和消除温度影响后的应变时程。从中可以看出,平均应变和钢箱梁温度的日变化规律正好相反,总体呈现"温度高平均应变小,温度低平均应变大"的变化趋势。

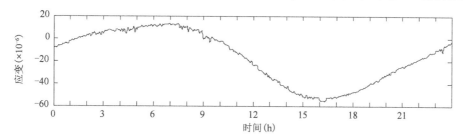

图 8.3.4 ZLNL2-2-23 由温度引起的平均应变变化趋势(2006 年 8 月 13 日)

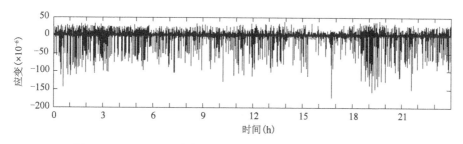

图 8.3.5 ZLNL2-2-23 消除温度影响后的应变时程(2006 年 8 月 13 日)

分别对图 8.3.2 和图 8.3.5 中的应变时程曲线采用 8.2.1 节的数据处理方法提取应力谱,图 8.3.6 给出了相应的计算结果,对比图中结果可以发现,原始应变数据的应力谱和消除温度影响后的应力谱两者相差较小,因此,可忽略温度变化对钢箱梁焊接细节应力谱和疲劳损伤的影响,可直接采用雨流计数法对原始应变监测数据进行处理,这样既不会影响后续疲劳损伤计算的精度,也节约了计算时间,方便对海量监测数据进行处理。

对于图 8.3.2 中的应变时程,首先按照弹性状态计算转化为应力时程,然后进行雨流计数,得到如图 8.3.7 所示的三维雨流计数直方图,图中应力范围的取值范围为 0~40MPa,从中可以看出,幅值极小的应力循环(小于 2MPa)的数量极为众多(数量级达到了 10^5 以上),其中应包含大量随机干扰的影响。在图 8.3.7 的基础上,根据疲劳累积损伤的计算式(8.2.9)可得传感器 ZLNL2-2-23 的三维疲劳损伤直方图(图 8.3.8),从中可以发现,焊接细节疲劳损伤主要来自数量相对较少的中高幅值的应力循环,这一特点说明虽然幅值极小的应力循环占了所有应力循环的绝大多数,但是它们对焊接细节疲劳损伤的贡献是十分有限的,基本可以忽略不计,因此,可以直接剔除应力范围小于2MPa的应力循环,以减少随机干扰的影响,图8.3.9给出了经处理后的传感器ZLNL2-2-23的雨流计数三维直方图。

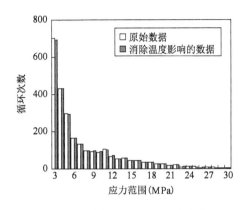

图8.3.6 斜拉桥ZLNL2-2-23应力谱
(2006年8月13日)

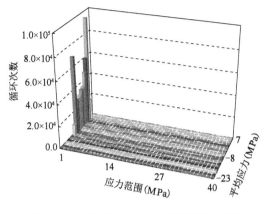

图8.3.7 斜拉桥ZLNL2-2-23雨流计数直方图
(2006年8月13日)

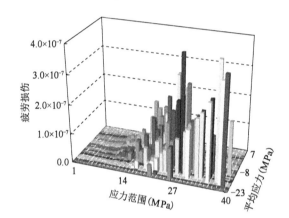

图8.3.8 斜拉桥ZLNL2-2-23疲劳损伤直方图
(2006年8月13日)

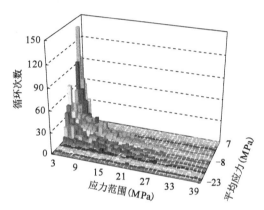

图8.3.9 斜拉桥ZLNL2-2-23雨流计数直方图
(2006年8月13日)(应力范围2MPa以上)

8.3.3 润扬大桥钢箱梁疲劳特征分析

8.3.3.1 车辆荷载变化对疲劳损伤的影响

在长达六年的服役期间,润扬大桥从试运营逐步过渡到正常运营的状态,大桥的交通流量也随着服役时间的增长而逐渐稳定下来,但另一方面,大桥也会经历交通流量激增等极端荷载条件,例如在2007年8月初至月底的这段时间,由于江阴长江大桥封闭检修,导致润扬大桥的交通流量较平时大幅度增加,结构健康监测系统如实地记录了这段时间钢箱梁焊接细节的疲劳应力响应,为研究交通荷载变化对焊接细节疲劳损伤的影响程度提供了有利的条件。以斜拉桥传感器ZLNL2-2-23所在焊接细节为例,选取2007年6月至2007年10月期间每月10天的数据进行分析(分别为每月的1日、2日、3日、4日、5日、16日、17日、18日、19日、20日),在此基础上分别采用式(8.2.11)和式(8.2.12)计算日等效应力范围S_{eq}和应力循环次数N_d,

然后根据式(8.2.9)计算日疲劳损伤。图 8.3.10 给出了共 50d 的 S_{eq}、N_d 和日疲劳损伤的计算结果,表 8.3.2 进一步给出了每月平均的 S_{eq}、N_d 和日疲劳损伤。

结合图 8.3.10 和表 8.3.2,并以 8 月和 10 月为例进行分析可知:①图 8.3.10a) 中的 S_{eq} 变化较平稳,但仍可以看出 8 月的 S_{eq} 维持在最高的水平,其月平均值达到了 16.1MPa,其与 10 月的月平均 S_{eq} 的比值为 1.5;②图 8.3.10b) 中的 N_d 在 8 月份突然大幅度增加,这一现象直接反映了 8 月大桥交通量的激增,8 月 N_d 平均值达到了 4394 的最高值,其与 10 月的月平均 N_d 的比值为 1.5;③图 8.3.10c) 中日疲劳损伤也在 8 月大幅度增加,月平均值达到了 15.07×10^{-6},由于 N_d 对疲劳损伤的影响是线性的,故仅考虑车流量增长时,8 月的日平均损伤应仅为 10 月日平均损伤的 1.5 倍,而实际却为 10 月平均疲劳损伤的 6.9 倍,可见 8 月日平均损伤的急剧增加主要还是来源于 S_{eq} 的贡献,由式(8.2.9)可知,应力范围对疲劳损伤的影响是三次方或者五次方的关系,因而,即使 S_{eq} 只有小幅度的增长,也会导致焊接细节的疲劳损伤产生大幅度的增加。可见,在日常车辆通行管理中,不仅要关注大桥每天车辆通行数量的变化,同时,还需要关注通行车辆轴重的状况,这是因为一次超重车过桥所产生的疲劳损伤可能远大于若干辆正常轴重车辆所产生的疲劳损伤。

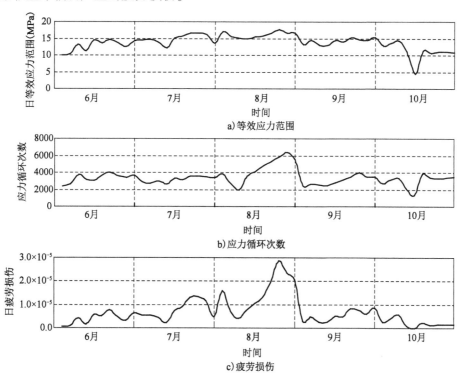

图 8.3.10 2007 年江阴长江大桥封闭前后 ZLNL2-2-23 焊接细节疲劳荷载效应和损伤

2007 年江阴长江大桥封闭前后 ZLNL2-2-23 焊接细节的疲劳荷载效应和损伤的平均值 表 8.3.2

时间	6 月	7 月	8 月	9 月	10 月
等效应力范围(MPa)	12.8	14.9	16.1	14.2	11.1
循环次数	3329	3182	4394	3048	2997
疲劳损伤($\times 10^{-6}$)	4.02	7.60	15.07	5.36	2.19

8.3.3.2 钢箱梁构造形式对疲劳损伤的影响

8.3.1 节介绍了润扬大桥斜拉桥和悬索桥的钢箱梁构造的基本情况,由表 8.3.1 可知,两座大桥的钢箱梁构造基本一致,但是斜拉桥钢箱梁中设置了实体式或桁架式纵隔板,而悬索桥的钢箱梁则没有采用这一局部加强措施,由于纵向隔板的存在,使得斜拉桥正交异性桥面的局部刚度要远大于悬索桥,由此产生的疲劳损伤也要比悬索桥小得多。由图 8.3.1 可知,ZLNL2-2-23 位于斜拉桥跨中上游纵隔板附近,ZLNL4-15 传感器则位于悬索桥中与 ZLNL2-2-23 相近位置,因此,本节以斜拉桥 ZLNL2-2-23 和悬索桥 ZLNL4-15 为例分析钢箱梁构造形式对疲劳损伤的影响。选取 2009 年 4 月、5 月、6 月和 7 月来进行分析,每月选择的天数及日期与上节一致。图 8.3.11 给出了 ZLNL4-15 和 ZLNL2-2-23 每天的 S_{eq}、N_d 和疲劳损伤计算结果,表 8.3.3 给出了每月的平均值。从中可以看出,每月的 ZLNL4-15 月平均损伤分别是 ZLNL2-2-23 月平均损伤的 2.1 倍、2.8 倍、2.9 倍和 3.1 倍,可见悬索桥 ZLNL4-15 处焊缝细节的疲劳损伤要远大于斜拉桥 ZLNL2-2-23 的疲劳损伤。

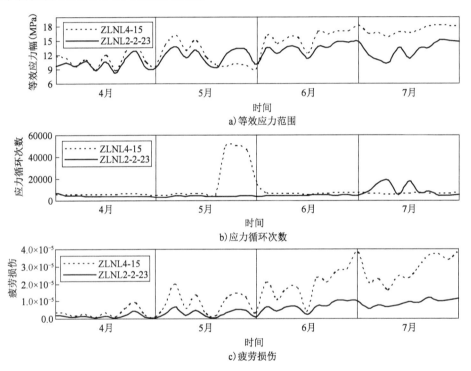

图 8.3.11 ZLNL4-15 和 ZLNL2-2-23 焊缝疲劳特征对比(2009 年 4—7 月)

ZLNL4-15 和 ZLNL2-2-23 的每天疲劳荷载效应和损伤的月平均值　　表 8.3.3

日期	2009 年 4 月		2009 年 5 月		2009 年 6 月		2009 年 7 月	
传感器编号	ZLNL4-15	ZLNL2-2-23	ZLNL4-15	ZLNL2-2-23	ZLNL4-15	ZLNL2-2-23	ZLNL4-15	ZLNL2-2-23
S_{eq}(MPa)	10.8	10.2	11.8	11.9	16.0	13.7	17.2	13.1
N_d	5360	3802	19540	3951	6240	4916	6325	9672
$D(\times 10^{-6})$	2.96	1.44	9.16	3.29	20.80	7.21	28.10	9.07

8.3.3.3 上下游焊缝疲劳损伤的对比分析

本节将对比分析同一桥梁上下游相同焊接细节的疲劳特征,为此,选择斜拉桥的两个顶板-U形肋焊接细节进行分析,根据图8.3.1可知,ZLNL2-2-21位于下游(镇江—扬州方向),ZLNL2-2-23位于上游(扬州—镇江方向)。选择与上节中相同时间段的监测数据进行分析,图8.3.12给出了相应的计算结果。

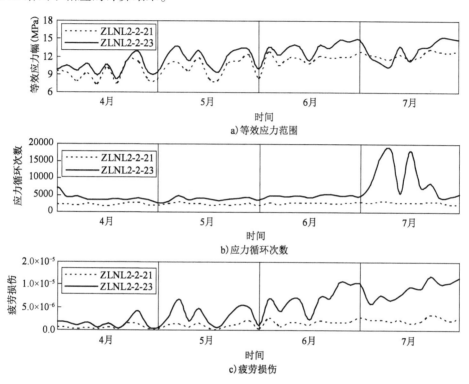

图8.3.12 ZLNL2-2-21和ZLNL2-2-23焊缝疲劳特征对比(2009年4—7月)

从图8.3.12a)和图8.3.12b)可以发现,焊接细节ZLNL2-2-23的S_{eq}和N_d的变化曲线均在细节ZLNL2-2-21的上方,符合大桥上下游实际车流量的状况。另外,根据表8.3.4中的月平均值还可以发现,每月的ZLNL2-2-23平均损伤是ZLNL2-2-21平均损伤的2.9倍、3.6倍、4.1倍和4.1倍,这说明由于车流量的差异,大桥上下游焊接细节的疲劳损伤存在较为明显的差异,上游焊接细节的疲劳寿命要远小于下游的焊接细节。因此,在日常的管理与维护中,应密切注意大桥总车流量的变化以及上下游车流量的差异,在此基础上与焊接细节的疲劳损伤进行综合分析,并制定合理的车流量通行管理策略,从而使得大桥上下游的焊接细节具有较为均衡的疲劳寿命。

ZLNL2-2-21和ZLNL2-2-23的每天疲劳荷载效应和损伤的月平均值 表8.3.4

日期	2009年4月		2009年5月		2009年6月		2009年7月	
传感器编号	ZLNL2-2-21	ZLNL2-2-23	ZLNL2-2-21	ZLNL2-2-23	ZLNL2-2-21	ZLNL2-2-23	ZLNL2-2-21	ZLNL2-2-23
S_{eq}(MPa)	8.9	10.2	10.2	11.9	11.8	13.7	12.26	13.1
N_d	2179	3802	2306	3951	2582	4916	2753	9672
$D(\times 10^{-6})$	0.49	1.44	0.92	3.29	1.76	7.21	2.24	9.07

8.3.4 钢箱梁焊接细节的疲劳寿命评估

8.3.4.1 关于长期监测必要性的讨论

以上具体分析了各种条件下润扬大桥钢箱梁焊接细节的疲劳性能,下面将基于长期监测数据给出焊接细节的疲劳寿命评估结果。首先,进一步观察图 8.3.10～图 8.3.12 中的等效应力范围、应力循环次数和日疲劳损伤,可以发现,不论是 S_{eq} 和 N_d,还是日疲劳损伤,均具有十分显著的变异性,从它们的变化曲线也很难看出明显的变化规律。产生这一现象的原因是由于交通荷载的随机性,公路钢桥结构细节的疲劳荷载效应不可避免地具有显著的随机性,这也是公路钢桥的疲劳问题与铁路钢桥的区别所在。因此,采用图 8.3.10～图 8.3.12 中所给出的短期数据将很难给出焊接细节准确的寿命评估结果,结构健康监测系统的建立为解决这一问题提供了便利的条件,由于系统可以持续不断地记录焊接细节的应力时程数据,通过这些数据的长期积累,就可以给出焊接细节更为合理的疲劳寿命评估结果。

图 8.3.13 和图 8.3.14 分别给出了 ZLNL2-2-23 焊接细节在 2009 年日等效应力范围 S_{eq} 和日疲劳损伤的年变化曲线,图中的 S_{eq} 和疲劳损伤的年变化幅度较大,但其分布仍具有一定的规律。从图中可以看出,夏季的 S_{eq} 和日疲劳损伤最大,春季和秋季的次之,冬季的最小,由此,我们可以发现监测数据长度的选择会对焊接细节的寿命评估结果产生显著的影响,表 8.3.5 给出了焊接细节 ZLNL2-2-23 的寿命评估结果。当仅选择 2009 年 6—7 月的监测数据时,此时日疲劳损伤最大,其寿命评估结果仅为 337 年,随着监测时间的增长,日疲劳损伤的平均值逐渐减小,疲劳寿命评估值也逐渐增大,当选择 2009 年全年的监测数据时,细节的寿命评估结果为 910 年,疲劳寿命增加了近 1.7 倍。

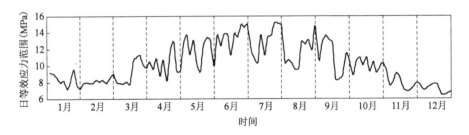

图 8.3.13　焊接细节 ZLNL2-2-23 日等效应力范围 2009 年变化曲线

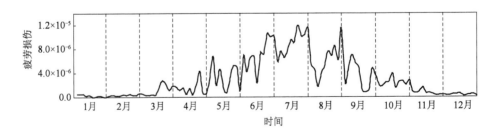

图 8.3.14　焊接细节 ZLNL2-2-23 日疲劳损伤 2009 年变化曲线

监测数据长度对 ZLNL2-2-23 寿命评估结果的影响　　　　表 8.3.5

监测时间	6—7 月	5—8 月	4—9 月	3—10 月	2—11 月	1—12 月
日损伤平均值($\times 10^{-6}$)	8.14	6.43	5.13	4.30	3.51	3.01
寿命评估结果(年)	337	426	534	637	780	910

上述分析结果说明,对于公路钢箱梁桥而言,由于其所承受的车辆荷载条件具有极强的随机性,从而导致其焊接细节的日等效应力范围和日疲劳损伤也具有显著的波动性,此时,若监测时间过短,焊接细节的疲劳寿命评估值可能会大幅度地偏离其实际的疲劳寿命,因此,对钢箱梁焊接细节开展长期的持续的疲劳监测是十分必要的,只有通过长期监测数据的积累才能给出合理的细节疲劳寿命评估结果。

8.3.4.2　疲劳寿命评估结果

随着社会经济水平的不断发展,我国的汽车保有量在逐年不断增长,桥梁结构所承受的车辆荷载也会不断增长,这样就导致桥梁结构焊接细节所承受的疲劳荷载效应也会持续增长。由于车辆荷载的增长主要体现在车辆流量的增长上,而车辆的载重一般不会发生较大的变化,因此,仅研究日循环次数增长对疲劳可靠度的影响。另一方面,除某些突发情况以外,车流量不会发生无限制的非线性增长,因此,考虑到车辆荷载增长的合理性,对应力循环次数的增长采用线性增长模式,即在 n 年服役期内所承受的应力循环累积数 N_{total} 为:

$$N_{\text{total}} = 365 \cdot N_d \cdot n \cdot \left[1 + \frac{(n-1) \cdot \alpha}{2} \right] \quad (8.3.2)$$

式中:α——车辆荷载增长系数(取 α 为 0%、2% 和 5%)。

则根据式(8.2.10)可得细节的疲劳累积损伤为:

$$D = \frac{N_{\text{total}} S_{\text{eq}}^5}{K_D} \quad (8.3.3)$$

显然,当 $D = 1$ 时,焊接细节达到其疲劳寿命。

图 8.3.15～图 8.3.17 分别给出了细节 ZLNL4-15、ZLNL2-2-23 和 ZLNL2-2-24 的疲劳寿命评估结果,其中图 8.3.15a)、图 8.3.16a)和图 8.3.17a)分别给出了三个焊接细节根据 2006 年至 2009 年监测数据计算得到的日应力谱的平均值,图 8.3.15b)、图 8.3.16b)和图 8.3.17b)则分别给出了三个细节考虑车辆荷载增长时的疲劳损伤发展曲线。从中可以看出,当不考虑车辆荷载增长时(即 $\alpha = 0$),细节的疲劳损伤发展缓慢,当服役时间为 100 年时(即达到设计基准期),三个细节的损伤均远小于 1,当考虑车辆荷载增长时,细节的疲劳损伤发展速度明显加快,出现非线性的增长。根据图 8.3.15～图 8.3.17 的疲劳损伤发展曲线,表 8.3.6 给出了润扬大桥钢箱梁焊接细节的疲劳寿命评估结果。从中可以看出:①即使考虑车辆荷载的增长,各个细节的疲劳寿命仍能达到设计基准期的要求,仅当车辆荷载增长系数为 5% 时,细节 ZLNL4-15 的疲劳寿命为 99 年,稍小于设计基准期;②对于悬索桥细节 ZLNL4-15 和斜拉桥细节 ZLNL2-2-23,如前所述,两桥的钢箱梁局部构造存在显著的差异,从而导致这两个同类型细节的疲劳寿命存在较为明显的差异;③对于斜拉桥的两个细节,ZLNL2-2-23 的疲

劳寿命要比 ZLNL2-2-24 小得多,这说明对于同一钢箱梁来说,U 形肋对接细节要比顶板-U 形肋细节具有更为优良的抗疲劳性能。

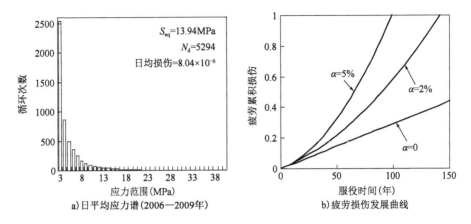

图 8.3.15　ZLNL4-15 疲劳寿命预测结果

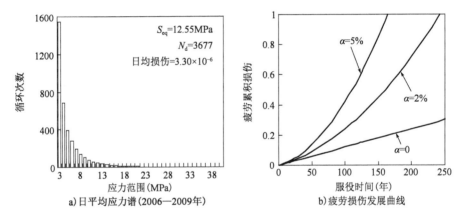

图 8.3.16　ZLNL2-2-23 疲劳寿命预测结果

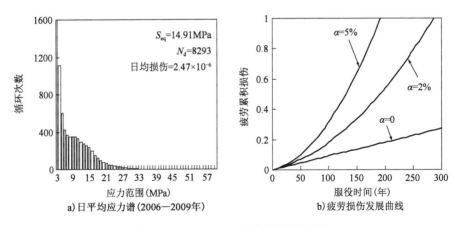

图 8.3.17　ZLNL2-2-24 疲劳损伤发展过程

润扬大桥钢箱梁焊接细节疲劳寿命预测结果　　　　　表 8.3.6

项　　目	服役时间为 100 年时的损伤			疲劳损伤为 1 时的服役时间(年)		
交通荷载增长系数	$\alpha=0$	$\alpha=2\%$	$\alpha=5\%$	$\alpha=0$	$\alpha=2\%$	$\alpha=5\%$
ZLNL4-15	0.293	0.584	>1	341	142	99
ZLNL2-2-23	0.121	0.240	0.419	829	245	165
ZLNL2-2-24	0.091	0.180	0.314	1107	285	195

参 考 文 献

[1] Heins C P, Firmage D A. Design of modern steel highway bridges[M]. New York: John Wiley & Sons, 1979.

[2] 《中国大桥》编写组. 中国大桥[M]. 北京:人民交通出版社, 2003.

[3] Gurney T. TRL State of the Art Review 8: Fatigue of Steel Bridge Decks[M]. London: HMSO, 1992.

[4] Wolchuck R. Lessons from weld cracks in orthotropic decks on three European bridges[J]. Journal of Structural Engineering, ASCE, 1990, 116(1): 75-84.

[5] 钱冬生. 关于正交异性钢桥面板的疲劳[J]. 桥梁建设, 1992(2): 8-13.

[6] 刘莉媛, 王元清, 石永久, 等. 基于加固的正交异性钢桥面板裂纹成因分析[C]// 第九届全国现代结构工程学术研讨会论文集, 2009.

[7] Domling N E. Fatigue failure predictions for complicated stress-strain histories[J]. ASTM Journal of Materials, 1972, 7(1): 71-87.

[8] Matsuishi M, Endo T. Fatigue of metals subjected to varying stress[J]. Journal of Society of Mechanical Engineering, 1968, 37-40.

[9] 高镇同. 疲劳应用统计学[M]. 北京:国防工业出版社, 1986.

[10] Downing S D, Socie D F. Simplified rainflow cycle counting algorithms[J]. International Journal of Fatigue, 1982, 4(1): 31-40.

[11] 汪宏. 基于 MATLAB 的疲劳寿命预测研究[D]. 西安:长安大学, 2009.

[12] Miner M A. Cumulative damage in fatigue[J]. Journal of Applied Mechanics, 1945, 12(3): 159-164.

[13] Henry D L. A theory of fatigue damage accumulation in steel[J]. Transac. of the ASME, 1955, 77: 913-918.

[14] Shang D G, Yao W X, Wang D J. A new approach to the determination of fatigue crack initiation size[J]. International Journal of Fatigue, 1998, 20(9): 683-687.

[15] Sobczyk K, Spencer Jr B F. Random fatigue: from data to Theory[M]. San Diego: Academic Press, Inc, 1992.

[16] 张鹏. 钢桥主桁节点与横梁连接疲劳性能研究[D]. 成都:西南交通大学, 2007.

[17] 任伟平. 钢桥整体节点疲劳性能试验与研究[D]. 成都:西南交通大学, 2004.

[18] 周志祥, 向红, 徐勇. 大跨径钢桁拱桥节点疲劳性能试验研究[J]. 土木建筑与环境工

程, 2010, 32(6): 60-66.
[19] 张玉玲, 潘际炎, 张建民, 等. 芜湖长江大桥钢梁细节疲劳强度的研究[J]. 中国铁道科学, 2001, 22(5): 15-21.
[20] 王天亮, 王邦楣, 潘东发. 芜湖长江大桥钢梁整体节点疲劳试验研究[J]. 中国铁道科学, 2001, 22(5): 93-97.
[21] British Standards Institution. BS5400—Part 10— Code of Practice for Fatigue[S].
[22] British Standards Institution. BS7608—Fatigue design and assessment of steel structures[S].
[23] Chan T H T, Li Z X, Ko J M. Fatigue analysis and life prediction of bridges with structural health monitoring data—Part Ⅱ: application[J]. International Journal of Fatigue, 2001, 23(1): 55-64.
[24] American Association of State Highway and Transportation Officials. AASHTO LRFD Bridge Design Specification[S]. Washington, D.C., 2005.
[25] European Committee for Standardization. Eurocode3— Design of steel structures— Part 1-9: Fatigue: BS EN1993-1-9:2005[S].
[26] 李爱群, 缪长青, 李兆霞. 润扬长江大桥结构健康监测系统研究[J]. 东南大学学报(自然科学版), 2003, 33(5): 544-548.
[27] 郭健, 顾正维, 孙炳楠, 等. 基于小波分析的桥梁健康监测方法[J]. 工程力学, 2006, 23(12):129-135.
[28] 吴佰建. 面向结构状态评估的监测信息多尺度分析方法研究[D]. 南京: 东南大学, 2008.

第9章 桥梁疲劳应变监测与分析 Ⅱ：疲劳寿命可靠度评估

9.1 问题的提出

大跨径桥梁长期服役过程中，扁平钢箱梁的正交异性钢桥面板始终直接承受车辆引起的变幅荷载作用，这将导致钢箱梁焊接细节产生疲劳损伤。随着服役期的增长，损伤逐渐累积，会导致焊接细节往往会在没有征兆的情况下发生断裂破坏。因此，钢箱梁的疲劳寿命评估问题一直是国内外工程界和学术界的研究热点。由于桥梁服役期较长，所处环境条件也极为复杂，钢箱梁焊接细节的疲劳损伤累积过程受到车辆荷载效应、材料疲劳性能、设计建造误差等各种不确定因素的影响，这些因素使得钢箱梁焊接细节的疲劳寿命预测不可避免地变成一个概率问题。因此，开展钢箱梁焊接细节的疲劳寿命可靠度评估是十分必要的。

国内外的研究学者已围绕钢桥焊接构件的疲劳可靠性评估开展了大量的研究工作，较系统地建立了钢桥疲劳可靠度评估方法[1-6]。在这些研究工作中，最主要的疲劳可靠性评估方法是分别根据 S-N 曲线和线弹性断裂力学建立焊接构件的极限状态方程，在此基础上计算疲劳可靠度。在以上两种方法的计算过程中，关于疲劳荷载效应（包括等效应力幅和应力循环作用次数），通常是根据规范或车辆荷载统计计算得到，然而，设计荷载标准和实际运营荷载之间存在着显而易见的差异。因此，传统的面向设计荷载标准的疲劳可靠度方法实际很难反映钢桥构件在运营期的疲劳失效概率水平。近年来，利用设置在桥梁关键构件的应变传感器直接采集应力时程已成为一种更好地获取疲劳荷载效应的方法[7-10]，由传感器所记录的长期监测数据可以更真实、准确地再现关键部位的疲劳应力特征，在此基础上所开展的疲劳可靠度评估将是更为合理的。国内外目前已经有学者开始了基于健康监测系统的钢桥疲劳可靠度的评估研究[11-14]，其中以美国里海大学的 Frangopol 教授的研究最为系统和深入[12,15-18]，但总体来说，这一方面的研究尚处于起步阶段。

本章详细介绍了基于 S-N 曲线和线弹性断裂力学（LEFM）的扁平钢箱梁焊接细节疲劳可靠度评估方法。S-N 曲线方法首先根据 Palmgren-Miner 理论和 Eurocode 规范的疲劳强度曲线建立了面向结构健康监测的钢箱梁焊接细节疲劳极限状态方程，采用高斯混合分布建立了疲劳荷载效应的概率建模方法，在此基础上采用 MCS（Monte Carlo Simulation）计算了钢箱梁焊接细节的时变可靠度指标曲线。线弹性断裂力学方法首先建立了钢箱梁焊接细节的疲劳极限状态方程，针对 U 形肋对接焊缝这一细节，根据有限板厚半椭圆表面裂纹的应力强度因子建立了焊缝临界损伤累积函数的概率模型，在此基础上采用 MCS 计算了 U 形肋对接焊缝的时变可靠度指标曲线，从而形成了基于监测数据的钢箱梁焊接细节疲劳可靠度评估方法体系。

9.2 钢箱梁疲劳荷载效应建模方法

9.2.1 疲劳荷载效应概述

通常在进行钢桥的疲劳可靠度评估时,仅考虑应力幅的随机性,即将应力幅视为随机变量来处理,而将应力幅的循环次数视为常量。而在实际工程中,每天通过桥梁的交通流量是千差万别的,因此每天的等效应力幅的循环次数也各不相同。长期现场不间断的监测表明,与应力幅类似,结构在单位时间内所经历的荷载循环次数也服从某一特征概率模型。因此,这里所阐述的疲劳荷载效应包括等效应力范围 S_{eq} 和应力循环次数 N_d。对钢箱梁焊接细节每天的应变监测进行雨流计数,在此基础上计算疲劳荷载效应,可以得到一系列的 S_{eq} 和 N_d,继而就可以采用概率统计的方法建立两者的概率模型,如 Kwon 和 Frangopol[12] 根据监测数据分析了美国宾夕法尼亚州匹兹堡的 Neville Island Bridge 和 Birmingham Bridge 桥的结构细节的疲劳可靠度,采用对数正态分布、Weibull 分布和 Gamma 分布对焊接细节的等效应力范围进行概率建模,结果表明对数正态分布的拟合效果最优。

本节根据润扬大桥顶板-U形肋细节 2006 年全年的数据进行分析,图 9.2.1 给出了分别采用对数正态分布、正态分布和 Weibull 分布的日等效应力范围的拟合效果,从图中可以看出,对数正态分布的拟合效果相对较好,但同时可以看出,实际等效应力范围呈现明显的双峰分布的特征,因此,采用传统的概率分布模型可能不足以全面描述等效应力范围的概率特征。

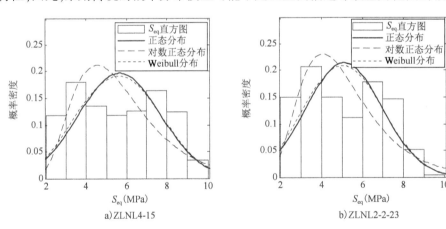

图 9.2.1 2006 年细节 ZLNL4-15 和 ZLNL2-2-23 等效应力范围概率拟合效果

目前,国内外关于长期运营期间的钢箱梁焊接细节疲劳荷载效应的研究还未见诸报道,大多数的研究都是集中在钢桁架桥或者是钢-混凝土组合梁桥等[11-13],需要说明的是,这些桥梁的等效应力幅的分布基本呈现单峰分布的特点,这与润扬大桥正交异性钢桥面板焊接细节存在较为显著的差别。笔者认为主要原因是测试数据长度对等效应力幅概率的分布特征具有显而易见的影响。目前关于公路钢桥的疲劳荷载效应的研究基本采用的是短期的监测数据,如文献[12]中仅采用了 27d 数据,而桥梁的车辆荷载在短期内可能没有发生较为显著的变化。因此,采用通用单峰概率分布模型可以取得良好的拟合效果,但是润扬大桥钢箱梁的疲劳应力监测从通车到现在持续了几年的时间,在这段时间中,大桥所经历的交通荷载条件涵盖了试运行、正常运行、交通荷载剧增等情况。因此,图9.2.1中的日等效应力幅表现出双峰分布的特点是合理的。针对这一情况,提出采用有限混合分布来建立疲劳荷载效应的合理概率模型。

9.2.2 高斯混合分布简介

在统计学中,有限混合模型(Finite Mixture Model,简称FMM)是多个分布函数的加权组合。在混合模型的实际应用中,通常选定高斯分量密度函数来进行参数估计,对应的模型为高斯混合模型(Gaussian Mixture Model,简称GMM)。这是因为,一方面实际应用中数据集的子类形状上常常呈现对称椭球体,符合高斯分布模拟的数据呈椭球分布的特性;另一方面基于高斯分量密度函数的混合分布描述较为简单,易于得到参数估计的显式表达式。高斯混合模型是一种半参数的密度估计方法,它融合了参数估计法和非参数估计法的优点,不局限于特定的概率密度函数的形式。模型的复杂度仅与所研究问题的复杂度有关,而与样本的大小无关[19]。高斯混合模型的一个重要特征是,若模型中的分量足够多,则模型能够以任意精度逼近任意的连续分布,因此,高斯混合分布被广泛应用于各种领域,其中包括故障诊断、统计模式识别、语音与图像识别和混沌系统控制等[20]。

下面将给出高斯混合模型的数学定义。若多维空间(维数为d)的观测数据$\{x_1,x_2,\cdots,x_n\}$的分布近似为椭球体,则可用单一高斯密度函数$N(x|\mu,\Sigma)$来描述产生这些数据的概率密度函数,其中,μ为密度函数的中点,即均值,Σ为此密度函数的协方差矩阵,这些参数决定了密度函数的中心点、宽窄和走向等特性。若数据的分布不是椭球状,则采用单一高斯概率密度函数来描述这些点的分布是不合适的,此时可以采用若干个单一高斯概率密度函数的加权平均,即采用高斯混合模型来表示数据的概率分布,高斯混合模型的定义为:

$$f(x) = \sum_{i=1}^{M} w_i f_i(x) = \sum_{i=1}^{M} w_i N(x|\mu_i, \Sigma_i) \tag{9.2.1}$$

式中: M——混合模型中的分类个数;

w_i——混合模型的权重系数,表示第i个分类发生的先验概率,且$\sum_{i=1}^{M} w_i = 1$,$0 < w_i < 1$;

$N(x|\mu_i, \Sigma_i)$——第i个单一高斯概率密度函数。

当样本长度n足够大时,式(9.2.1)所表述的混合模型的渐进分布为正态分布,因此,只要选取恰当的M、w_i和$N(x|\mu_i, \Sigma_i)$,式(9.2.1)表示的高斯混合概率密度函数可以对任何形状的概率密度进行精确拟合,这是高斯混合模型具有广泛适用性的数学原理。

对于这里所涉及的疲劳荷载效应(包括等效应力范围和应力循环次数),数据为来源于一维空间($d=1$)的观测样本。因此,在应用高斯混合模型对疲劳荷载效应的概率分布进行拟合时,需改变式(9.2.1)的表述,设一维数据x($x \in R$,数据长度为n)为来自M个高斯分布的混合体$\{\omega_i\}$($i=1,2,\cdots,M$),ω_i为第i个高斯类型,则其概率密度函数可以表示如下:

$$f(x|\theta) = \sum_{i=1}^{M} w_i N(x|\mu_i, \sigma_i^2) = \sum_{i=1}^{M} w_i \frac{1}{\sqrt{2\pi}\sigma_i} \cdot \exp\left[-\frac{(x-\mu_i)^2}{2\sigma_i^2}\right] \tag{9.2.2}$$

式中:$N(x|\mu_i, \sigma_i^2)$——第i个一维高斯分布的概率密度函数;

μ_i、σ_i^2——相应的均值和方差;

w_i——第 i 个一维高斯分布的权重系数。

因此,式(9.2.2)中给出的一维高斯混合分布模型的参数为 $\theta = (w_1, w_2, \cdots, w_M; \mu_1, \mu_2, \cdots, \mu_M; \sigma_1^2, \sigma_2^2, \cdots, \sigma_M^2)$。

9.2.3 高斯混合模型参数估计方法

对于一维观测数据 $\{x_1, x_2, \cdots, x_n\}$,参数 θ 的极大似然估计(Maximum Likelihood Estimation, MLE)为:

$$\theta_{\text{MLE}} = \arg\max_{\theta} \prod_{j=1}^{n} f(x_j \mid \theta) \tag{9.2.3}$$

在数据 x_j 的观测过程中,只能获得 x_j 的值,而 x_j 的类型信息是未知的,因此,式(9.2.3)给出了一个典型不完全数据的似然问题[21]。由于不知道 x_j 属于 $\{\omega_i\}$ 中哪一类,直接求解式(9.2.3)存在较大的困难,甚至是不可能的,因此,需要将其重新构造成完全数据的似然问题,在此基础上采用最大期望值(Expectation Maximum, EM)的方法来获取模型参数的估计。EM 算法的基本原理如下[22]。

令第 j 个观测数据 x_j 的模式向量为 $z_j = \{z_{ji}\}$,$i = 1, 2, \cdots, M$,则有:

$$z_{ji} = \begin{cases} 1 & x_j \in \omega_i \\ 0 & x_j \notin \omega_i \end{cases} \tag{9.2.4}$$

由式(9.2.4)可知,向量 z_j 中有且只有一个元素为1。观测数据和模式向量构成完整数据 $y = (x; z) = (x_1, x_2, \cdots, x_n; z_1^T, z_2^T, \cdots, z_n^T)$,则完整似然函数为:

$$L_c(\theta) = \prod_{j=1}^{n} \prod_{i=1}^{M} \left[w_i N(x_j \mid \mu_i, \sigma_i^2) \right]^{z_{ji}} \tag{9.2.5}$$

继而可以得到对数似然函数为:

$$\ln L_c(\theta) = \sum_{j=1}^{n} \sum_{i=1}^{M} z_{ji} \left[\ln w_i + \ln N(x_j \mid \mu_i, \sigma_i^2) \right] \tag{9.2.6}$$

EM 算法是一种计算极大似然估计的迭代方法,广泛应用于不完全数据的情形,最早由 Dempster 在 1977 年提出,EM 算法保证了似然函数总是单调增加的,在理论上确认了利用 EM 算法求解类似式(9.2.6)似然方程的可行性[22]。EM 算法每步迭代计算可分为 E 步和 M 步运算两部分。

E 步阶段,用当前 θ 的估计值,对完整数据向量的对数似然函数 $\ln L_c(\theta)$ 关于 z_{ji} 求条件期望,则第 k 次迭代后的对数似然函数关于 z_{ji} 的条件期望为:

$$Q(\theta^{(k)}) = \sum_{j=1}^{n} \sum_{i=1}^{M} z_{ji}^{(k)} \left[\ln w_i + \ln N(x_j \mid \mu_i, \sigma_i^2) \right] \tag{9.2.7}$$

式中:$z_{ji}^{(k)}$——观测数据 x_j 来自第 i 个高斯分量的后验概率,表达式为:

$$z_{ji}^{(k)} = \frac{w_i^{(k)} N(x_j | \mu_i^{(k)}, \sigma_i^{2(k)})}{\sum_{l=1}^{M} w_l^{(k)} N(x_j | \mu_l^{(k)}, \sigma_l^{2(k)})} \quad (j = 1, 2, \cdots, n; i = 1, 2, \cdots, M) \quad (9.2.8)$$

M 步阶段,对 E 步条件期望后的对数似然函数求极大似然估计。由于 w_i 为每个样本 x_j 的属于第 i 个高斯分量的后验概率的平均值,因此,在第 $k+1$ 次参数迭代估计中,可得:

$$w_i^{(k+1)} = \frac{1}{n} \sum_{j=1}^{n} Z_{ji}^{(k)} \quad (9.2.9)$$

令式(9.2.7)分别对 μ_i 和 σ_i^2 求偏导,得:

$$\sum_{j=1}^{n} z_{ji}^{(k)} \frac{\partial \ln N(x_j | \mu_i, \sigma_i^2)}{\partial \mu_i} = 0 \quad (9.2.10a)$$

$$\sum_{j=1}^{n} z_{ji}^{(k)} \frac{\partial \ln N(x_j | \mu_i, \sigma_i^2)}{\partial \sigma_i^2} = 0 \quad (9.2.10b)$$

由此,可得第 $k+1$ 迭代计算中的均值和方差的最新估计分别为:

$$\mu_i^{(k+1)} = \frac{\sum_{j=1}^{n} z_{ji}^{(k)} x_j}{\sum_{j=1}^{n} z_{ji}^{(k)}} \quad (i = 1, 2, \cdots, M) \quad (9.2.11a)$$

$$\sigma_i^{2(k+1)} = \frac{\sum_{j=1}^{n} z_{ji}^{(k)} (x_j - \mu_j^{(k+1)})^2}{\sum_{j=1}^{n} z_{ji}^{(k)}} \quad (i = 1, 2, \cdots, M) \quad (9.2.11b)$$

在参数迭代估计过程中,E 步和 M 步交替进行。当 $k=0$ 时,$w_i^{(0)}$、$\mu_i^{(0)}$ 和 $\sigma_i^{2(0)}$ 为参数 θ 的初始值。当 $\|w_i^{(k+1)} - w_i^{(k)}\|$、$\|\mu_i^{(k+1)} - \mu_i^{(k)}\|$ 和 $\|\sigma_i^{2(k+1)} - \sigma_i^{2(k)}\|$ 充分小时停止迭代,此时就得到了高斯混合模型的参数估计。

9.2.4 高斯分量数目确定方法

上节讨论了在高斯分量 M 已知情况下的高斯混合模型的参数估计方法。对于任何一个确定的 M 值,EM 算法都能保证收敛到一个含有 M 个分量的高斯混合分布模型。从中可以看出在上节给出的参数估计过程中,混合模型分量数 M 是先验的,而在实际情况中,观测数据 $\{x_1, x_2, \cdots, x_n\}$ 中所包含的分布类型数目却是未知的,因此,确定高斯分量数目 M 是建立合理高斯混合分布模型的一个关键问题。随着分量数 M 的增加,高斯混合分布模型对观测数据的描述能力将随之增加,但一个好的模型应兼顾准确性和简洁性,准确性要求模型与观测数据的误差尽量小,简洁性要求模型参数尽量少。因此,应综合考虑准确性和简洁性来对模型的优劣给予客观的评价,从而确定混合模型中分量数目 M 的取值。这里提出采用信息统计学中的 AIC(Akaike Information Criterion)准则[23]和 BIC(Bayesian Information Criterion)准则[24]来确定高斯混合模型分量数目 M。

AIC 准则的表达式为:

$$\text{AIC} = 2m - \ln L(x | M, w, \mu, \sigma^2) \quad (9.2.12)$$

BIC 准则的表达式为：
$$\text{BIC} = m \times \ln n - \ln L(x | M, w, \mu, \sigma^2) \qquad (9.2.13)$$

式中：　　　m——模型中参数的个数；

n——观测数据向量 x 的长度；

$L(x | M, w, \mu, \sigma^2)$——模型的最大似然值。

从上述两式可以看出，两类信息准则兼顾了模型拟合精度和模型参数数目两方面的因素，对于不同的 M 取值，根据 EM 迭代结果计算 AIC 和 BIC 的值，将 AIC 和 BIC 的最小值作为选择合理模型的判别标准。

9.2.5　算例分析

采用一维数据来验证高斯混合模型在概率建模中的能力，一维数据长度为 10000，并包含不同三个正态分布模型的数据，该一维数据所服从的理论分布为：
$$f = 0.5N(1,1) + 0.25N(3,0.25) + 0.25N(6,0.25) \qquad (9.2.14)$$

式中，三个正态分布模型的权重系数分别为 0.5、0.25 和 0.25，因此，对于这三个不同的正态分布，可生成长度分别为 5000、2500 和 2500 的三组随机数，然后，合并这三组随机数得到服从式(9.2.14)的一维数据。

采用 EM 算法分别计算得到了 M 取 1~10 时的高斯混合模型，在计算过程中，针对每个 M 的取值，采用式(9.2.12)和式(9.2.13)分别计算 AIC 和 BIC 值，图 9.2.2 给出了一维模拟数据的高斯混合模型的信息准则值。从图中可以看出，当 M 为 3 时，AIC 和 BIC 值均取最小值，因此，可以确定混合模型的分量数为 3。图 9.2.3 给出了当分量数为 3 时，采用高斯混合模型的一维模拟数据拟合结果，图中实曲线为拟合的高斯混合分布概率密度曲线，虚线为每个分量的概率密度曲线。从两图可以看出，高斯混合分布能平滑地近似模拟一维模拟数据的概率分布模式，取得了良好的拟合效果。表 9.2.1 进一步给出了分量数为 3 时的高斯混合模型的参数估计值，表中参数估计值与参数理论值差异较小。以上结果表明，高斯混合模型能较好地刻画一维模拟数据的概率分布特征，显示了较强的概率建模能力。

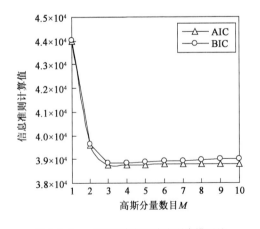

图 9.2.2　一维模拟数据的高斯混合模型的信息准则计算值

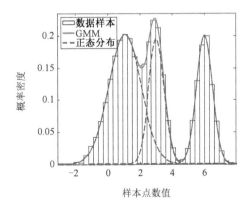

图 9.2.3　一维模拟数据的拟合结果

一维模拟数据高斯混合模型参数估计值与理论值对比　　　　　表9.2.1

高斯分量编号 i	权重 w_i		均值 μ_i		方差 σ_i^2	
	理论值	估计值	理论值	估计值	理论值	估计值
1	0.5	0.506	1.000	1.023	1.000	0.981
2	0.25	0.244	3.000	3.018	0.250	0.216
3	0.25	0.250	6.000	5.990	0.250	0.259

9.3　钢箱梁疲劳可靠度评估方法

9.3.1　基于 S-N 曲线的疲劳极限状态方程

钢箱梁服役期间,其正交异性桥面板结构始终受到车辆荷载的交变作用,这种作用将会使得钢箱梁的焊接细节产生疲劳损伤。随着服役时间的增长,疲劳损伤不断累积,直至超过焊接细节的疲劳抗力产生疲劳破坏,据此可以建立钢箱梁焊接细节的疲劳极限状态方程:

$$g(X) = \Delta - D \tag{9.3.1}$$

式中:Δ——结构的疲劳临界损伤;

D——由荷载作用产生的结构疲劳累积损伤。

从式(9.3.1)可知,当 $D < \Delta$,结构是安全的。Zhao[1]提出采用 Miner 理论和 S-N 试验曲线来计算结构累积损伤 D,并且可以将变幅应力幅等效为一等幅的应力幅 S_{eq}(equivalent stress range)。在第8章中,采用 Eurocode 规范给出了的基于 S-N 曲线的钢箱梁焊接细节的疲劳累积损伤计算公式,即:

$$D = \frac{N_t}{N} = \frac{N_t S_{eq}^5}{K_D} \tag{9.3.2}$$

式中:N_t——服役期内等效应力幅 S_{eq} 的总作用次数;

K_D——应力循环小于常幅疲劳极限 $\Delta\sigma_D$ 时的疲劳强度系数(Eurocode 3 规范)[25];

N——等效应力幅 S_{eq} 作用下结构发生破坏时的循环次数。

大跨径钢箱梁桥的设计基准期较长(通常为100年),同时,结构健康监测系统可以持续实时地记录钢箱梁桥焊接细节的疲劳应力时程,为了充分应用这些海量监测数据,以 1d 为时间时段计算日等效应力幅 S_{eq},如此就可以得到一系列的 S_{eq},与此同时,也可以得到一系列的日循环次数 N_d(daily cycle number)。S_{eq} 和 N_d 的计算公式分别为式(7.2.11)和式(7.2.12),则可以得到 N_t 的表达式为:

$$N_t = 365 \cdot n \cdot N_d \tag{9.3.3}$$

式中:n——桥梁服役年数。

根据上述分析,可以得到基于长期监测数据的钢箱梁焊接细节的疲劳极限状态方程[26-27]:

$$g(X) = \Delta - e \cdot D = \Delta - e \cdot \frac{365 \cdot n \cdot N_d \cdot S_{eq}^5}{K_D} \tag{9.3.4}$$

式中:e——考虑传感器测试误差的修正系数,Frangopol 提出了系数 e 的概念[15],并给出具体的概率分布模型。对于服役期内的任意时刻,若焊接细节处于疲劳破坏状态时,$g(X) < 0$,则疲劳失效概率为 $p_f = p[g(X) < 0]$,因此,钢箱梁疲劳时变可靠度指标(Time-dependent Fatigue Reliability Index)为:

$$\beta = \Phi^{-1}(1 - p_f) = -\Phi^{-1}(p_f) \tag{9.3.5}$$

式中:$\Phi^{-1}(\cdot)$——标准正态分布函数的反函数。

在极限状态方程式(9.3.4)中,除服役时间 n 以外,与可靠度计算相关的随机参数有临界疲劳损伤 Δ、疲劳强度系数 K_D、日等效应力幅 S_{eq} 和循环次数 N_d 以及传感器测试误差系数 e。本章 9.4.1 节将详细讨论上述参数的概率特性。

9.3.2 基于线弹性断裂力学(LEFM)的疲劳极限状态方程

一般采用 Paris 提出的关系式来描述疲劳裂纹的扩展过程[28-29],即

$$\frac{da}{dN} = C(\Delta K)^m \tag{9.3.6}$$

式中:a——裂纹尺寸;

N——循环次数;

ΔK——应力强度因子范围;

C、m——与材料有关的常数。

根据线弹性断裂力学,应力强度因子范围 ΔK 可以由下式计算得到[1]:

$$\Delta K = K_{max} - K_{min} = F(a)S\sqrt{\pi a} \tag{9.3.7}$$

式中:$F(a)$——反映应力集中的几何函数;

S——应力范围;

a——裂纹尺寸。

根据式(9.3.7)和式(9.3.6)给出的裂纹扩展模型,可以得到疲劳开裂的一系列重要概念。首先,将式(9.3.7)代入式(9.3.6),并对式(9.3.6)进行积分,设裂纹尺寸从 a_1 扩展至 a_2,构件所经历的应力循环作用次数也相应地由 N_1 增加至 N_2,可以得到:

$$\int_{a_1}^{a_2} \frac{da}{(F\sqrt{\pi a})^m} = \int_{N_1}^{N_2} CS^m dN \tag{9.3.8}$$

根据上式,Madsen[30] 定义了反映裂纹从 a_1 扩展至 a_2 的疲劳损伤累积函数 $\psi(a_2, a_1)$,则 $\psi(a_2, a_1)$ 可以表示为:

$$\psi(a_2, a_1) = \int_{a_1}^{a_2} \frac{da}{(F\sqrt{\pi a})^m} \tag{9.3.9}$$

根据上式,裂纹从初始裂纹尺寸 a_0 扩展至临界裂纹尺寸 a_c 的损伤累积函数可表示为 $\psi(a_c, a_0)$,由于 a_c 仅与材料和裂纹形状有关,因此,$\psi(a_c, a_0)$ 实际表示了构件的临界累积损伤,可作为疲劳极限状态方程的抗力项,即:

$$\psi(a_c, a_0) = \int_{a_0}^{a_c} \frac{da}{(F\sqrt{\pi a})^m} \tag{9.3.10}$$

另一方面,裂纹从初始裂纹尺寸 a_0 经 N 次应力循环作用扩展至 a_N 的损伤累积函数为

$\psi(a_N, a_0)$，表达式为：

$$\psi(a_N, a_0) = \int_{N_0}^{N} CS^m \mathrm{d}N \tag{9.3.11}$$

根据 Miner 准则[31]计算等效应力范围 S_{eq} (equivalent stress range)，有：

$$S_{eq} = \left(\sum \frac{n_i}{N} S_i^m \right)^{1/m} \tag{9.3.12}$$

式中：n_i——应力范围 S_i 的作用次数；

N——所有应力循环的作用次数。

式(9.3.12)可变为：

$$\psi(a_N, a_0) = CS_{eq}^m (N - N_0) \tag{9.3.13}$$

式(9.3.13)反映了循环荷载对疲劳裂纹扩展的贡献，因此，$\psi(a_N, a_0)$可作为极限状态方程的荷载效应项。由以上推导可知，a_N表示了经 N 次循环作用后的裂纹尺寸，当 a_N 达到或超过临界裂纹尺寸 a_c 时，可认为构件发生破坏，据此可以建立极限状态方程：

$$a_c - a_N = 0 \tag{9.3.14}$$

由于 $\psi(a, a_0)$ 随 a 单调增加，故极限状态方程可转化为：

$$\psi(a_c, a_0) - \psi(a_N, a_0) = \int_{a_0}^{a_c} \frac{\mathrm{d}a}{(F\sqrt{\pi a})^m} - CS_{eq}^m(N - N_0) = 0 \tag{9.3.15}$$

如前所述，焊接细节不可避免地存在初始裂纹和缺陷，因此，对应于初始裂纹尺寸 a_0 的应力循环次数 N_0 可视为0。

与第5章类似，取一天的数据计算等效应力范围 S_{eq} 和日应力循环次数 N_d，则焊接细节所经历的循环次数 N 可表示为：

$$N = 365 \cdot n \cdot N_d \tag{9.3.16}$$

式中：n——桥梁服役年数。

同时，考虑到传感器的测试误差，引入修正系数 e[15]，则可以得到面向结构健康监测的焊接细节疲劳断裂极限状态方程：

$$g(X) = \int_{a_0}^{a_c} \frac{\mathrm{d}a}{(F\sqrt{\pi a})^m} - e \cdot 365 \cdot n \cdot N_d \cdot CS_{eq}^m \tag{9.3.17}$$

此时即可根据9.3.1节的方法计算钢箱梁焊接细节的疲劳时变可靠度指标。

在极限状态方程式(9.3.17)中，除服役时间 n 以外，与可靠度计算相关的随机参数有日等效应力幅 S_{eq}、日应力循环次数 N_d、临界疲劳累积损伤 $\psi(a_c, a_0)$、裂纹扩展系数 C 和传感器测试误差系数 e。本章9.5节中将详细讨论上述参数的概率特性。

9.3.3 疲劳可靠度计算方法

9.3.3.1 问题的提出

结构可靠性是指结构在规定时间内、规定条件下完成预期功能的能力。结构的可靠性由极限状态方程中荷载效应 S 和结构抗力 R 之间的关系来确定。前两节给出了钢箱梁焊接细

节的疲劳极限状态方程,为了阐述疲劳可靠度指标的计算方法,采用一般性的极限状态方程[32]:

$$Z = G(x) = R - S = G(x_1, x_2, \cdots, x_n) = 0 \tag{9.3.18}$$

式中:$x_i(i=1,2,\cdots,n)$——影响结构可靠性的独立随机变量。

当 $G(x) < 0$ 时,表明结构失效,则失效概率 p_f 为:

$$p_f = p(G(x) < 0) \iint\limits_{x_1 x_2} \cdots \int\limits_{x_n} f(x_1, x_2, \cdots, x_n) dx_1 dx_2 \cdots dx_n \tag{9.3.19}$$

式中: $p(\cdot)$——括号中事件发生的概率;

$f(x_1, x_2, \cdots, x_n)$——随机变量 x_i 的联合概率密度函数,积分区域为 $G(x) < 0$ 所对应的区域。

在工程中,通常采用可靠度指标作为评价结构完成其预期功能能力的评价指标,计算公式如式(9.3.5)所示。

由式(9.3.19)可知,计算失效概率 p_f 的理想方法是在各随机变量概率密度函数已知的前提下,求得功能函数的概率分布,在此基础上,对式(9.3.19)展开精确计算。但在实际工程中,影响结构可靠性的因素较多,获取随机变量的联合概率密度函数是困难的,甚至是不可能的,同时由于失效区域一般为多维曲面,多重积分计算也是几乎不可能的,因此,通常采用近似或迭代的方法开展可靠度分析。下面将就一次二阶矩法和 Monte Carlo 法进行简要介绍。

9.3.3.2 一次二阶矩方法

一次二阶矩法仅考虑随机变量的平均值(一阶原点矩)和标准差(二阶原点矩),并对结构功能函数进行线性处理,该方法使用简单,计算效率高,在工程界得到广泛的应用。需要说明的是,当功能函数 Z 服从正态分布或对数正态分布时,一次二阶矩法计算的可靠度是精确的,否则,计算结果就只是结构可靠度的近似值。根据对随机变量实际分布类型的考虑和功能函数展开方式,一次二阶矩法包括中心点法[32]和验算点法[33]。

中心点法不考虑基本变量的实际分布类型,直接假定其服从正态或对数正态分布,导出可靠度的解析表达式进行计算。其基本思想是对功能函数进行线性化的近似处理,方法是将功能函数 Z 在随机变量的均值点处按泰勒级数展开,取其一次项有:

$$Z \approx G(\mu_{x_1}, \mu_{x_2}, \cdots, \mu_{x_n}) + \sum_{i=1}^{n} \frac{\partial G}{\partial x_i}\bigg|_{\mu_{x_i}} (x_i - \mu_{x_i}) \tag{9.3.20}$$

式中:μ_{x_i}——x_i 的均值。

可得 Z 的平均值 μ_Z 和标准差 σ_Z 的近似值为:

$$\mu_Z \approx G(\mu_{x_1}, \mu_{x_2}, \cdots, \mu_{x_n})$$
$$\sigma_Z \approx \sqrt{\sum_{i=1}^{n} \left(\frac{\partial G}{\partial x_i}\bigg|_{\mu_{x_i}} \sigma_{x_i}\right)^2} \tag{9.3.21}$$

可靠度指标的近似计算值则为:

$$\beta \approx \frac{\mu_Z}{\sigma_Z} \tag{9.3.22}$$

中心点法计算简单,因此应用较为广泛,但中心点法不能考虑随机变量的概率分布类型,且将非线性功能函数在随机变量的平均值处展开也不合理,另外,对物理力学含义相同但表达式不同的极限状态方程,中心点法计算出的可靠度是不同的。针对这些问题,研究人员发展了改进的一次二阶矩法,即验算点法。该方法的基本思想是:①当功能函数为非线性时,不在中心点处展开为泰勒级数,而是在极限状态曲面 $Z=0$ 上的某一点展开为线性函数;②当随机变量 x_i 的分布类型非正态分布时,根据概率累积函数值和概率密度函数值等价的原则,根据 Rackwitz-Fiessler 转换[34]将 x_i 转化为当量正态分布,从而得以在可靠度计算过程中合理地考虑变量分布类型。验算点法的具体计算步骤是:先假设验算点在极限状态曲面上的位置,根据假设的验算点计算可靠度指标 β 并对验算点位置进行更新,经过反复迭代,直至收敛。

9.3.3.3 蒙特卡罗(Monte-Carlo)方法

本章 9.2 节中根据高斯混合分布提出了钢桥疲劳荷载效应的概率建模方法,虽然高斯混合分布能给出随机变量概率密度函数的解析表达式,且分布模型中的各分量也服从正态分布,但是这时仍采用一次二阶矩方法计算可靠度是不合适的。这是因为极限状态方程(9.3.4)和(9.3.17)中的等效应力范围 S_{eq} 和应力循环次数 N_d 均被表示为若干高斯随机变量的加权平均,因此,极限状态方程的展开式将异常复杂,此时,若采用中心点法或验算点法计算可靠度将显得很困难。

Monte-Carlo 法为计算类似情况的可靠度提供了便利,Monte-Carlo 法也称为随机模拟法,是一种采用统计抽样理论近似求解与随机变量有关的方法[35]。与一次二阶矩法相比,Monte-Carlo 法无需将状态函数线性化和随机变量当量正态化,模拟过程与极限状态函数的非线性程度无关,收敛速度也不受随机变量维数的影响,同时,若系统具有显式的极限状态函数,则可以通过大量的重复仿真计算使得可靠度的计算结果接近准确值,并且计算时间也会控制在可接受的范围之内。因此该方法适用于基本变量众多且分布类型各异,结构及受力情况复杂的可靠度分析,特别在非线性极限状态方程求解方面具有明显的优势。

Monte-Carlo 法的计算过程为:对于式(9.3.18)所给出的极限状态方程,对随机向量 x 进行 N 次随机抽样,可得 N 组随机向量 $x_j (j=1,2,\cdots,N)$,将 x_j 带入式(5.5.1),可得 N 个 Z_j 值。假设 N 个 Z_j 值中存在 N_f 个 Z_j 小于 0,则结构的失效概率可近似表示为 $p_f = N_f/N$,在此基础上可根据式(9.3.5)计算相应的可靠度指标 β。Monte-Carlo 法通过大量重复抽样直接求解失效概率,抽样次数越多,计算结果与精确解越接近,抽样数的多少决定了计算结果的精度。A. H-S. Ang[36]给出了抽样数的建议值:

$$N > 100/p_f \tag{9.3.23}$$

可见,当失效概率较小时,将导致随机抽样次数过多,这是 Monte-Carlo 法的主要缺点,但对于具有显式表达式的极限状态方程,计算时间的增加幅度也是可以接受的,同时,为了减少模拟次数提高计算精度,可采用方差缩减技术对 Monte-Carlo 法进行改进。对于服从高斯混合分布的 S_{eq} 和 N_d 而言,其随机数的抽样方法可参考 9.2.5 节的数值算例。

9.3.4 疲劳目标可靠度

目标可靠度是指在某领域被认可的可接受最小安全水平,目标可靠度指标 β_{target} 可以表示为:

$$\beta_{target} = \Phi^{-1}(1 - p_{af}) \tag{9.3.24}$$

式中:p_{af}——可接受的最大失效概率(Maximum Acceptable Failure Probability)。

开展钢箱梁焊接细节的疲劳可靠度评估,就是将实际可靠度指标与目标可靠度指标进行比较,来评估其所具有的可靠度水平是否能满足要求。若在整个服役期内,细节的疲劳可靠指标高于目标可靠指标时,只需对该细节进行例行检查就可以。若在服役期内,发现计算疲劳可靠指标低于目标可靠指标时,就需要对该细节进行详细的检查,确定检测时间计划,并在必要时对其进行维修、加固。

因此,确定合理的目标可靠度具有重要的工程意义,是钢箱梁焊接细节疲劳评估的关键问题之一。国内外学者在这方面给出了一些有益的建议。在规范研究方面,Moses[37]通过对AASHTO钢桥疲劳设计规范所隐含的可靠度进行分析,建议冗余桥跨的疲劳目标可靠度指标为3.90,非冗余桥跨的疲劳目标可靠度指标可取5.28。Smith和Hirt[38]对1985年版的ECCS规范进行了可靠度校准,发现按照ECCS规范设计的钢结构,在达到其疲劳寿命时的可靠度指标为2.0~3.5。而欧洲钢结构协会建议钢桥的疲劳可靠度指标取为3.5[39]。

在工程应用方面,Yazidani和Albrecht[40]在对一座钢桥进行可靠度评估时,采用的目标可靠度指标为2.0。Teng[41]对中国铁路钢桥疲劳可靠性进行了初步研究,结果表明中国铁路钢桥的疲劳可靠度指标为1.5~3.6。潘际炎[42]在对中国铁路钢桥疲劳荷载谱和抗疲劳设计研究的基础上,指出中国铁路简支钢板梁各构造细节的疲劳可靠度指标为2.32~7.28,简支栓接梁(除吊杆外)的可靠度指标为3.74~5.2,并建议铁路钢桥疲劳目标可靠度指标取3.5。李莹和黄侨[43]在对美国I-95号州际公路上的耶洛·米尔·庞德桥和吴堡黄河大桥进行疲劳评估时,采用的目标可靠度指标均为3.5。王春生[44-45]在对我国的几座老龄铆接钢桥开展疲劳可靠性评估时采用的目标可靠度指标为2.0。Frangopol采用联合有限元和健康监测数据的方法对Birmingham Bridge的焊接细节进行了疲劳评估,采用的目标可靠度指标为3.72,而在仅采用健康监测数据对Neville Island Bridge和Birmingham Bridge的焊接细节进行疲劳评估时,采用的目标可靠度指标为1.65[12]。

综上可以看出,由于采用的规范、评估方法和实际工程状况不同,各国学者开展钢桥疲劳评估所采用的目标可靠度指标也存在着较大的差异,而我国在这一方面的研究工作更是涉及甚少。因此,提出能够反映我国公路钢桥的合理疲劳目标可靠度水平尚需大量的研究工作。

表9.3.1列出了规范和国内外文献中关于桥梁结构各种不同极限状态类型的目标可靠度指标。从中可以看出,承载力极限状态的目标可靠度水平是最高的,这是因为结构一旦发生承载力破坏将会造成极为严重的生命、财产安全,而正常使用极限状态的目标可靠度水平则相对最小。钢箱梁焊接细节的疲劳断裂一般不会造成桥梁结构的整体灾难性的破坏后果,但会导致钢箱梁局部受力性能的下降以及环境腐蚀情况的加剧,同时还会导致桥面铺装层的开裂等。综上,将目标可靠度指标β_{target}设定为2.0,对应的破坏概率为2.3%。

桥梁结构的目标可靠度指标 表9.3.1

极限状态类型		承载力极限状态[46]		正常使用极限状态[43]	疲劳极限状态
		延性破坏	脆性破坏		
结构安全等级	I	4.7	5.2	1.5~3.1	2.33~3.5[43]、3.0或3.5[47]、1.65[12]、3.72[17]

9.4 润扬大桥钢箱梁疲劳可靠度评估Ⅰ:S-N 曲线方法

9.4.1 极限状态方程参数的概率表述

9.4.1.1 Miner 临界疲劳损伤

Miner 线性累积损伤理论认为当疲劳累积损伤达到 1 时结构发生疲劳破坏,但实际上真实工程结构发生破坏时的累积损伤并不总等于 1,Miner 临界疲劳损伤具有一定的随机性,因此这一不确定因素可以用随机变量 Δ 来表示。Nyman[48]、Wirsching[49]等对大量的疲劳试验数据进行了分析,研究发现 Miner 临界疲劳损伤 Δ 服从对数正态分布。目前,在工程技术的各个领域均将 Δ 作为对数正态变量来分析变幅应力循环中的疲劳问题。关于 Δ 的概率分布,Wirsching 假定其服从均值为 1、变异系数为 0.3 的对数正态分布。

9.4.1.2 疲劳强度系数

如式(9.3.2)所示,疲劳强度系数为 K_D,其计算表达式为:

$$K_D = \Delta\sigma_D^5 \times 5 \times 10^6 \tag{9.4.1}$$

式中:$\Delta\sigma_D$——细节的常幅疲劳极限。

Albrecht[50]研究了部分桥梁结构细节疲劳试验数据,指出疲劳强度系数应服从对数正态分布。Keating 和 Fisher[51]对美国在 1966—1972 年之间的 800 个足尺焊接钢桥细节的疲劳试验数据进行了分析,指出 AASHTO 疲劳细节分类的 lg$A$[常数 A 见第 8 章式(8.2.4)]服从正态分布,则 A 服从对数正态分布,并通过回归分析得到了 AASHTO 规范中疲劳细节参数 A 的概率分布参数[52]。而 Eurocode 规范[25]没有给出 S-N 曲线中疲劳强度系数的概率分布。因此,为解决结构服役期内任意时刻的焊接细节疲劳可靠性评估这一问题,还需确定疲劳强度系数 K_D 的概率分布类型及参数。Zhao 等人[1]在研究钢桥疲劳可靠度时,对于所有的焊接细节类型,认为疲劳强度系数均服从对数正态分布,且变异系数为 0.45。因此,这里假定式(9.4.1)中疲劳强度系数 K_D 服从对数正态分布。顶板-U 形肋焊缝和 U 形肋对接焊缝的细节分类分别为 50 和 71,则 K_D 均值分别为 3.47×10^{14} 和 1.90×10^{15},两者的 K_D 的变异系数为 0.45。

9.4.1.3 传感器测试误差系数

本章将根据长期监测数据来开展钢箱梁焊接细节的疲劳可靠度评估,在长期的数据采集过程中,传感器所处的环境极为复杂,外界干扰因素较多,传感器所记录的应变数据不可避免地与结构的实际受力状态存在误差,这种误差将会对结构的疲劳可靠度产生一定的影响。因此,除了关注上述结构材料和荷载效应的随机性,还需考虑由于测试误差产生的不确定性对疲劳可靠度计算的影响。采用测试误差系数 e 来计入传感器测试偏差对焊接细节疲劳可靠度的影响。关于测试误差系数 e 的概率分布,采用 Frangopol[15]提出的均值为 1、变异系数为 0.03 的对数正态分布。

9.4.1.4 疲劳荷载效应

采用高斯混合模型对第8章所涉及的三个焊接细节的疲劳荷载效应进行概率建模,根据EM算法迭代计算模型参数的估计值,计算时,设定高斯混合模型的最大迭代数为200,参数容差限值为1×10^{-4}。同时,为确定最优高斯分量数M,取M在1~10之间变化,如此可得10个高斯混合模型,当确定每个高斯混合模型的参数之后,就可以计算AIC和BIC值。图9.4.1~图9.4.3给出了上述三个细节的信息准则值曲线。从中可以看出:①对于细节ZLNL2-2-23的N_d,其信息准则值曲线随着M的增加波动较大,特别是通过AIC曲线似乎难以确定最优高斯分量数,但根据BIC曲线可以看出当M为4时,BIC值取最小,故取高斯分量数为4,对于ZLNL2-2-23的S_{eq},其信息准则值曲线的波动较小,趋势较为明显,从中可以看出,AIC曲线和BIC曲线的拐点分别是在M为3和2时出现,故高斯分量数为2;②对于细节ZLNL2-2-24,N_d和S_{eq}的信息准则值曲线的变化较有规律,当M为3时,N_d的AIC和BIC均取最小值,当M为2时,S_{eq}的AIC和BIC均取最小值,故细节ZLNL2-2-24的N_d和S_{eq}的高斯分量数分别为3和2;③对于细节ZLNL4-15,其与细节ZLNL2-2-24较为类似,其疲劳荷载效应的信息准则值曲线具有明显的规律性变化,当M为4时,N_d的AIC和BIC均取最小值,当M为3时,S_{eq}的AIC和BIC均取最小值,故细节ZLNL4-15的N_d和S_{eq}的高斯分量数分别为4和3。

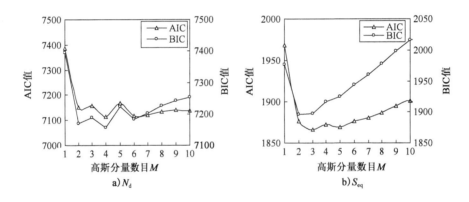

图9.4.1 高斯混合模型的信息准则值变化曲线(ZLNL2-2-23)

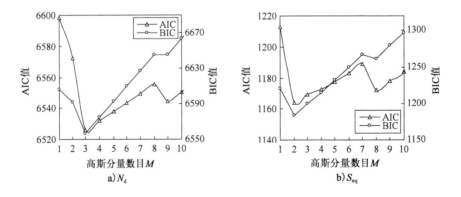

图9.4.2 高斯混合模型的信息准则值变化曲线(ZLNL2-2-24)

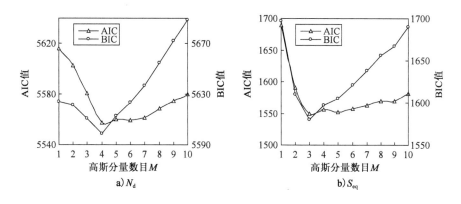

图 9.4.3 高斯混合模型的信息准则值变化曲线(ZLNL4-15)

根据上节的分析结果,本节对三个焊接细节的疲劳荷载效应进行概率建模。图 9.4.4~图 9.4.9 给出了高斯混合模型的拟合结果,表 9.4.1~表 9.4.3 则给出高斯混合模型参数的具体数值。总体看来,图中不论是日应力循环次数,还是日等效应力幅,高斯混合模型均能良好地模拟实测疲劳荷载效应的概率分布特征。进一步观察图 9.4.5、图 9.4.7 和图 9.4.9 可知:①细节 ZLNL2-2-23 的 S_{eq} 表现为典型的双峰分布,两个峰值分别出现在 9MPa 和 14MPa 附近,从图中的直方图可以看出,两个高斯分量的权重大致相当,拟合结果显示两分量的权重分别为 0.49 和 0.51;②与 ZLNL2-2-23 类似,细节 ZLNL2-2-24 的 S_{eq} 也表现为典型的双峰分布,两个峰值分别出现在 13MPa 和 15MPa 附近,但从图中直方图的分布可以看出,两个高斯分量的权值相差较大,拟合结果显示两分量的权重分别为 0.30 和 0.70;③与上述两细节不同,细节 ZLNL4-15 表现为三峰分布的特征,三个峰值分别出现在 8.5MPa、11MPa 和 16MPa 附近,从图中直方图的分布可知,三个高斯分量的权值大致相当,拟合结果显示三分量的权重分别为 0.27、0.36 和 0.37。以上分析结果表明,高斯混合分布能够很好地描述正交异性钢桥面板焊接细节疲劳荷载效应的概率分布特征。

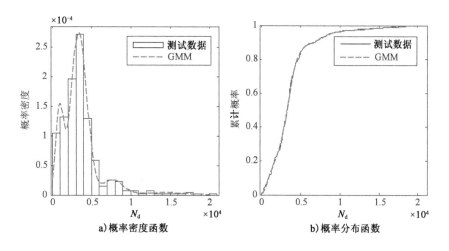

图 9.4.4 日应力循环次数 GMM 拟合结果(ZLNL2-2-23)

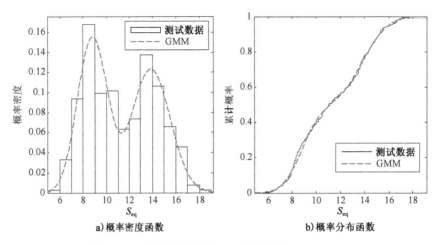

图 9.4.5 日等效应力范围 GMM 拟合结果(ZLNL2-2-23)

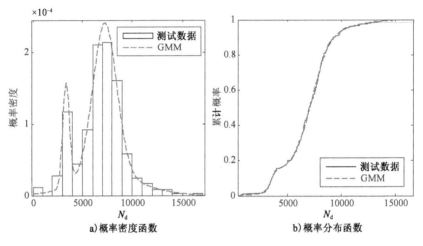

图 9.4.6 日应力循环次数 GMM 拟合结果(ZLNL2-2-24)

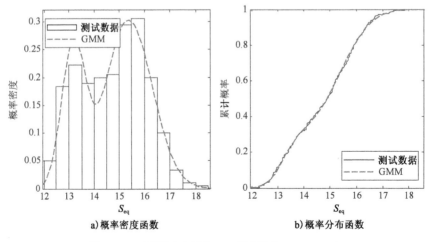

图 9.4.7 日等效应力范围 GMM 拟合结果(ZLNL2-2-24)

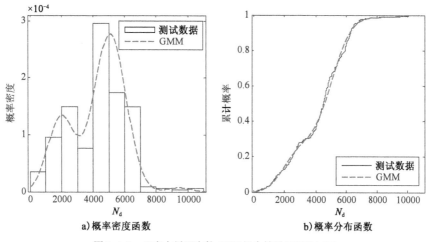

图9.4.8 日应力循环次数GMM拟合结果(ZLNL4-15)

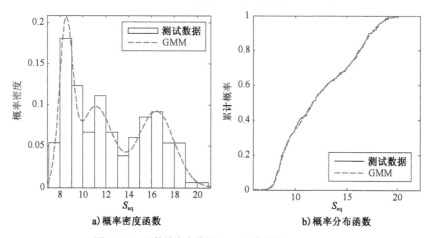

图9.4.9 日等效应力范围GMM拟合结果(ZLNL4-15)

ZLNL2-2-23 焊接细节疲劳荷载效应高斯混合模型　　　　表9.4.1

高斯分量编号 i	N_d			S_{eq}		
	权重 w_i	均值 μ_i	方差 σ_i^2	权重 w_i	均值 μ_i	方差 σ_i^2
1	0.306	2704	1.91×10^6	0.494	8.82	1.64
2	0.301	2958	1.91×10^6	0.506	13.93	2.69
3	0.131	8639	1.97×10^7	—	—	—
4	0.263	3213	2.18×10^6	—	—	—

ZLNL2-2-24 焊接细节疲劳荷载效应高斯混合模型　　　　表9.4.2

高斯分量编号 i	N_d			S_{eq}		
	权重 w_i	均值 μ_i	方差 σ_i^2	权重 w_i	均值 μ_i	方差 σ_i^2
1	0.645	7236	1.44×10^5	0.293	13.21	0.22
2	0.120	3390	1.10×10^5	0.707	15.42	0.87
3	0.235	7667	1.13×10^7	—	—	—

ZLNL4-15 焊接细节疲劳荷载效应高斯混合模型　　　　表9.4.3

高斯分量编号 i	N_d			S_{eq}		
	权重 w_i	均值 μ_i	方差 σ_i^2	权重 w_i	均值 μ_i	方差 σ_i^2
1	0.304	5093	1.02×10^5	0.269	8.51	0.33
2	0.014	9423	5.76×10^5	0.364	11.11	2.19
3	0.281	1986	7.12×10^5	0.367	16.40	2.48
4	0.401	5051	1.01×10^6	—	—	—

9.4.2 钢箱梁疲劳可靠度评估

9.4.2.1 荷载效应的变异性对疲劳可靠度的影响

从上节的分析可以看出,润扬大桥钢箱梁焊接细节的疲劳荷载效应存在较为显著的变异性,如细节 ZLNL2-2-23 的 S_{eq} 和 N_d 的变异系数(Coefficient of variation,简称 COV)分别为 0.28 和 0.52。因此,在开展疲劳可靠度评估之前,有必要分析疲劳荷载效应的变异性对疲劳可靠度的影响规律,这是正确理解焊接细节疲劳可靠度评估结果的前提。

以细节 ZLNL2-2-23 为原型,构造一算例来分析 S_{eq} 和 N_d 的变异系数的大小对疲劳使用寿命的影响,首先,需要明确的是疲劳使用寿命指的是细节的疲劳可靠度达到目标可靠度(本章设定为2)时的服役时间。当细节的疲劳可靠度指标达到 β_{target} 时的使用寿命可看成细节疲劳安全性能的转折点,当可靠度指标低于 β_{target} 时,可认为细节的疲劳可靠性已不能满足要求,此时应立即进行全面的检测来发现可能存在的裂纹和缺陷,在此基础上采取适当的措施进行修复与加固。另一方面,当细节的疲劳可靠度指标大于 β_{target} 时,并不意味着细节不可能发生疲劳破坏,在此期间仍需进行定期检测。

算例的具体构造为:S_{eq} 和 N_d 均服从对数正态分布,且两者均值分别为 11.4 和 3690,变异系数分别为 0.28 和 0.52,疲劳极限状态方程中的其他参数仍按 9.4.1 节确定。图 9.4.10 给出了算例的计算结果,在计算图 9.4.10a)中的曲线时,S_{eq} 服从均值为 11.4,变异系数为 0.28 的对数正态分布,同时,取 N_d 的均值为 3690,变异系数的变化范围为 $[0, 0.52]$,图 9.4.10b)的计算过程与图 9.4.10a)类似。从图中可以看出:①总体来看,随着 S_{eq} 和 N_d 的变异性的增加,细节 ZLNL2-2-23 的疲劳使用寿命逐渐减小,这说明疲劳荷载效应变异性的增长对减小焊接细节在服役期的疲劳可靠度;②当 N_d 的变异系数由 0 增长至 0.52 时,细节 ZLNL2-2-23 的疲劳使用寿命则仅由 125 年减少到 107 年,疲劳使用寿命仅减少了 15 年,这说明应力循环次数的变异性对焊接细节疲劳使用寿命的影响十分有限;③而当 S_{eq} 的变异系数由 0 增长至 0.28 时,细节的疲劳使用寿命则从 484 年大幅度减少至 107 年,疲劳使用寿命减少了 377 年,这说明日等效应力幅的变异性对焊接细节疲劳使用寿命的影响十分显著。

9.4.2.2 疲劳可靠度评估结果

第 8 章的 8.3.4.2 节研究了车辆荷载增长情况下的润扬大桥焊接细节的疲劳寿命,其中式(8.3.2)给出了车辆荷载增长情况下 n 年服役期内的应力循环累积次数,则可得考虑车辆荷载增长的疲劳极限状态方程为:

$$g(X) = \Delta - e \cdot \frac{365 \cdot n \cdot N_d \cdot S_{eq}^5}{K_D} \cdot \left[1 + \frac{(n-1) \cdot \alpha}{2}\right] \quad (9.4.2)$$

式中：α——车辆荷载增长系数，取 α 为 0%、2% 和 5%，分别代表了车辆荷载增长的三种水平。

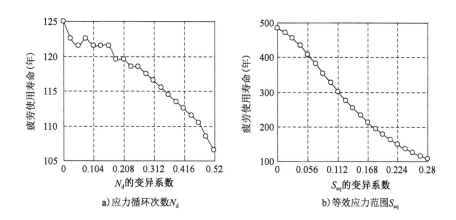

图 9.4.10　疲劳荷载效应随机性与疲劳寿命的关系

采用 Monte-Carlo 方法计算焊接细节在整个服役期内的可靠度，图 9.4.11、图 9.4.12 和图 9.4.13 分别给出了细节 ZLNL2-2-23、ZLNL2-2-24 和 ZLNL4-15 在服役期内的时变可靠度指标曲线，每幅图中均给出了三种车辆荷载增长水平下的细节时变可靠度指标曲线。另外，需要说明的是，图中的竖实线代表了润扬大桥的设计基准期（100 年），横虚线代表了焊接细节的目标可靠度指标 β_{target}，本章根据这两条直线对细节的疲劳可靠度指标计算结果进行评估。

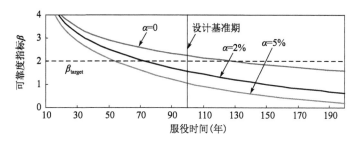

图 9.4.11　ZLNL2-2-23 焊接细节的时变疲劳可靠度指标曲线

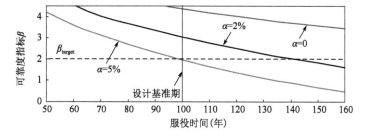

图 9.4.12　ZLNL2-2-24 焊接细节的时变疲劳可靠度指标曲线

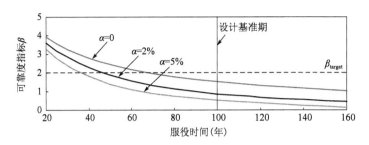

图 9.4.13 ZLNL4-15 焊接细节的时变疲劳可靠度指标曲线

首先考察 $\alpha=0\%$ 时的可靠度指标曲线,从中可以发现:

(1)在服役期的初期(即通车后的 20～40 年间),细节的疲劳可靠度均处于较高的水平,发生疲劳破坏的概率极小,随着桥梁服役时间的增长,细节的疲劳可靠度指标逐渐降低,疲劳失效概率逐渐增大。

(2)当大桥的服役期达到设计基准期时,细节 ZLNL2-2-23、ZLNL2-2-24 和 ZLNL4-15 的可靠度指标分别为 2.25(大于 β_{target})、4.38(大于 β_{target})和 1.52(小于 β_{target}),表明此时斜拉桥细节 ZLNL2-2-23 和细节 ZLNL2-2-24 的疲劳可靠度水平仍很高,可继续服役,而悬索桥细节 ZLNL4-15 的疲劳破坏的概率较大,已不能满足安全使用的要求,需得到大桥管理维护人员的重视,并及时进行维修。

(3)当细节的疲劳可靠度指标达到 β_{target} 时,细节 ZLNL2-2-23 和细节 ZLNL4-15 的疲劳使用寿命分别为 130 年(大于设计基准期)和 70 年(小于设计基准期),细节 ZLNL2-2-24 的疲劳使用寿命在图 9.4.12 中没有明确给出,计算结果显示约为 270 年(大于设计基准期),而在第 8 章中细节 ZLNL2-2-23、ZLNL2-2-24 和 ZLNL4-15 的确定性疲劳寿命预测结果分别为 829 年、341 年和 1107 年,可见,焊接细节的疲劳使用寿命要远远小于其确定性疲劳寿命。根据 9.4.2.1 节的分析结果可知,造成上述两种疲劳寿命差异的主要原因是在可靠度评估时考虑了荷载效应的变异性,从而使得细节的疲劳使用寿命大幅度地减小。

(4)由以上结果可以看出,对于同一桥梁而言,顶板-U 形肋焊缝(ZLNL2-2-23)的疲劳可靠度要小于 U 形肋对接焊缝(ZLNL2-2-24),对于同一焊缝类型而言,悬索桥焊缝(ZLNL4-15)的疲劳可靠度要小于斜拉桥的焊缝(ZLNL2-2-23)。

进一步考察 $\alpha>0\%$ 时的可靠度指标曲线,从中可以发现:

①对于细节 ZLNL2-2-23 而言,当服役期达到设计基准期,α 为 2% 和 5% 时的可靠度指标分别为 1.58 和 1.07。另外,当 α 为 2% 和 5% 时的疲劳使用寿命分别为 70 年和 55 年。

②对于细节 ZLNL2-2-24 而言,当服役期达到设计基准期,α 为 2% 和 5% 时的可靠度指标分别为 3.04 和 2.00。另外,当 α 为 2% 和 5% 时的疲劳使用寿命分别为 140 年和 100 年。

③对于细节 ZLNL4-15 而言,当服役期达到设计基准期,α 为 2% 和 5% 时的可靠度指标分别为 0.87 和 0.54。另外,当 α 为 2% 和 5% 时的疲劳使用寿命分别为 45 年和 35 年。

④由以上结果可以看出,与 α 为 0% 时的情况类似,此时,焊接细节的疲劳使用寿命也远远小于第 8 章表 8.3.6 中的确定性疲劳寿命预测结果,且若考虑车辆荷载的增长,仅有细节 ZLNL2-2-24 的疲劳使用寿命可达到或超过设计基准期,这说明考虑车辆荷载的增长会大幅度减小焊接细节的疲劳可靠度。

9.5 润扬大桥钢箱梁疲劳可靠度评估 Ⅱ:LEFM 方法

9.5.1 润扬大桥钢箱梁 U 形肋对接焊缝简介

根据第 8 章 8.3.1 节可知,润扬大桥结构健康监测系统选择了钢箱梁的顶板-U 形肋和 U 形肋对接焊缝两类细节开展长期的疲劳应力监测。由于制作工艺和现场施工条件的限制,钢箱梁节段一般都是在工厂进行制作,然后再运输到施工现场进行焊接安装,钢箱梁中的顶板-U 形肋焊缝可以在工厂采用自动焊机进行焊接,其焊接质量能得到很好的保证。而 U 形肋对接焊缝的施工基本都是在现场采用人工焊接的方法,特别是对于钢箱梁的上翼缘中的 U 形肋对接焊缝,通常要采用仰焊的方式进行焊接。因此,相对于顶板-U 形肋焊缝,钢箱梁上翼缘的 U 形肋对接焊缝的焊接质量要差一些,U 形肋焊缝的母材可能出现未熔透的现象,从而形成较为明显的初始裂纹,这时采用线弹性断裂力学的方法来研究 U 形肋对接焊缝的疲劳寿命是合适的。

本章以润扬大桥钢箱梁上翼缘的 U 形肋对接焊缝为对象开展研究,并选取斜拉桥 ZLNL2-2-24 和悬索桥 ZLNL4-16 两个传感器所记录的 2006 年至 2009 年的数据进行分析,两个传感器的具体位置已在图 8.3.1 中给出,这里不予赘述。图 9.5.1 给出了斜拉桥钢箱梁上翼缘 U 形肋对接焊缝的现场施工示意图,从图中可以发现,两个钢箱梁节段 U 形肋之间的连接主要是借助于一顺桥向长度为 396mm 的小 U 形肋节段,在此基础上,钢箱梁节段的 U 形肋再与之进行焊接,然后再采用对接焊接的方式将钢箱梁的顶板(或底板)连接起来,从而使各个钢箱梁节段成为一个整体。图中焊缝 A 为顶板-U 形肋对接焊缝,一般可在工厂进行焊接,而焊缝 B 和焊缝 C 分别为 U 形肋对接焊缝和顶板对接焊缝,两者均位于 800mm 的工厂焊接区,其中焊缝 B 的施工过程中,采用了厚 4mm、宽 60mm 的背垫板来进行加强。悬索桥钢箱梁上翼缘 U 形肋对接焊缝的构造与斜拉桥基本一致,但悬索桥钢箱梁上翼缘的 U 形肋板厚度为 6mm,而背垫板的厚度为 6mm。

9.5.2 疲劳荷载效应的概率模型

根据 9.4.2.1 节的分析结果可知,日应力循环次数 N_d 的随机性对焊接细节的疲劳使用寿命影响较小,因此,本节仅将疲劳荷载效应中的日等效应力幅 S_{eq} 视为随机变量,式(9.3.17)中的 N_d 将采用 2006 年至 2009 年的平均值进行计算。

本节将沿用 9.2 节的方法,采用高斯混合模型建立 ZLNL2-2-24 和 ZLNL4-16 的日等效应力范围的概率模型。需要说明的是,这里的等效应力范围的计算方法与 9.4.1.4 节有所不同,本章 S_{eq} 的计算方法是根据 Miner 准则将一系列的变幅应力循环转化为一个等幅应力循环,其计算公式为式(9.3.12),而 9.4.1.4 节中的 S_{eq} 则是考虑了 Eurocode 规范[25]S-N 曲线的特点,根据损伤等效来建立 S_{eq} 的计算公式,因此,本节所计算出的日等效应力范围与 9.4.1.4 节的计算结果存在本质的差异,这是本节重新建立日等效应力范围概率模型的原因。

首先,采用 Bayesian 信息准则来确定等效应力范围概率模型的高斯分量数,图 9.5.2 给出了 BIC 信息准则值的变化曲线,从图中可以看出,高斯分量数目 M 的变化范围为 1~20,当 M

为 2 和 4 时,ZLNL2-2-24 和 ZLNL4-16 的 BIC 值分别取最小值,由此确定两个焊接细节的日等效应力范围高斯混合概率模型的分量数分别为 2 和 4。

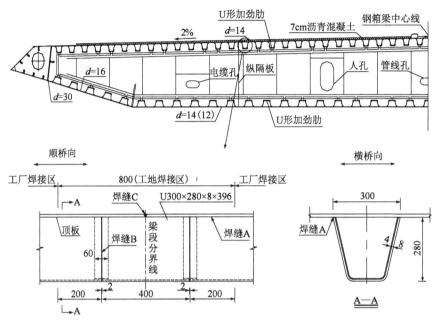

图 9.5.1 斜拉桥钢箱梁顶板 U 形肋对接现场焊接示意图(尺寸单位:mm)

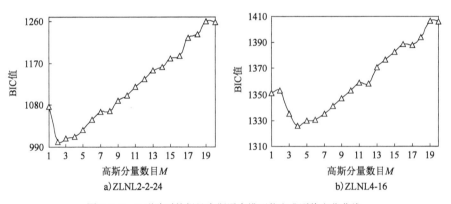

图 9.5.2 U 形肋对接焊缝高斯混合模型信息准则值变化曲线

确定高斯分量的个数之后,采用 EM 算法来计算日等效应力范围概率模型的参数,图 9.5.3 和图 9.5.4 给出了概率密度函数和概率分布函数的拟合结果,表 9.5.1 则给出了高斯混合模型参数的具体数值。从图中可以看出:①细节 ZLNL2-2-24 的 S_{eq} 两个峰值分别出现在 9.7MPa 和 13.2MPa 附近,但峰值 13.2MPa 所在的高斯分量权重要远大于峰值 9.7MPa 所在的高斯分量;②细节 ZLNL4-16 的 S_{eq} 的分布较为复杂,含 4 个分量的高斯混合模型能较好地拟合实测数据的概率密度函数和概率分布函数。图中结果表明,实测等效应力范围具有极强的随机性,而高斯混合模型能良好地描述实测等效应力范围的概率分布特征。以上采用 GMM 方法得到了日等效应力范围的概率分布模型,需要说明的是,焊缝 ZLNL2-2-24 和 ZLNL4-16 的 N_d(即应力循环平均作用次数)分别为 4804 和 7968。

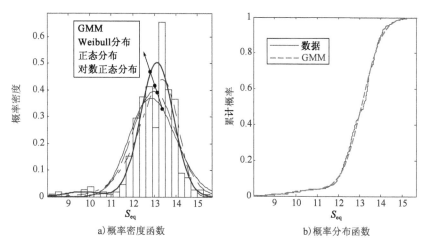

图 9.5.3 ZLNL2-2-24 等效应力范围拟合结果

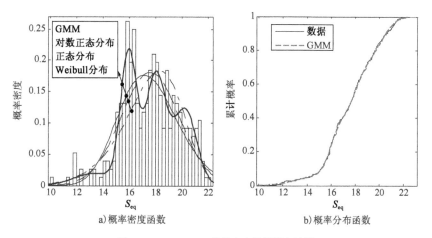

图 9.5.4 ZLNL4-16 等效应力范围拟合结果

U 形肋对接焊缝等效应力幅的高斯混合模型 表 9.5.1

高斯分量编号 i	ZLNL2-2-24			ZLNL4-16		
	权重 w_i	均值 μ_i	方差 σ_i^2	权重 w_i	均值 μ_i	方差 σ_i^2
1	0.961	13.12	0.58	0.0763	13.38	2.45
2	0.0388	9.71	0.67	0.321	15.97	0.38
3	—	—	—	0.336	18.03	0.57
4	—	—	—	0.267	20.25	0.77

9.5.3 疲劳裂纹扩展系数

疲劳裂纹扩展系数 C 和 m 是通过疲劳裂纹扩展试验所获得的数据进行回归得到的,由于疲劳试验的随机性,因此,通常将 C 视为服从对数正态分布的随机变量,而将 m 作为常量处理[1]。本章根据 Fisher[53] 和 Zhang[54] 的研究工作,取变量 C 的均值为 3.82×10^{-12},变异系数为 0.6,此时裂纹尺寸为 m,应力强度因子范围 ΔK 的单位为 $MPa \cdot m^{1/2}$,另外,取 m 的值为 3,

则 C 的单位为 $\mathrm{MPa}^{-3}\mathrm{m}^{-1/2}$。

9.5.4 临界损伤累积函数 $\psi(a_c, a_0)$ 的概率模型

9.5.4.1 初始裂纹深度和极限裂纹深度

根据 9.5.2 节和 9.5.3 节的内容,可以计算极限状态方程中的荷载效应项。因此,下面的工作将研究如何计算极限状态方程中的抗力项。由式(9.3.10)和式(9.3.15)可以看出,极限状态方程中的抗力项等价于裂缝的临界损伤累积函数 $\psi(a_c, a_0)$,同时根据式(9.3.10)可知,$\psi(a_c, a_0)$ 为初始裂纹尺寸 a_0 和极限裂纹尺寸 a_c 的函数,因此,首先需要确定 a_0 和 a_c 的取值。

目前,受测试样本数量和测试技术的限制,初始裂纹的产生、尺寸大小、形状和位置等特征的研究还很有限,但目前普遍认为初始裂纹尺寸 a_0 服从对数正态分布[55]。另外,还有部分研究指出桥梁焊接细节的初始裂纹尺寸的平均值的合理下限为 0.10mm[56-57],如日本学者 Xiao 和 Yamada[57] 曾采用断裂力学的方法研究 U 形肋对接焊缝细节的疲劳强度,分别分析了初始裂纹的深度为 0.1mm、1mm、2mm、3mm 和 4mm 时细节的 S-N 曲线,研究结果表明,当 a_0 为 0.1mm 时,U 形肋对接焊缝的疲劳类型与 JSSC 规范[58] 的 E 类细节相当,0.1mm 的初始裂纹深度几乎相当于肋板焊缝完全熔透时的情况,这里采用了这一假设,取 a_0 的平均值为 0.1mm,即认为润扬大桥钢箱梁 U 形肋焊接质量良好,两个节段的肋板与小 U 形肋节段之间的焊缝基本熔透。至于 a_0 的变异系数,参考了 Zhao 的研究成果[1],取其值为 0.5。

极限裂纹尺寸 a_c 可以通过断裂力学准则或焊缝的适用性原则来确定。当使用断裂力学准则时,a_c 与材料断裂韧度 K_{Ic} 相关,K_{Ic} 可通过夏比 V 形缺口冲击试验(CVN)确定。由于材料的断裂韧度试验具有一定的随机性,因此,可将 K_{Ic} 视为随机变量,从而 a_c 也为随机变量。当采用焊缝适用性原则时,认为极限裂纹尺寸为裂纹的某一个特定尺寸,当实际裂纹尺寸超过这一特定尺寸时,细节就不能满足正常使用的要求。Fisher[53] 和 Zhao[1] 指出在许多情况下极限裂纹尺寸可取结构细节的厚度和宽度值,根据润扬大桥钢箱梁的具体情况,取斜拉桥 ZLNL2-2-24 和悬索桥 ZLNL4-16 的极限裂纹深度分别为 8mm 和 6mm。根据以上分析可知,$\psi(a_c, a_0)$ 中的 a_0 为一随机变量,a_c 为常量,因此,临界损伤累积函数也应为一随机变量。

9.5.4.2 应力强度因子

由式(9.3.10)可知,为了确定临界损伤累积函数的概率分布,还需分析 U 形肋对接焊缝裂纹的应力强度因子。图 9.5.5a)和图 9.5.5b)分别给出了 U 形肋对接焊缝的构造与裂纹扩展的示意图,根据第 4 章的分析可知,U 形肋对接焊缝主要承受顺桥向膜应力的作用,则该焊缝的裂纹可视为一个受远场均匀拉应力的半椭圆表面裂纹,因此,采用有线厚板半椭圆表面裂纹模型来描述 U 形肋对接焊缝的疲劳裂纹扩展过程。

图 9.5.6 给出了有限厚板半椭圆裂纹表面裂纹的理论模型,图中裂纹受垂直于半椭圆片所在平面的均匀拉应力作用,椭圆裂纹的长轴为 $2c$,短半轴为 a,板厚为 w。关于有限板厚半椭圆裂纹的应力强度因子,国内外学者开展了大量研究[53,59-64],目前还没有形成定论,这里采用了 Sih G C 提出的近似解[59]。根据线弹性断裂力学,图 9.5.6 中半椭圆表面裂纹边缘的应力强度因子在最深点 A 处取最大值,即:

$$K_1 = M_1 \cdot M_2 \frac{\sigma \sqrt{\pi a}}{E(k)} \tag{9.5.1}$$

式中：$k^2 = 1 - \left(\dfrac{a}{c}\right)^2$；

$E(k) = \displaystyle\int_0^{\frac{\pi}{2}} \sqrt{1 - k^2 \sin^2\theta}\,\mathrm{d}\theta$；

σ——拉应力（垂直于图中 xy 平面）。

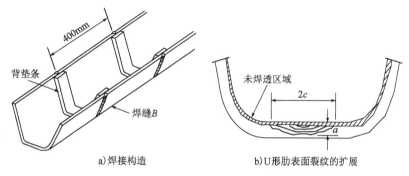

图 9.5.5　斜拉桥 U 形肋对接焊缝示意图

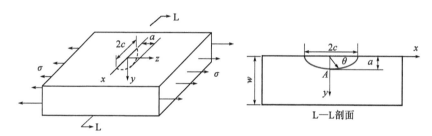

图 9.5.6　有限厚板半椭圆表面裂纹的理论模型

因此，几何函数 F 可表示为：

$$F(a) = \dfrac{M_1 \cdot M_2}{E(k)} \tag{9.5.2}$$

式中：M_1——自由表面修正系数（也称为裂纹前表面修正系数）；

M_2——有限板厚修正系数（也称为后表面修正系数）。

由式(9.5.2)可知，几何函数 F 考虑了裂纹形状、裂纹自由表面和有限板厚这三方面因素的影响，而没有考虑焊缝处应力集中效应的修正系数，这是因为 U 肋焊接之后一般会对焊缝处进行打磨处理，然后再进行喷漆等工序，因此，无须在式(9.5.2)中考虑应力集中效应的影响。修正系数 M_1 和 M_2 的表达式分别为：

$$M_1 = 1 + 0.12\left(1 - \dfrac{a}{2c}\right)^2 \tag{9.5.3a}$$

$$M_2 = \left(\dfrac{2w}{\pi a} \cdot \tan\dfrac{\pi a}{2w}\right)^{\frac{1}{2}} \tag{9.5.3b}$$

假定 $a/c = 0.1$，则 $M_1 = 1.11$，$k = 0.995$，$E(k) = 1.01$。几何函数 $F(a)$ 可进一步表示为：

$$F(a) = 1.1\left(\dfrac{2w}{\pi a} \cdot \tan\dfrac{\pi a}{2w}\right)^{\frac{1}{2}} \tag{9.5.4}$$

9.5.4.3 $\psi(a_c, a_0)$ 的概率建模

将式(9.5.4)的几何函数 $F(a)$ 代入式(9.3.10)中,则临界损伤累积函数 $\psi(a_c,a_0)$ 可改写为:

$$\psi(a_c,a_0) = \int_{a_0}^{a_c} \frac{\mathrm{d}a}{\left[1.1\left(\frac{2w}{\pi a}\cdot\tan\frac{\pi a}{2w}\right)^{\frac{1}{2}}\sqrt{\pi a}\right]^m} \quad (9.5.5)$$

经简化,可得:

$$\psi(a_c,a_0) = \frac{1}{1.1^m(2w)^{m/2}}\int_{a_0}^{a_c}\frac{\mathrm{d}a}{\left(\tan\frac{\pi a}{2w}\right)^{m/2}} \quad (9.5.6)$$

由上式可知,与 $\psi(a_c,a_0)$ 相关的计算参数有 a_c、a_0、m、w,其中,m 和 w 为常数,则临界损伤累积函数仅为初始裂纹尺寸和极限裂纹尺寸的函数。进一步考察,发现式(9.5.6)关于 a_0 和 a_c 的显示解析表达式难以获得,因此,为了深入研究 a_0 和 a_c 对临界损伤累积函数的影响规律,这里采用数值积分的方法来分别计算 a_0 和 a_c 对 $\psi(a_c,a_0)$ 影响曲线。

以斜拉桥的 ZLNL2-2-24 为例,此时 $w=0.008\mathrm{m}$。首先来研究初始裂纹深度 a_0 对临界损伤累积函数 $\psi(a_c,a_0)$ 的影响规律,取初始裂纹深度 a_0 的变化范围为 $[0.01w, 0.2w]$,此时取极限裂纹深度 a_c 为 w,在此基础上采用数值积分的方式计算 $\psi(a_c,a_0)$ 和初始裂纹深度 a_0 的关系曲线,计算结果如图 9.5.7 所示。从图中可以看出,初始裂纹深度对临界损伤累积函数影响显著,当 a_0 从 $0.01w$ 增大至 $0.04w$ 时,$\psi(a_c,a_0)$ 从 35.2 大幅度减小至 11.9,细节的疲劳断裂抗力减小了 66%。接下来研究极限裂纹深度 a_c 对 $\psi(a_c,a_0)$ 的影响规律,取 a_c 的变化范围为 $[0.4w, 1.0w]$,此时取初始裂纹尺寸 a_0 为 $0.01w$,从图 9.5.8 可以看出,极限裂纹深度对临界损伤累积函数影响甚微,当 a_c 从 $0.4w$ 增大至 $1.0w$ 时,$\psi(a_c,a_0)$ 仅从 34.3 增加至 35.2,细节的疲劳断裂抗力仅增加了 2.6%。

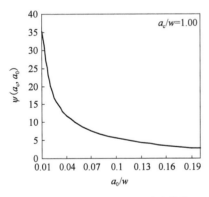
图 9.5.7 a_0 对 $\psi(a_c,a_0)$ 的影响曲线

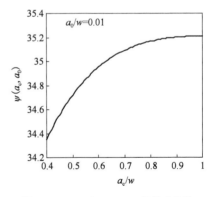
图 9.5.8 a_c 对 $\psi(a_c,a_0)$ 的影响曲线

接下来,为了采用极限状态方程(9.3.17)计算焊缝的疲劳断裂可靠度,还需确定 $\psi(a_c, a_0)$ 的概率模型。如前所述,由式(9.5.6)难以得到 $\psi(a_c,a_0)$ 的显示解析表达式,因此,提出采用随机数值模拟的方法来建立 $\psi(a_c,a_0)$ 的概率模型,具体实施步骤是:①根据 a_0 的概率分布模型生成一个随机数序列,取随机数序列长度为 10000;②对式(9.5.6)进行数值积分,得到 $\psi(a_c,a_0)$ 的随机数序列,其长度与 a_0 随机数序列长度一致;③以步骤 2 所得 $\psi(a_c,a_0)$ 的随机

数序列为基础,采用最大似然方法拟合 $\psi(a_c,a_0)$ 的概率模型参数,并进行假设检验,最终得到 $\psi(a_c,a_0)$ 的概率模型。

下面将根据上述步骤建立焊缝 ZLNL2-2-24 和 ZLNL4-16 的 $\psi(a_c,a_0)$ 的概率模型。首先,生成一个初始裂纹深度 a_0 随机数序列,图 9.5.9 给出了随机数序列的分布直方图。在此基础上,分别计算了两个焊缝的 $\psi(a_c,a_0)$ 随机数序列,图 9.5.10 和图 9.5.11 给出了计算结果,从中可以看出,对数正态分布对 $\psi(a_c,a_0)$ 的直方图分布特征拟合良好,图 9.5.10b) 和图 9.5.11b) 给出了两个焊缝的 $\ln\psi$ 的正态概率图,从中可以看出,绝大部分的数据点均位于直线附近,这说明采用对数正态分布来建立 $\psi(a_c,a_0)$ 的概率模型是合适的。根据计算结果,焊缝 ZLNL2-2-24 的 $\psi(a_c,a_0)$ 的均值为 $25.00\text{m}^{-1/2}$,变异系数为 0.29,焊缝 ZLNL4-16 的 $\psi(a_c,a_0)$ 的均值为 $24.52\text{m}^{-1/2}$,变异系数亦为 0.29。焊缝 ZLNL2-2-24 和 ZLNL4-16 的 U 肋板厚分别为 8mm 和 6mm,而两者临界损伤累积函数的相差却很小,这一计算结果再次说明极限裂纹深度 a_c 对临界损伤累积函数影响较小,单纯增加板厚并不能显著地增加焊缝的抗疲劳断裂能力。

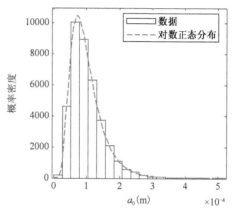

图 9.5.9　a_0 的概率分布模型

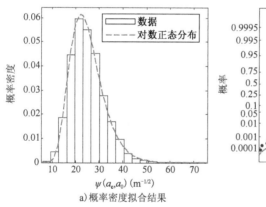

a) 概率密度拟合结果

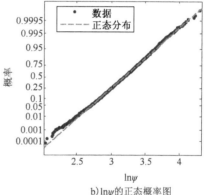

b) $\ln\psi$ 的正态概率图

图 9.5.10　斜拉桥 ZLNL2-2-24 临界损伤累积函数 $\psi(a_c,a_0)$ 的概率模型

9.5.5　钢箱梁 U 形肋对接焊缝疲劳可靠度评估

9.5.5.1　焊缝疲劳裂纹扩展的确定性寿命评估

第 7 章根据 S-N 曲线和 Miner 线性损伤累积理论计算了两种焊接细节确定性的疲劳寿命,在此基础上本节将采用 LEFM 方法针对 U 形肋对接焊缝的疲劳寿命进行确定性的评估,并与前文的计算结果进行比较。首先,根据 9.3.2 节的推导过程可得:

$$\int_{\overline{a_0}}^{a_n} \frac{\mathrm{d}a}{(F\sqrt{\pi a})^m} = \psi(a_n,\overline{a_0}) = 365 \cdot n \cdot N_d \cdot \overline{C} \cdot \overline{S_{eq}}^m \tag{9.5.7}$$

式中 a_0、C、S_{eq} 均取平均值,焊缝 ZLNL2-2-24 和 ZLNL4-16 的 S_{eq} 分别为 13.0MPa 和 20.1MPa;

a_n 为服役期 n 年时焊缝的裂纹深度,当 a_n 达到 a_c 时,可认为焊缝达到其疲劳寿命。

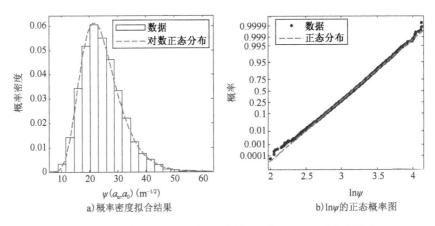

图 9.5.11 悬索桥 ZLNL4-16 临界损伤累积函数 $\psi(a_c,a_0)$ 的概率模型

根据式(9.5.7),可得 U 形肋对接焊缝的确定性疲劳寿命为:

$$n = \frac{\psi(a_n,a_0)}{365 \cdot N_d \cdot \bar{C} \cdot \overline{S_{eq}}^m} \tag{9.5.8}$$

根据式(9.5.8),图 9.5.12 给出了 U 形肋焊缝的疲劳裂纹扩展曲线,从中可以看出:①无论是 ZLNL2-2-24 还是 ZLNL4-16,其裂纹深度在服役早期扩展速率较慢,而在服役后期,裂纹深度的扩展速率陡然加快;②根据图 9.5.12a)中曲线可知,焊缝 ZLNL2-2-24 的疲劳断裂寿命为 1500 年,在第 7 章中,焊缝 ZLNL2-2-24 的疲劳寿命评估结果也达到了 1107 年,由此可见,只要能保证 U 形肋对接焊缝的焊接质量,此类焊缝将具有较为优良的抗疲劳性能;③根据图 9.5.12b)中曲线可知,悬索桥焊缝 ZLNL4-16 的疲劳断裂寿命为 240 年,远远小于处于斜拉桥中类似位置的焊缝 ZLNL2-2-24 的疲劳寿命,这一结果与第 7 章中悬索桥和斜拉桥顶板-U 形肋焊缝疲劳寿命的差别是一致的。

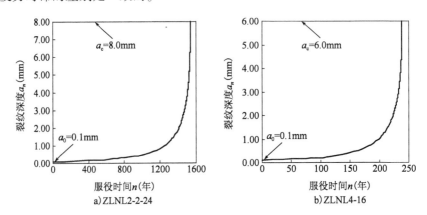

图 9.5.12 润扬大桥钢箱梁 U 形肋焊缝的裂纹深度扩展曲线

9.5.5.2 疲劳可靠度评估结果

本节将在确定性寿命评估的基础上开展疲劳断裂的可靠度评估研究,首先,根据 9.4.2.2

节中考虑车辆荷载增长的方式,疲劳极限状态方程式(9.3.17)可以改写为:

$$g(X) = \psi(a_c, a_0) - e \cdot 365 \cdot n \cdot N_d \cdot CS_{eq}^m \cdot \left[1 + \frac{(n-1) \cdot \alpha}{2}\right] \quad (9.5.9)$$

式中:α——车辆荷载增长系数,取 α 为 0%、2% 和 5%,分别代表了车辆荷载增长的三种水平。

表9.5.2 给出了极限状态方程参数的信息,S_{eq} 则采用9.5.2节的高斯混合概率模型,在此基础上采用 Monte-Carlo 方法计算焊缝在整个服役期内的疲劳断裂可靠度。

U 形肋对接焊缝极限状态方程参数(S_{eq}除外)   表9.5.2

参　　数		分布类型	均　　值	变异系数
初始裂纹深度 a_0		对数正态	1.00×10^{-4} m	0.50
临界损伤累积函数 $\psi(a_c, a_0)$	ZLNL2-2-24	对数正态	25.00 m$^{-1/2}$	0.29
	ZLNL4-16	对数正态	24.52 m$^{-1/2}$	0.29
裂纹扩展系数 C		对数正态	3.82×10^{-12} MPa^{-3}m$^{-1/2}$	0.6
测试误差系数 e		对数正态	1	0.03
裂纹扩展指数 m		常数	3	—
极限裂纹深度 a_c	ZLNL2-2-24	常数	0.008 m	—
	ZLNL4-16	常数	0.006 m	—
应力循环平均作用次数 N_d	ZLNL2-2-24	常数	4804	—
	ZLNL4-16	常数	7968	—

首先,图9.5.13 给出了 $\alpha = 0$ 时根据 LEFM 方法和 S-N 曲线方法所得到的疲劳可靠度指标。由于100年的服役期之内,两种方法计算出来的可靠度指标均较高,因此,图中仅给出了100年之后的可靠度指标。从中可以看出,两种方法计算得到的可靠度指标相差较小,指标曲线的变化规律也趋于一致。

在此基础上,图9.5.14 和图9.5.15 分别给出了焊缝 ZLNL2-2-24 和 ZLNL4-16 在服役期内的时变可靠度指标曲线,每幅图中均给出了三种车辆荷载增长水平下的细节时变可靠度指标曲线,另外,图中的竖实线代表了润扬大桥的设计基准期(100年),横虚线代表了焊接细节的目标可靠度指标 β_{target},本章也将根据这两条直线对细节的疲劳可靠度指标计算结果进行评估。从图中可以看出:

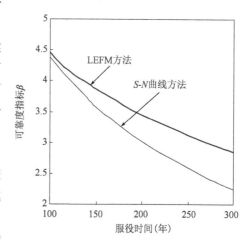

图 9.5.13 ZLNL2-2-24 焊接焊缝不考虑车辆荷载增长时的疲劳可靠度指标

(1)对于焊缝 ZLNL2-2-24,当 α 分别为 0%、2% 和 5% 时,服役期达到设计基准期的疲劳可靠度指标分别为 4.47、3.47 和 2.61,均远大于目标可靠度指标。另一方面,当 α 分别为 0%、2% 和 5% 时,此焊缝的疲劳使用寿命分别为 484 年、182 年和 125 年,这说明即使考虑了车辆荷载的增长,此焊缝仍具有较高的安全性,在达到其设计基准期后仍可继续服役。

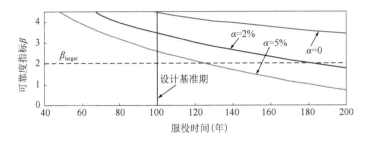

图 9.5.14 ZLNL2-2-24 焊缝的时变疲劳可靠度指标曲线

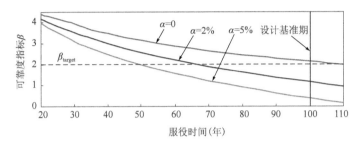

图 9.5.15 ZLNL4-16 焊缝的时变疲劳可靠度指标曲线

（2）对于焊缝 ZLNL4-16，当 α 分别为 0%、2% 和 5% 时，服役期达到设计基准期的疲劳可靠度指标分别为 2.14、1.16 和 0.38，此焊缝的疲劳使用寿命分别为 111 年、66 年和 50 年，这说明考虑了车辆荷载的增长后，即使服役期还未达到设计基准期，此焊缝发生疲劳断裂的可能性就将较为客观，因此，在大桥的日常运营管理中，应对这一焊缝的安全性给予更多的重视与关注。

通过以上分析可以发现，与基于 S-N 曲线方法的计算结果类似，悬索桥焊缝发生疲劳破坏的概率要比斜拉桥大得多，这是与两座大桥钢箱梁的设计与构造密切相关的。由第 7 章的表 7.3.1 可知，两座大桥钢箱梁构造的最大差别是斜拉桥钢箱梁中设置了顺桥向的加强桁架，之所以会有这种差别，主要是从斜拉桥钢箱梁的受力特征来考虑的。众所周知，在竖向荷载的作用下，斜拉索索力的水平分量会在钢箱梁中产生巨大的轴向压力，因此，钢箱梁的稳定性问题在斜拉桥的设计中就显得尤为重要，而悬索桥钢箱梁中的轴向压力几乎可以忽略不计，因此，也就没有考虑稳定性的必要。

为此，设计人员通常在斜拉桥的钢箱梁中沿桥纵向设置加强桁架以增大钢箱梁的刚度，从而提高其稳定性，如润扬大桥斜拉桥、苏通大桥斜拉桥的钢箱梁中都设置了纵向桁架。纵向桁架在增加轴向稳定性的同时，无疑也增加了斜拉桥钢箱梁的局部刚度。因此，可以肯定的是，相对于没有设置加强桁架的悬索桥钢箱梁，相同荷载条件下斜拉桥钢箱梁焊接细节的疲劳损伤将远远小于悬索桥的焊接细节，实测数据的分析结果有力地支持了这一结论。由此可见，当前以整体宏观性能为控制目标的钢箱梁设计原则尚不足以较好地保证钢箱梁局部焊接细节在漫长的服役期中的安全使用，需要开展进一步的研究。

针对钢箱梁焊接细节在服役期的疲劳监测与评估，本章系统地建立了基于长期监测数据的焊缝疲劳寿命预测及可靠度评估方法，根据方法的建立过程和分析结果可知，基于 S-N 曲线的方法需要明确焊接细节的受载历史,较适用于新建钢箱梁的抗疲劳设计与疲劳寿命的预测,因此,将其应用于建成不久的润扬大桥钢箱梁焊接细节的疲劳评估是合理的,疲劳寿命的计算结果是可信的。而基于 LEFM 的方法能够考虑钢箱梁焊接细节的裂纹检测信息,因此,对服役期的任一时刻,只要通过无损检测的方法获得了细节的裂纹尺寸,就可以方便地应用 LEFM 方法来预测焊接细节的剩余寿命。因此,基于 LEFM 的疲劳评估方法在钢箱梁焊接细节的疲劳监测与评估领域将具有更为广阔的应用前景。

参 考 文 献

[1] Zhao Z W, Haldar A, Breen F L. Fatigue-reliability evaluation of steel bridges[J]. Journal of Structural Engineering, ASCE, 1994, 120(5):1608-1623.

[2] Daniel H T, Douglas A F. Reliability-based method for fatigue evaluation of railway bridges [J]. Journal of Bridge Engineering, ASCE, 1997, 2(2):53-60.

[3] Maria M S, Andrzej S N, Jeffrey A L. Fatigue reliability of steel bridges[J]. Journal of Constructional Steel Research, 1999, 52(1):83-92.

[4] Kim Sang-Hyo, Lee Sang-Woo, Mha Ho-Seong. Fatigue reliability assessment of an existing steel railroad bridge[J]. Engineering Structures, 2001, 23(10):1203-1211.

[5] Cheung M S, Li W C. Probabilistic fatigue and fracture analyses of steel bridges[J]. Structural Safety, 2003, 23(3):245-262.

[6] Chryssanthopoulos M K, Righiniotis T D. Fatigue reliability of welded steel structures[J]. Journal of Constructional Steel Research, 2006, 62(11):1199-1209.

[7] Chan T H T, Li Z X, Ko J M. Fatigue analysis and life prediction of bridges with structural health monitoring data-Part Ⅱ: application[J]. International Journal of Fatigue, 2001, 23(1):55-64.

[8] 李爱群,缪长青,李兆霞.润扬长江大桥结构健康监测系统研究[J].东南大学学报(自然科学版), 2003, 33(5):544-548.

[9] Ko J M, Ni Y Q. Technology developments in structural health monitoring of large-scale bridges [J]. Engineering Structures, 2005, 27(12):1715-1725.

[10] 郭彤,李爱群.基于长期监测数据的桥面板焊接细节疲劳寿命评估[J].土木工程学报, 2009, 42(6):66-72.

[11] He X H, Chen Z Q, Yu Z W, Huang F L. Fatigue damage reliability analysis for Nanjing Yangtze river bridge using structural health monitoring data[J]. Journal of Central South University of Technology, 2006, 13(2):200-203.

[12] Kwon K, Frangopol D M. Bridge fatigue reliability assessment using probability density functions of equivalent stress range based on field monitoring data[J]. International Journal of Fatigue, 2010, 32(8):1221-1232.

[13] Ni Y Q, Ye X W, Ko J M. Monitoring-Based Fatigue Reliability Assessment of Steel Bridges: Analytical Model and Application[J]. Journal of Structural Engineering, ASCE, 2010, 136(12):1563-1573.

[14] Guo T, Chen Y W. Field stress/displacement monitoring and fatigue reliability assessment of retrofitted steel bridge details[J]. Engineering Failure Analysis, 2011, 18(1):354-363.

[15] Frangopol D M, Strauss A, Kim S Y. Bridge Reliability Assessment Based on Monitoring[J]. Journal of Bridge Engineering, ASCE, 2008, 13(3):258-270.

[16] Liu M, Frangopol D M, Kwon K. Optimization of retrofitting distortion-induced fatigue cracking of steel bridges using monitored data under uncertainty[J]. Engineering Structures, 2010, 32(11):3467-3477.

[17] Liu M, Frangopol D M, Kwon K. Fatigue reliability assessment of retrofitted steel bridges integrating monitored data[J]. Structural Safety, 2010, 32(1):77-89.

[18] Kwon K, Frangopol D M. Bridge fatigue assessment and management using reliability-based crack growth and probability of detection models[J]. Probabilistic Engineering Mechanics, 2011, 26(3):471-480.

[19] Bishop C M. Neural Networks for Pattern Recognition[M]. New York:Oxford Press, 1995.

[20] 肖涵. 基于高斯混合模型与子空间技术的故障识别研究[D]. 武汉:武汉科技大学, 2007.

[21] McLachlan G J. EM algorithm and its extension[M]. New York: John Wily & Sons, 1997.

[22] Dempster A P, Laird N M, Rubin D B. Maximum likelihood from incomplete data via the EM algorithm[J]. Journal of the Royal Statistical Society. Series B (Methodological), 1977, 39(1):1-39.

[23] Akaike H. A new look at the statistical model identification[J]. IEEE Transactions on Automatic Control, 1974, 19(6): 716-723.

[24] Schwarz G E. Estimating the dimension of a model[J]. Annals of Statistics, 1978, 6(2):461-464.

[25] European Committee for Standardization. Eurocode3— Design of steel structures— Part 1-9: Fatigue: BS EN 1993-1-9:2005[S].

[26] 邓扬, 丁幼亮, 李爱群. 钢箱梁焊接细节基于长期监测数据的疲劳可靠性评估:疲劳可靠度指标[J]. 土木工程学报, 2012, 45(3):86-92.

[27] Deng Y, Ding Y L, Li A Q. Fatigue reliability assessment for bridge welded details using long-term monitoring data[J]. Science China-Technological Science, 2011, 54(12):3371-3381.

[28] Paris P C, Erdogan F. A critical analysis of crack propagation laws[J]. Journal of Basic Engineering, ASCE, 1963, 85(4):528-534.

[29] Paris P C. The fracture mechanics approach to fatigue. Fatigue-an interdisciplinary approach[M]. Syracuse: Syracuse University Press, 1964.

[30] Madsen H O. Random fatigue crack growth and inspection[C]// Proc., ICOSSAR '85, Kobe, Japan, 1985.

[31] Miner M A. Cumulative damage in fatigue[J]. Journal of Applied Mechanics, 1945, 12(3):159-164.

[32] 赵国藩,金伟良,贡金鑫. 结构可靠度理论[M]. 北京:中国建筑工业出版社,2000.

[33] Rackwitz R. Reliability analysis—a review and some perspectives[J]. Structural Safety, 2001, 23(4): 365-395.

[34] Rackwitz R, Fiessler B. Structural reliability under combined load sequence[J]. Computer & Structures, 1978, 114(12): 2195-2199.

[35] 徐钟济. 蒙特卡罗方法[M]. 上海:上海科学技术出版社,1985.

[36] 常大民,江克斌. 桥梁结构可靠性分析与设计[M]. 北京:中国铁道出版社,1995.

[37] Moses F, Schilling C G, Raju K S. Fatigue evaluation procedures for steel bridges[R]. NCHRP Report 299, Transportation Research Board. National Research Council, Washington D C, 1987.

[38] Smith I F C, Hirt M A. Fatigue Reliability: ECCS Safety Factors[J]. Journal of Structural Engineering, ASCE, 1987, 113(3):623-828.

[39] 欧洲钢结构协会. 钢结构疲劳设计规范[M]. 史永吉,郑修麟,译. 西安:西北工业大学出版社,1989.

[40] Yazidani N, Albrecht P. Risj analysis of fatigue failure of highway steel bridges[J]. Journal of Structural Engineering, ASCE, 1987, 113(3):483-500.

[41] Teng Z B, Zhao Y K. Fatigue reliability of railway bridges in China[C]// Proceedings of IABSE Symposium, Tokyo, 1986.

[42] 潘际炎. 铁路钢桥疲劳可靠性设计及铁路桥梁荷载谱研究[J]. 铁道学报,1992,14(4):58-66.

[43] 李莹,黄侨. 基于断裂力学理论的钢桥疲劳可靠性评估[J]. 科学技术与工程,2008,8(16):4450-4457.

[44] 王春生,聂建国,陈艾荣,等. 基于概率断裂力学的老龄钢桥使用安全评估[J]. 工程力学,2006,23(6):102-106.

[45] 王春生,陈艾荣,陈惟珍. 铆接钢桥剩余寿命与使用安全评估实例[J]. 同济大学学报(自然科学版),2006,34(4):461-466.

[46] 国家质量技术监督局,中华人民共和国建设部.公路工程结构可靠度设计统一标准:GB/T 50283—1999[S]. 北京:中国计划出版社,1999.

[47] 潘际炎. 铁路桥梁设计中的疲劳可靠性理论[J]. 钢结构,1995,10(27): 1-10.

[48] Nyman W E, Moses F. Calibration of bridge fatigue design model[J]. Journal of Structural Engineering, ASCE, 1985, 111(6):1251-1266.

[49] Wirsching P H. Fatigue reliability for offshore structures[J]. Journal of Structural Engineering, ASCE, 1984, 110(10):2340-2356.

[50] Albrecht P. Fatigue reliability analysis of highway bridges[R]. Transportation Research Record, Issue 871, Washington, D. C, 1982.

[51] Keating P B, Fisher J W. Evaluation of Fatigue Tests and Design Criteria on Welded Details[R]. NCHRP Report 286, Transportation Research Board, National Research Council, Washington D C, 1986.

[52] American Association of State Highway and Transportation Officials. AASHTO LRFD Bridge Design Specification[S]. Washington, D. C., 2005.

[53] Fisher J W. Fatigue and fracture in steel bridges, case studies[M]. New York: John Willey & Sons, 1984.

[54] Zhang R X, Mahadevan S. Fatigue reliability analysis using nondestructive inspection[J]. Journal of Structural Engineering, ASCE, 2001, 127(8):957-965.

[55] Albrecht P, Yazdani N. Risk analysis of extending the service life of steel bridges[Z]. FHWA/MD No. 84/01, University of Maryland, College Park, Md, 1986.

[56] Righiniotis T D, Chryssanthopoulos M K. Probabilistic fatigue analysis under constant amplitude loading[J]. Journal of Constructional Steel Research, 2003, 59(5):867-886.

[57] Xiao Z G, Yamada K, Inoue J, et al. Fatigue cracks in longitudinal ribs of steel orthotropic deck[J]. International Journal of Fatigue, 2005,28(4): 409-416.

[58] Japan Society of Steel Construction (JSSC). Fatigue design recommendations for steel structures and commentary[M]. Tokyo: Gihodo Publishing, 1993(in Japanese).

[59] Sih G C. Handbook of Stress-Intensity Factors for Researchers and Engineers[M]. Institute of Fracture and Solid Mechanics, Bethlehem, PA, 1973.

[60] Albrecht P, Yamada K. Rapid calculation of stress intensity factors[J]. Journal of the Structural Division, ASCE, 1977, 103(2):377-389.

[61] Newman J C, Raju I S. Stress-intensity factor equations for cracks in three-dimensional finite bodies[Z]. NASA Technical Memorandum 83200, 1981.

[62] Newman J C, Raju I S. An empirical stress intensity factor equation for the surface crack[J]. Engineering Fracture Mechanics, 1981, 15(1-2):185-192.

[63] Lin X B, Smith R A. Finite element modelling of fatigue crack growth of surface cracked plates Part Ⅲ: Stress intensity factor and fatigue crack growth life[J]. Engineering Fracture Mechanics, 1999, 63(5): 541-556.

[64] Fett T. Estimation of stress intensity factors for semi-elliptical surface cracks[J]. Engineering Fracture Mechanics, 2000, 66(4):349-356.

第10章 桥梁挠度监测与分析 I：监测系统设计与验证

10.1 问题的提出

建立高精度、构成简单的桥梁挠度监测系统是桥梁健康监测领域的重要问题之一。千分表和水准仪等挠度测试方法已在新桥荷载试验及旧桥检测评定中得到了广泛的应用[1]。桥梁结构挠度长期监测需要更为方便和自动化的位移传感器[2]。目前,全球定位系统(GPS)技术已成为大跨径桥梁挠度自动监测的常用手段[3-5],采用 GPS 监测桥梁挠度具有许多优点,但也存在一些问题尚待解决,如易受电磁噪声干扰、易受恶劣天气影响以及造价高昂等[6]。近年来,出现了一系列基于倾角仪[1,7]、长标距光纤[8]等技术的新型挠度传感器系统,这一类的挠度测试系统大多是先获得桥梁的其他结构响应,进而采用积分算法或经典梁理论推算出桥梁的挠度。然而,对于更为复杂的桥梁结构系统,将很难建立其他结构响应与挠度之间的关系,使得该类传感系统难以在斜拉桥和悬索桥等大跨径桥梁中得到有效应用。另外,随着光电子科学和图像处理技术的发展,基于视觉的传感系统开始应用于结构的位移或挠度监测[2,9-10],研究表明,该类传感系统需要建立一套复杂的识别算法来获取结构的真实位移响应,也容易受到雨雾等天气条件的影响。

可见,国内外针对结构挠度传感系统已开展了大量工作,但发展一种可靠、高效、经济,且能实现长距离、高精度实时采集的挠度监测系统仍是大跨径桥梁健康监测领域需要深入研究的难题。国内学者已开始利用连通管系统来解决上述难题[11-14],连通管挠度测试的基本思想是利用各种传感器来感知连通管中液面的变化,推演出测点的高程变化。基于连通管原理的桥梁挠度测试系统已经在国内的洞庭湖大桥(三塔斜拉桥)[11]、大佛寺长江大桥(双塔斜拉桥)[12,13]和荆岳长江公路大桥(双塔斜拉桥)[14]等桥梁中得到了应用。同时,国内外很多学者致力于研发新的位移/挠度监测传感设备及系统,但对挠度监测数据的利用程度还不高,有学者已开始研究采用挠度监测数据来识别结构的动力特性[5,15-16]。对于桥梁结构健康监测,数据获取与随后的数据分析应给予同等的关注[17],因此,有效应用挠度监测数据开展大跨径桥梁的状态评估亟待深入研究。

为实现大跨径悬索桥运营期的实时挠度监测,设计并建立了基于压力传感的连通管挠度监测系统,并采用成桥荷载试验和运营车载试验数据验证了系统的准确性和可靠性。针对悬索桥的结构特点,依据我国现行设计规范,确定了两级挠度限值。在此基础上,将极值分析方法与挠度长期监测数据结合起来,给出了设计基准期内悬索桥主梁竖向挠度极值的预测结果,并与挠度限值进行了对比研究。

10.2 基于压力传感的挠度监测系统

10.2.1 挠度测试原理

采用压力传感器(Pressure transmitter)作为主梁挠度监测的主要传感元件,并采用连通管将包括挠度参考点及测试点的压力传感器连接成为一个系统(Connection Pipe System, CPS),这样就可以利用压力传感器来感知连通管内液体液面的变化,从而可推导出桥梁测试点截面的竖向位置变化即竖向挠度。利用压力传感器建立连通管挠度监测系统的原理见图 10.2.1。当采用液体充满系统时,将阀门打开;当系统内连通管和压力传感器中的空气排完后,将阀门关闭。图中的参考点可选择布置在桥梁河岸坚实地基上,但为避免参考点与测试点之间产生过大的高差,参考点一般可布置在桥梁墩台、索塔等处。而测试点则可以根据桥梁类型、跨径等沿顺桥向选择若干断面进行布设。

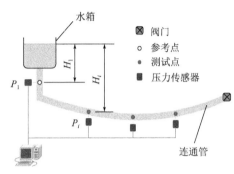

图 10.2.1 桥梁挠度连通管监测系统原理

以图 10.2.1 中参考点 P_1 和某测试点 P_i 为例给出基于压力传感器的挠度测试原理,在系统的初始时刻,即 $t=0$ 时刻,参考点的压强 $P_{1,0}$ 可由压力传感器测出:

$$P_{1,0} = \rho g H_{1,0} \tag{10.2.1}$$

式中:ρ——水的密度;
$\quad g$——桥址处的重力加速度;
$\quad H_{1,0}$——参考点 P_1 压力传感器与水箱液面之间的高差。

同理,可得此时测试点 P_i 处的压强为:

$$P_{i,0} = \rho g H_{i,0} \tag{10.2.2}$$

式中:$H_{i,0}$——测试点 P_i 压力传感器与水箱液面之间的高差。

由此可得初始时刻参考点 P_1 与测试点 P_i 之间的高差为:

$$\Delta H_{i,0} = H_{i,0} - H_{1,0} = \frac{P_{i,0} - P_{1,0}}{\rho g} \tag{10.2.3}$$

当桥梁在荷载作用下产生挠度之后,即 $t=T$,此时参考点和测试点的压强 $P_{1,T}$ 和 $P_{i,T}$ 分别为:

$$P_{1,T} = \rho g H_{1,T} \tag{10.2.4a}$$
$$P_{i,T} = \rho g H_{i,T} \tag{10.2.4b}$$

式中:$H_{1,T}$、$H_{i,T}$——T 时刻参考点 P_1 和测试点 P_i 与水箱液面之间的高差。

由此可得 T 时刻参考点 P_1 和测试点 P_i 之间的高差为:

$$\Delta H_{i,T} = H_{i,T} - H_{1,T} = \frac{P_{i,T} - P_{1,T}}{\rho g} \tag{10.2.5}$$

因此,相对于初始时刻,测试点 P_i 在 T 时刻的竖向挠度 $D_{i,T}$ 为:

$$D_{i,T} = \Delta H_{i,T} - \Delta H_{0,T} = \frac{P_{i,T} - P_{1,T} - P_{i,0} + P_{1,0}}{\rho g} \quad (10.2.6)$$

从上述推导过程可以看出,基于压力传感器的连通管挠度测试原理简单且易于实现,采用分布式的压力传感器可有效地监测运营期桥梁在活载作用下的线形变化。

10.2.2 南溪长江大桥悬索桥挠度监测系统

本章以四川南溪长江大桥(简称南溪大桥)为工程背景,该桥为宜泸高速公路宜宾段的控制性工程,主跨为820m的单跨钢箱梁悬索桥(图10.2.2),2012年竣工通车。在大桥施工阶段,设计并安装了桥梁结构健康监测系统,图10.2.3 给出了与挠度监测与评估相关的传感器布置情况,包含以下三部分:

(1)CPS 系统。CPS 系统由15个压力传感器、1个供水水箱以及水管组成。其中1个压力传感器和水箱放置在宜宾侧塔梁结合处的桥塔内,以这个压力传感器作为 CPS 系统测试的高程参考点,编号为 SYT,具体位置见图10.2.4a)。余下的14个压力传感器分别布置在钢箱梁内 $l/8$、$2l/8$、$3l/8$、$l/2$、$5l/8$、$6l/8$ 和 $7l/8$ 截面的上下游位置,其中 l 为主梁跨径,图10.2.4b)给出了箱梁内跨中截面下游压力传感器的安装位置,所有压力传感器的采样频率均设定为 0.5Hz。

(2)环境温度传感器。在主梁桥面跨中上游位置安装了1个温度传感器来监测桥梁环境温度变化,见图10.2.4c),温度测试的采样时间间隔为1min。

(3)动态称重(Weigh-in-motion,WIM)系统。大桥通车前,在泸州侧桥塔位置处的桥面铺装内安装了 WIM 传感器来监测桥址处的运营期车辆荷载,现场安装情况见图10.2.4d)。如图10.2.3所示,桥面共有6个车道,最外侧两个车道为应急车道,车道1和车道4为慢车道,货车较为密集,车道2和车道3为快车道。选择这4个车道设置了 WIM 传感器,其中车道1和车道2的传感器用于监测从宜宾至泸州方向的车辆荷载,车道3和车道4的传感器则用于监测相反方向的车辆荷载。车辆荷载的监测数据包含了车型、到达时间、总重、车速、车道位置和轴重等。

图10.2.2 南溪大桥悬索桥

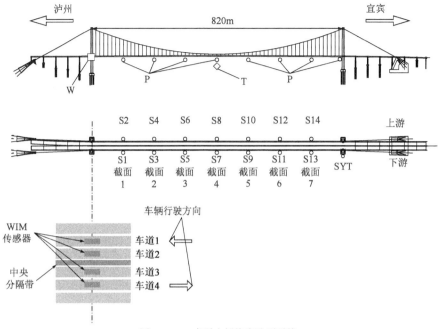

图10.2.3 南溪大桥挠度监测系统

注:1.P-压力传感器(15);2.T-温度传感器(1);3.W-Weigh-in-motion(WIM)传感器(4)

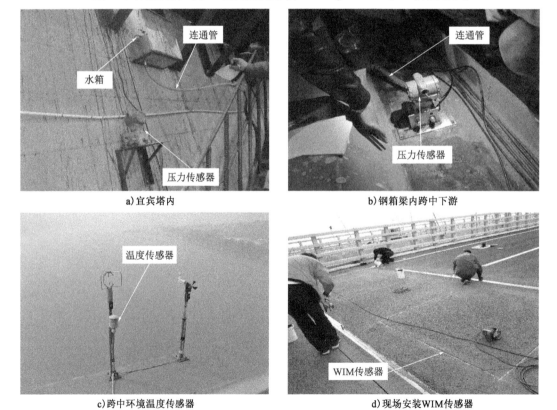

a) 宜宾塔内　　　　　　　　　b) 钢箱梁内跨中下游

c) 跨中环境温度传感器　　　　d) 现场安装WIM传感器

图10.2.4 挠度、环境温度及车辆荷载传感器

10.2.3 数据分析与评估流程

采取以下步骤对南溪大桥悬索桥挠度监测数据进行分析和评估：

(1) 从 CPS 挠度监测数据中提取车载所引起的挠度分量。理论上，车辆荷载、温度以及风等环境条件均会对悬索桥挠度产生影响，但由于风对悬索桥竖向挠度的影响较小，因此，仅研究车载和温度对南溪大桥竖向挠度的影响。相较于车辆荷载，环境温度表现为相对确定的趋势性变化，而车辆荷载的变化却具有极强的随机性，车流量或车重等车载参数有时还会发生突发的急剧增长。因此，应将温度引起的趋势性分量从挠度监测数据中分离出来，在此基础上对车辆荷载产生的竖向挠度进行评估。

(2) CPS 的验证。虽然基于连通管原理的挠度监测技术已在多座大跨径桥梁健康监测系统中得到了运用，但应用于 800m 以上主跨的悬索桥还较少。因此，CPS 的现场验证对于检验其在长期监测过程中的准确性与可靠性仍具有重要意义。现场验证包含成桥荷载试验和运营车载试验两部分。成桥荷载试验中采用 14 辆三轴货车布置在主跨跨中位置，将 CPS 挠度监测数据与有限元计算数据进行了分析对比。运营车载试验则是针对 2014 年 2 月 14 日 1 辆六轴货车过桥的数据进行了分析，采用有限元瞬态分析方法重现该车过桥过程。

(3) 计算确定与车载相关的挠度限值。确定合理的限值是对悬索桥运营期的挠度进行评估的关键问题，本章将根据设计规范[18-19]，排除环境温度的影响，确定仅与车载相关的挠度限值。这是因为我国《公路悬索桥设计规范》（JTG/T D65-05—2015）[18]仅给出了悬索桥主梁在汽车荷载作用下的容许挠度，同时，《公路桥涵设计通用规范》（JTG D60—2015）[19]仅给出了均匀温度作用，未针对钢箱梁给出梯度温度作用的规定，也有学者研究了钢箱梁温度梯度作用用，但研究对象都是个别桥梁实例[20]，很难根据规范或已有研究成果确定温度与车载共同作用下悬索桥主梁的挠度限值。

(4) 挠度极值预测与评估。对 2014 年上半年 100d 的挠度监测数据进行分析，首先采用小波变换提取出车载引起的挠度分量，识别每天挠度的最大值和最小值，继而采用广义极值分布来预测设计基准期内的挠度极值，并与挠度限值进行对比。

10.3 监测系统测试验证

10.3.1 挠度监测数据特征分析

车辆荷载、环境温度变化是导致悬索桥主梁产生竖向挠度的主要因素，同时，测试噪声也会对挠度监测数据产生影响。以 2014 年 2 月 14 日 S8（跨中上游）传感器的挠度原始监测数据为分析对象，图 10.3.1a) 给出了挠度数据时程曲线，图 10.3.1b) 给出了环境温度时程曲线。分析发现，CPS 系统采集的竖向挠度数据包含三个主要部分：

(1) 温度引起的趋势性变化。从图 10.3.1 可以明显看出，桥址环境温度表现出"大、小、大、小"的变化规律，而从总体上看，竖向挠度数据则呈现出"小、大、小、大"的变化趋势，这说明温度与主梁竖向挠度之间存在一定的负相关性。采用小波变换的方法从图 10.3.1a) 的挠度原始数据中分离出由温度导致的趋势分量[21],小波函数为 Daubechies 小波,通过选择合适的小波分析层次,可以获得良好的分离效果,图 10.3.2 给出了由温度变化引起的跨中截面竖向挠度。图 10.3.1b)中温度的日最小值和最大值分别出现在约 7 时和 15 时,而图 10.3.2 中挠度的日最大值和最小值则分别出现在约 12 时和 17 时,这说明,桥址环境温度对悬索桥主梁竖向挠度的影响显著,并存在明显的延时现象。

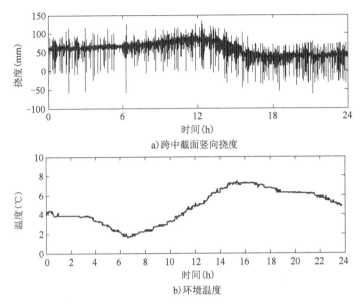

图 10.3.1 2014 年 2 月 14 日监测数据

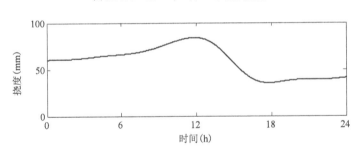

图 10.3.2 由温度变化引起的跨中截面竖向挠度

(2)车辆荷载产生的挠度。图 10.3.3 给出了剔除温度影响后的挠度曲线,图中数据点在 0 上下浮动,说明温度影响已被有效地剔除,图中数据可认为仅包含了车辆荷载产生的挠度以及测试噪声成分。为更清晰地展现车载产生的挠度与测试噪声成分之间的关系,图 10.3.4 给出了从图 10.3.3 挠度曲线中截取的 0 时至 0 时 9 分的一段数据。从 0 时 7 分至 0 时 9 分,1 辆六轴货车通过大桥,CPS 准确地捕捉到了这一过程,这段时间内主梁跨中截面的最大正挠度和最小负挠度分别为 28.9mm 和 -68.3mm。该六轴货车的过桥过程将在下文中进行详细分析。

(3)测试噪声影响。如图 10.3.4 所示,从 0 时至 0 时 7 分,挠度监测数据在 0 上下随机浮动,且幅值较小,变化范围在 -10~10mm。这段数据主要为测试噪声,但也不排除包含了较轻车辆过桥产生的挠度,但难以将其从测试噪声中分离出来。

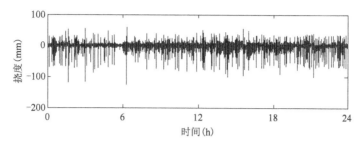

图 10.3.3　消除温度影响后的跨中截面竖向挠度

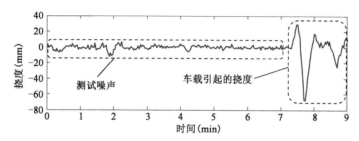

图 10.3.4　消除温度影响后的跨中截面竖向挠度(00:00:00—00:09:00)

10.3.2　成桥荷载试验

采用成桥荷载试验和运营车载试验来检验 CPS 对大跨径悬索桥竖向挠度进行长期实时监测的能力。挑选成桥荷载试验中一个 14 辆三轴货车的加载工况,将 CPS 系统记录的挠度数据与有限元计算结果进行分析对比。由于成桥荷载试验中加载工况的持续时间较短,因此可忽略环境温度变化对 CPS 挠度监测数据的影响。图 10.3.5 给出了加载工况的车辆布置情况,每辆车总重均为 300kN,前轴、中轴和后轴的轴重分别为 60kN、120kN 和 120kN。图 10.3.6 给出了南溪大桥的三维有限元模型,模型在 ANSYS 软件中建立,主梁单元为 beam4。建模过程不予赘述,经计算,模型的第 1 阶竖弯振型对应的模态频率为 0.15Hz,而成桥动力特性测试数据显示该模态频率为 0.18Hz,误差在接受范围以内,表明该有限元模型能准确反映桥梁的受力特征。按图 10.3.5 中的车辆布置情况对有限元模型进行静力加载计算,图 10.3.7 给出了计算结果和 CPS 监测结果。从中可以看到,跨中截面的挠度监测值和计算值分别为 －882mm 和 －934mm,相对误差为 5.9%,数据对比表明 CPS 系统能准确地获得成桥静力荷载试验中大跨径悬索桥主梁的竖向挠度。需要说明的是挠度方向向上为正,向下为负。

10.3.3　运营荷载试验

通车后,CPS 开始持续地监测运营状态下南溪大桥主梁的竖向挠度,不同于成桥荷载试验阶段,运营状态下的车辆荷载是不受控制且随机的,因此,有必要进一步检验 CPS 系统在运营车载荷载作用下监测悬索桥挠度的能力。选取了 2014 年 2 月 14 日的一段监测数据,首先,表 10.3.1 给出了 WIM 监测数据,数据持续时间从当天 0:1:46 至 0:8:35,该段时间内 WIM 共记录了 9 辆车通过大桥,包含 1 辆六轴货车(Truck3)、3 辆二轴货车(Truck1、Truck2 和 Truck4)

和 5 辆二轴小汽车(Car1、Car2、Car3、Car4 和 Car5)。由该表可知,所有小汽车的总重均较小(小于 25kN),因此,由小汽车所引起的主梁竖向挠度可忽略不计,可仅考虑货车的影响。

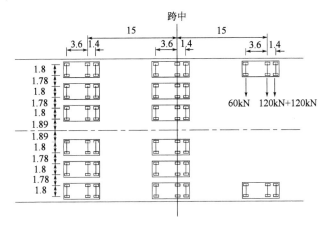

图 10.3.5 加载货车布置(尺寸单位:m)

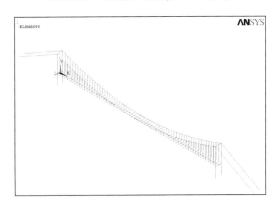

图 10.3.6 南溪大桥三维有限元模型

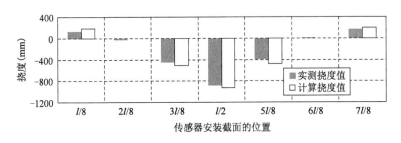

图 10.3.7 成桥荷载试验挠度测试值与计算值

2014 年 2 月 14 日 WIM 车辆荷载监测数据　　　　表 10.3.1

编号	时刻	总重(kN)	车速(km/h)	轴数	车道	轴重(kN)					
						1	2	3	4	5	6
Truck1	0:01:46	96	67	2	车道 1	32	65	—	—	—	—
Car1	0:02:21	17	79	2	车道 1	10	7	—	—	—	—
Car2	0:02:49	24	73	2	车道 2	13	11	—	—	—	—

续上表

编号	时刻	总重(kN)	车速(km/h)	轴数	车道	轴重(kN)					
						1	2	3	4	5	6
Car3	0:03:38	15	89	2	车道3	9	7	—	—	—	—
Truck2	0:04:01	54	79	2	车道1	22	32	—	—	—	—
Truck3	0:06:46	503	61	6	车道4	59	85	88	93	93	85
Car4	0:07:03	18	91	2	车道3	9	9	—	—	—	—
Car5	0:07:22	17	105	2	车道3	9	9	—	—	—	—
Truck4	0:08:35	167	56	2	车道1	59	109	—	—	—	—

注：表中时刻格式为时:分:秒。

表10.3.1列出了车辆到达WIM传感器的时刻、行车速度和车道，因此，可根据这些数据确定货车的位置。图10.3.8给出了Truck2、Truck3和Truck4三辆货车的位置随时间的变化情况，图中横坐标为车辆的顺桥向位置，竖坐标为时间，由于Truck1的到达时间较早，不需在图中绘出其位置。由表1中车道数据可知，Truck3的行驶方向为泸州至宜宾，Truck2和Truck4的行驶方向为宜宾至泸州。如图10.3.8所示，在0:06:46时，Truck3正好通过WIM传感器位置，而此时Truck2已驶离了大桥主跨，Truck4则尚未驶入主跨。49s之后，即0:07:35时，Truck3即将驶离主跨，此时，Truck2和Truck4仍处于主跨范围之外，因此，从0:06:46到0:07:35，大桥主跨桥面上始终仅有Truck3一辆货车(不考虑小汽车)，可认为这段时间内仅有Truck3会使主梁产生竖向挠度。

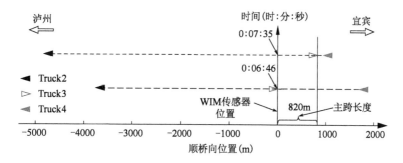

图10.3.8　车辆位置随时间的变化情况

采用ANSYS软件的瞬态分析来重现Truck3在南溪大桥桥面的行驶过程。首先，将Truck3简化为6个集中力，图10.3.9给出了集中力的大小与间隔分布。图10.3.10给出了集中力在有限元模型上的加载过程，在0:06:46时，轴6的集中力正好作用在泸州塔位置，0:07:35时，轴6作用在宜宾塔位置，这段时间之内的轴6的作用位置可根据Truck3的行驶速度确定，其余5个集中力的作用位置则可依据图10.3.9的轴距来确定。计算模型仍采用图10.3.6中的三维有限元模型，主梁beam4单元的长度被均匀划分为0.1m以适应Truck3的轴距，从而实现6个集中力在主梁单元节点上的顺利加载。图10.3.11给出了主梁跨中截面和$6l/8$截面竖向挠度的监测值和计算值，从中可以看出，两个截面的挠度计算时程曲线与监测时程曲线吻合良好，差异较小，这说明在运营车辆荷载条件下，CPS系统具有良好的竖向挠度监测能力和精度。

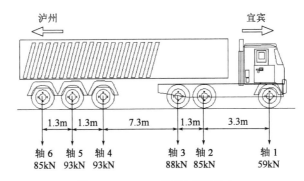

图 10.3.9　Truck3 轴重与轴距分布

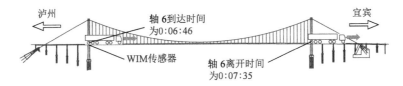

图 10.3.10　Truck3 在桥面上的位置及对应的时刻

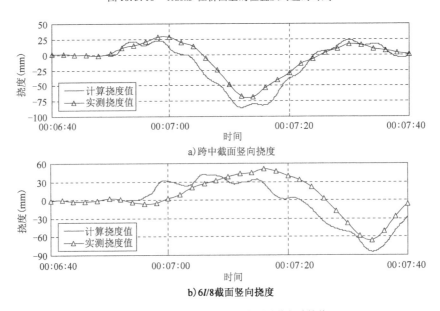

a) 跨中截面竖向挠度

b) 6*l*/8 截面竖向挠度

图 10.3.11　运营车载试验挠度测试值与计算值

10.4　长期监测数据分析

10.4.1　主梁挠度限值

为开展南溪大桥运营状态下的挠度评估,本章将根据规范规定计算并给出两级挠度限值。第一级挠度限值即为规范给出的主梁挠度容许值[18],该挠度容许值应视为对悬索桥竖向刚度的基本要求。根据我国公路悬索桥设计规范,取挠度限值为跨径的 1/250。对于南溪大桥,其主跨跨径为820m,则挠度容许值的绝对值为3280mm。

第二级挠度限值的定义为:在设计汽车荷载作用下,采用有限元分析得到的主梁最大和最小挠度值。相较于第一级限值,第二级限值显然对运营状态下的主梁竖向刚度提出了更高的要求。第二级限值的计算分三步进行。首先,采用我国《公路桥涵设计通用规范》(JTG D60—2015)中的公路—Ⅰ级车道荷载作为荷载输入[19],如图10.4.1所示。同时,根据规范规定,考虑多车道折减系数和纵向折减系数,数值分别为0.55和0.94。接着,采用有限元分析确定竖向挠度影响线。需要注意的是,由于悬索桥具有极强的几何非线性,并不利用影响线来直接计算主梁挠度,而是用来确定车道荷载的作用范围。计算影响线时单位集中力取值为100kN,这样是为了避免单位集中力相对于恒载过小,产生过大的数值相对误差。图10.4.2给出了主梁4个截面的竖向挠度影响线计算结果,在此基础上表10.4.1给出了各截面的车道荷载作用范围。

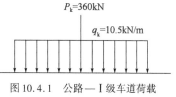

图10.4.1 公路—Ⅰ级车道荷载

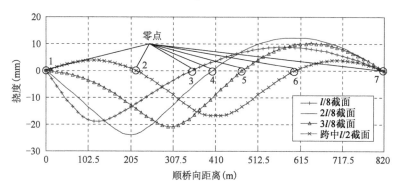

图10.4.2 竖向挠度的顺桥向影响线

车道荷载作用范围 表10.4.1

截面	挠度类型	分布荷载 q_k 的加载范围
$l/8$	最小值	零点1~零点3
	最大值	零点3~零点7
$2l/8$	最小值	零点1~零点4
	最大值	零点4~零点7
$3l/8$	最小值	零点1~零点5
	最大值	零点5~零点7
$l/2$	最小值	零点2~零点6
	最大值	零点1~零点2,零点6~零点7

最后,采用图10.3.6的三维有限元模型来计算设计车道荷载作用下主梁截面的最大和最小挠度值。以跨中$l/2$截面为例,车道荷载的均布力q_k作用范围是零点2~零点6,集中力P_k的加载点位于主梁跨中,计算得到的跨中$l/2$截面的最小挠度为-1352mm。图10.4.3给出了第二级挠度限值的计算结果。从中可以看出,$2l/8$截面的最大(向上为正)和最小(向下为

负)挠度值分别为 1242mm 和 -1935mm,为各截面挠度绝对值最大的截面。综上,图 10.4.4 给出了两级挠度限值之间的关系。

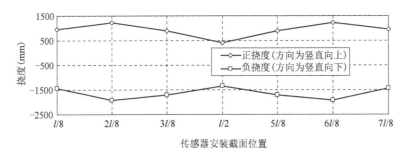

图 10.4.3 第二级挠度限值

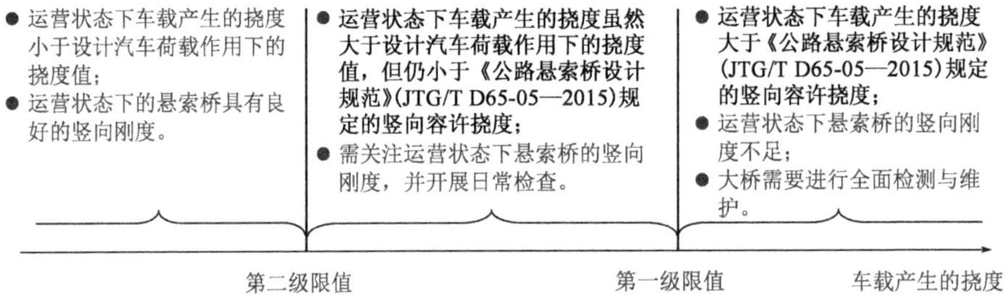

图 10.4.4 两级挠度限值的关系

10.4.2 挠度极值预测方法

对于服役状态下的大跨径桥梁,合理预测特定重现期内的主梁挠度极值具有重要的工程意义。过高估计挠度极值会增加不必要的桥梁维护开支,而过低估计挠度极值则会增加桥梁性能和安全风险。健康监测数据的长期积累为准确预测大跨径桥梁的主梁挠度极值提供了有效支撑。将健康监测数据与极值分析相结合的研究方法已开始在土木工程领域得到应用,如 Ni 等利用香港 Ting Kau 大桥 1 年的监测数据,采用 Gumbel 分布预测了该桥的极值温度[22];Lan 等则针对滨州黄河大桥的车载监测数据,建立了车辆总重的极值分布模型[23]。本章将利用南溪大桥的长期监测数据,提取出挠度最大值和最小值序列,在此基础上采用极值分析方法预测设计基准期内的挠度极大值和极小值。首先,采用极值分析中的广义极值分布(Generalized Extreme Value Distribution,GEVD)建立挠度的极值分布模型[24-25],广义极值分布将 Gumbel、Frechet 和 Weibull 三种极值分布统一为具有三个参数的概率分布,三个参数分别为位置参数 μ、尺度参数 σ 和形状参数 ξ。当 $\xi<0$ 时,表示 Weibull 分布;$\xi>0$ 时,表示 Frechet 分布;ξ 趋近于 0 时,表示 Gumbel 分布。广义极值分布函数定义为:

$$F(D) = \exp\left[-\left(1 + \xi\frac{D-\mu}{\sigma}\right)^{-1/\xi}\right], 1 + \xi(D-\mu)/\sigma > 0 \qquad (10.4.1)$$

式中:μ、σ、ξ——参数,可基于实测数据采用最大似然方法估计得到。

当确定了模型的参数之后,可将式(10.4.1)改写为:

$$D = \frac{\sigma}{\xi}\left[\left(\frac{-1}{\ln F(D)}\right)^{\xi} - 1\right] + \mu \tag{10.4.2}$$

采用 $D_1, D_2, \cdots, D_k$ 代表来自挠度监测数据的最大值或最小值序列,将序列按升序排列 $D_1 \leqslant D_2 \leqslant \cdots \leqslant D_k$,则样本点 D_i 的累计概率为:

$$p_i = \frac{i}{k+1} \tag{10.4.3}$$

p_i 可视为 $F(D_i)$ 的合理估计,当模型的参数确定后,可计算出 p_i 对应的分位数:

$$Q_i = \frac{\sigma}{\xi}\left[\left(\frac{-1}{\ln p_i}\right)^{\xi} - 1\right] + \mu \tag{10.4.4}$$

在此基础上就可以采用 Q-D 图的方法来评价广义极值分布的拟合优度。接下来,就可以采用上文建立的广义极值分布模型来预测一定重现期内的挠度极值。当重现期为 y 年时,挠度极值 D_R 可采用下式计算:

$$F(D_R) = \exp\left[-\left(1 + \xi\frac{D_R - \mu}{\sigma}\right)^{-1/\xi}\right] = 1 - \frac{1}{ny} \quad \text{挠度极大值} \tag{10.4.5a}$$

$$F(D_R) = \exp\left[-\left(1 + \xi\frac{D_R - \mu}{\sigma}\right)^{-1/\xi}\right] = \frac{1}{ny} \quad \text{挠度极小值} \tag{10.4.5b}$$

式中,当上文的最大值或最小值序列为每日最大值或最小值时,n 的取值为 365。

10.4.3 南溪大桥悬索桥挠度评估

采用南溪大桥 CPS 系统在 2014 年上半年采集的 100d 的数据开展挠度极值预测与评估。首先,将主梁每个截面上、下游传感器的数据进行平均处理,作为各截面挠度的代表值。为了与 10.4.1 节中的挠度评估限值进行对比,采用小波变换的方法去除各截面挠度代表值中的温度影响成分。在此基础上,从每日挠度代表值时程曲线中识别出当日挠度最大值和最小值,因此,对于每个截面,可分别获得长度均为 100 的挠度最大值和最小值序列。接下来,采用上节中的广义极值分布建立各截面挠度最大值和最小值的概率分布模型,表 10.4.2 列出了相应的模型参数。图 10.4.5 给出了跨中截面的拟合优度检验结果,从中可以看出,数据点基本都散落在最优拟合线($D = Q$)附近,说明取得了良好的概率建模结果。

广义极值模型参数   表 10.4.2

挠度极值	参数	$l/8$ 截面	$2l/8$ 截面	$3l/8$ 截面	跨中 $l/2$ 截面	$5l/8$ 截面	$6l/8$ 截面	$7l/8$ 截面
挠度最大值	ξ	-0.006	0.061	-0.253	-0.209	-0.142	-0.016	0.042
	σ	19.5	16.7	9.9	11.8	23	26.8	22.3
	μ	64.2	51	36.7	48.8	81.5	96.2	81.1
挠度最小值	ξ	-0.495	-0.465	-0.473	-0.478	-0.632	-0.632	-0.551
	σ	28.6	25.4	25	24.2	38.2	48.3	32.8
	μ	-102.1	-90.6	-96.2	-110.7	-136.9	-150.7	-115.4

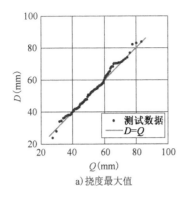 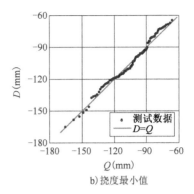

a) 挠度最大值　　　　　　　　　b) 挠度最小值

图 10.4.5　跨中截面挠度拟合优度检验

由于南溪大桥设计基准期为 100 年,因此,式(10.4.5)中 y 取值为 100,图 10.4.6 给出了设计基准期内竖向挠度极大值和极小值的预测结果,同时还给出了第二级挠度限值。从中可以看出,预测的挠度极值的绝对值均远小于第二级挠度限值,这说明在实际运营车载条件下,根据我国现行桥梁规范设计的南溪大桥具有足够的竖向刚度。需要注意的是,随着挠度监测数据的积累,挠度极值预测结果的更新可方便地实现,只需将新采集的数据加入既有数据中,然后重复上文流程就可以得到挠度极值预测值的更新结果,图 10.4.7 给出了大跨径悬索桥运营状态挠度监测与评估流程。

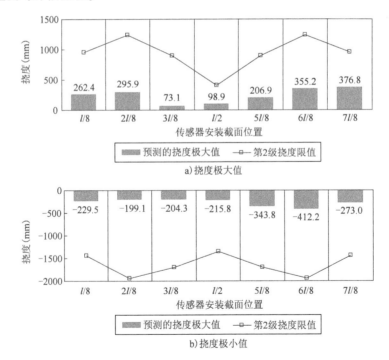

图 10.4.6　设计基准期内挠度极值与第二级限值对比

本章研究发现,南溪大桥主梁挠度监测数据主要包含温度引起的趋势性变化、车辆荷载产生的挠度及测试噪声影响三部分,采用小波变换的方法可以有效地将温度引起的趋势性变化分离出来,测试噪声的幅值较小;在成桥荷载试验以及运营车载试验过程中,连通管系统所记录的数据与有限元计算结果吻合良好,表明连通管系统可准确可靠地监测运营状态下的大跨径悬索桥主梁挠度;采用广义极值分布可以有效地建立南溪大桥主梁挠度的极值概率分布模型,在此基础上,预测了设计基准期内大桥主梁挠度的极大值和极小值,结果显示预测的极值远小于挠度限值,说明在运营车载条件下,根据我国现行桥梁规范设计的南溪大桥主梁具有足够的竖向刚度。提出的大跨径悬索桥主梁挠度限值确定方法与挠度极值预测方法对同类型桥梁的健康监测数据评估具有参考意义。

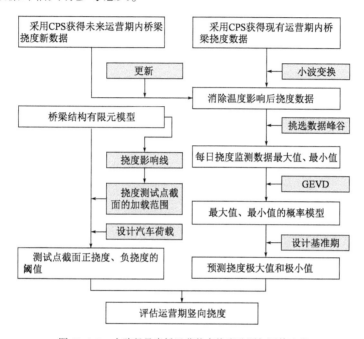

图 10.4.7　大跨径悬索桥运营状态挠度监测与评估流程

参 考 文 献

[1] Hou X M, Yang X S, Huang Q. Using inclinometers to measure bridge deflection[J]. Journal of Bridge Engineering, ASCE 2005, 10(5): 564-569.

[2] Ye X W, Ni Y Q, Wai T T, etc. A vision-based system for dynamic displacement measurement of long-span bridges: algorithm and verification[J]. Smart Structures and Systems, 2013, 12(3-4): 363-379.

[3] Yi T H, Li H N, Gu M. Recent research and applications of GPS-based monitoring technology for high-rise structures[J]. Structural Control and Health Monitoring, 2013, 20(5): 649-670.

[4] Yi T H, Li H N, Gu M. Experimental assessment of high-rate GPS receivers for deformation monitoring of bridge[J]. Measurement, 2013, 46(1): 420-432.

[5] Ogundipe O, Roberts G W, Brown C J. GPS monitoring of a steel box girder viaduct[J]. Structure and Infrastructure Engineering, 2014, 10(1): 25-40.

[6] Sung Y C, Miyasaka T, Lin T K, etc. A case study on bridge health monitoring using position-sensitive detector technology[J]. Structural Control and Health Monitoring, 2012, 19(2): 295-308.

[7] He X, Yang X, Zhao L. New method for high-Speed railway bridge dynamic deflection measurement[J]. Journal of Bridge Engineering, 2014, 19(7): 05014004.

[8] Chung W, Kim S, Kim N S, etc. Deflection estimation of a full scale prestressed concrete girder using long-gauge fiber optic sensors[J]. Construction and Building Materials, 2008, 22(3): 394-401.

[9] Kohut P, Holak K, Uhl T, etc. Monitoring of a civil structure's state based on noncontact measurements[J]. Structural Health Monitoring, 2013, 12(5-6): 411-429.

[10] Park H S, Kim J Y, Kim J G, etc. A new position measurement system using a motion-capture camera for wind tunnel tests[J]. Sensors, 2013, 13(9): 12329-12344.

[11] 曾威, 于德介, 胡柏学, 等. 基于连通管原理的桥梁挠度自动监测系统[J]. 湖南大学学报(自然科学版), 2007, 34(7): 44-47.

[12] Zhu Y, Fu Y, Chen W, etc. Online deflection monitoring system for dafosi cable-stayed bridge[J]. Journal of Intelligent Material Systems and Structures, 2006, 17(8-9): 701-707.

[13] 杨建春, 陈伟民. 连通管式光电挠度测量系统及其大桥监测应用[J]. 光电子·激光, 2006, 17(4): 343-346.

[14] 朱世峰, 周志祥, 吴海军. 半封闭连通管式差压传感器在桥梁挠度测量中的应用[J]. 传感器与微系统, 2014, 33(1): 150-153.

[15] Meng X, Dodson A H, Roberts G W. Detecting bridge dynamics with GPS and triaxial accelerometers[J]. Engineering Structures, 2007, 29(11): 3178-3184.

[16] Kaloop M R. Bridge safety monitoring based-GPS technique: case study Zhujiang Huangpu Bridge[J]. Smart Structures and Systems, 2012, 9(6): 473-487.

[17] Li Aiqun, Ding Youliang, Wang Hao, etc. Analysis and assessment of bridge health monitoring mass data-progress in research/development of "Structural Health Monitoring"[J]. Science China-Technological Sciences, 2012, 55(8): 2212-2224.

[18] 中华人民共和国交通运输部. 公路悬索桥设计规范:JTG/T D65-05—2015[S]. 北京: 人民交通出版社股份有限公司, 2015.

[19] 中华人民共和国交通运输部. 公路桥涵设计通用规范:JTG D60—2015[S]. 北京: 人民交通出版社股份有限公司, 2015.

[20] 缪长青, 史长华. 大跨悬索桥扁平钢箱梁温度梯度与温度影响研究[J]. 中国科学: 技术科学, 2013, 43(10): 1155-1164.

[21] Reda T M M, Noureldin A, Lucero J L, etc. Wavelet transform for structural health monitoring: A compendium of uses and features[J]. Structural Health Monitoring, 2006, 5(3): 267-295.

[22] Ni Y Q, Hua X G, Wong K Y, etc. Assessment of bridge expansion joints using long-term displacement and temperature measurement[J]. Journal of Performance of Constructed Facilities,

ASCE, 2007, 21(2):143-151.

[23] Lan C, Li H, Ou J. Traffic load modelling based on structural health monitoring data[J]. Structure and Infrastructure Engineering, 2011, 7(5):379-386.

[24] Castillo E. Extreme value theory in engineering[M]. New York: Academic Press, 1988.

[25] Coles S. An introduction to statistical modeling of extreme values[M]. London: Springer, 2001.

第11章 桥梁挠度监测与分析 Ⅱ：基于挠度监测数据的可靠度评估

11.1 问题的提出

服役荷载下的结构变形是大跨径桥梁运营过程中需要重点关注的问题之一。大跨径桥的竖向挠度变形直接反映了结构刚度的真实状态，过大的挠度会对某些构件的服役性能产生不利影响，例如加剧铺装层裂化、导致混凝土桥面板开裂。最新的美国 AASHTO 桥梁设计规范[1]和我国的桥梁设计规范[2-3]都对挠度提出了要求，如我国公路悬索桥设计规范规定[2]，悬索桥加劲梁由车道荷载频遇值引起的最大竖向挠度不宜大于跨径的 1/250，这是因为悬索桥为柔性结构，加劲梁竖向挠度限值是为了保证行车平顺舒适和安全感。在设计新建桥梁时，通常是将设计荷载施加于结构计算模型，计算得到挠度或者变形，进而与规范的限值进行比较[4-5]，然而，对于运营状态下的大跨径桥梁，由于计算模型误差以及荷载条件的随机性，难以通过理论计算获得桥梁结构的真实挠度响应。

如第10章所述，随着结构健康监测技术的发展，近年来，多种先进的挠度/变形监测技术层出不穷[6-9]，为运营期大跨径桥梁的挠度监测提供了技术选择，也得到了较为广泛的工程应用。然而，如何有效地利用这些挠度监测数据来合理评估大跨径桥梁的服役性能，是结构健康监测领域必须正视的问题之一。目前，国内外已有学者开始运用极值分析和可靠度理论分析桥梁结构的检测/监测数据[10-15]，然而，大多是从安全性即承载能力极限状态的角度开展研究，较少从适用性即正常使用极限状态的角度去审视监测数据。因此，在第10章的基础上，本章提出了基于竖向挠度监测数据的大跨径桥梁可靠度评估方法，首先根据极值分析理论和可靠度理论搭建了该方法的理论框架，以南溪大桥悬索桥为研究背景，给出了不同服役期内加劲梁竖向挠度的可靠度评估结果，该方法可为大跨径桥梁运营期状态评估提供新思路。

11.2 可靠度评估方法

11.2.1 概述

对于大跨径桥梁，恒载效应在竖向挠度中占主导地位，由活荷载引起的挠度幅值相对较小，随着桥梁结构施工阶段的向前推进，恒载引起的竖向挠度逐步产生。在施工阶段，通常采用施工控制的技术手段对恒载引起的竖向挠度进行控制，从而使得大跨径桥梁在合龙之后获得预期的线形。施工阶段结束之后，活荷载（主要是交通荷载）开始成为影响大跨径桥梁结构运营期性能的主要因素。本章建立了交通荷载作用下的大跨径桥梁竖向挠度评估框架，主要包含如下步骤：①第1步的目的是从 SHMS 系统采集的原始挠度数据中提取交通荷载引起的局部极值，首先采用小波包变换的方法消除原始挠度数据中的环境温度影响，进而采用三点比较算法提取出交通荷载产生的挠度局部极值序列；②第2步是建立交通荷载引起的挠度局部极值的概率模型，采用超越阈值方法（Peaks-Over-Threshold，POT）得到挠度局部极值的超越序列（exceedances），进而采用广义帕累托分布（Generalized Pareto Distribution，GPD）建立超越分布；③阈值 u 是 GPD 超越分布的关键模型参数，本章基于平均剩余寿命图（Mean Residual Life Plot，MRLP）和拟合优度检验提出了一种新的 GPD 分布合理阈值确定方法；④推导了从 GPD 超越分布到极值分布的理论过程，挠度极值服从广义极值分布（Generalized Extreme Value Distribution，GEVD）；⑤基于挠度限值和极值分布建立大跨径桥梁竖向挠度的可靠度评估模型，主要思想是借鉴串联体系可靠度的概念开展竖向挠度的准体系可靠度评估。图 11.2.1 给出了大跨径桥梁挠度监测数据可靠度评估的方法框架。

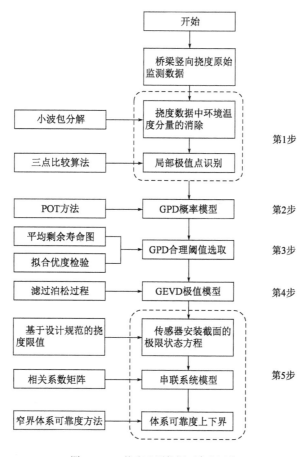

图 11.2.1　挠度监测数据可靠度评估

11.2.2　车辆荷载引起的挠度

识别车辆荷载引起的挠度主要包括两个步骤：一是消除挠度原始监测数据中的温度影响分量；二是提取车辆荷载产生的挠度局部极值序列。根据第 10 章的分析结果，大跨径桥梁竖向挠度主要包括3个分量:环境温度变化产生的挠度分量、车辆荷载引起的挠度分量及测试噪声产生的伪挠度分量[7]。因此,首先应设法从挠度原始监测数据中消除环境温度和测试噪声的影响,已有研究表明环境温度变化引起的挠度分量主要是低频的昼夜起伏变化,而车辆荷载引起的挠度分量则是相对高频的瞬时颤动变化,而测试噪声产生的伪挠度分量则显著小于前两者。基于上述认识,可以采用小波包分解的方法有效地消除挠度数据中的温度分量[16-17]。需要说明的是,对于特定桥梁的竖向挠度数据,小波包分解方法需要进行专门的设计与调整。

消除环境温度对竖向挠度数据的影响之后,需要采用局部极值搜寻算法来去除挠度数据中的"无意义"数据。以图11.2.2为例,点3、点4和点5是由同一辆车引起的挠度测试数据,显然,点4是该段挠度监测数据中的局部极值,点3和点5则是在测试过程中产生的"无意义"数据,如不将点3和点5去除,则有可能将其与点4同时纳入超越(exceedances)数据序列。因此,本章提出采用三点比较算法来进行挠度数据局部极值的搜寻提取,以图11.2.2中的数据为例,该算法的具体过程是:首先比较临近的点2、点3和点4,由于点2>点3>点4,因此,删除点3;进而比较点2、点4和点5,由于点2>点4且点5>点4,点4为局部极小点,提取点4作为其中一个极值点;持续比较临近三点的大小,直至提取出所有的局部极大点和极小点。根据上述分析,图11.2.2给出了识别车辆荷载挠度的方法流程。

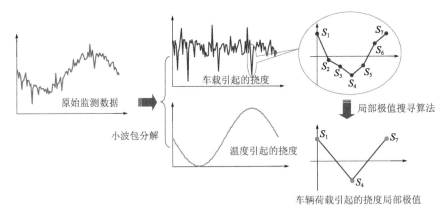

图11.2.2 车辆荷载引起的竖向挠度识别流程

11.2.3 基于POT的概率模型

学者们已提出了多种车辆荷载效应尾部样本的概率分布模型[18-21]。目前,主要有两种常用的建模方法:区间极值法(block maximum)[7,13,22]和超越阈值法(POT)[20,23]。区间极值法仅考虑某个时间区间内的荷载效应的最大值和最小值,因此部分有效信息会丢失。因此,本章采用POT方法建立大跨径桥梁竖向挠度尾部样本的GPD分布模型,具体建模过程如下:

设$X_1, X_2, \cdots, X_n$为一组独立同分布的随机变量,定义阈值为某一特定数值u。当$X_i > u$,X_i称之为超越样本。因此,可得到超越样本的分布函数$F_u(x)$:

$$F_u(x) = P(X \leqslant x \mid X > u) = \frac{F(x) - F(u)}{1 - F(u)}, x \geqslant u \tag{11.2.1}$$

进而,得到其概率密度函数$f_u(x)$:

$$f_u(x) = \frac{f(x)}{1 - F(u)}, x \geq u \tag{11.2.2}$$

超越样本的分布函数 $F_u(x)$ 可根据某个确定的母体分布函数 $F(x)$ 推导得到。当 $F(x)$ 未知时，GPD 分布是超越样本的渐进分布，国外学者研究发现[24-25]，当阈值 u 足够大时，超越样本近似服从 GPD 分布。GPD 分布的概率分布函数为：

$$F_u(x;u,\sigma,\xi) = 1 - \left(1 + \xi \frac{x-u}{\sigma}\right)^{-1/\xi}, x \geq u, 1 + \xi \frac{x-u}{\sigma} > 0 \tag{11.2.3}$$

式中：u——阈值；

ξ、σ——形状参数和尺度参数。

11.2.4 GPD 阈值选择方法

在采用 POT 方法的 GPD 建模中，选择合适的阈值 u 至为关键，应综合考虑模型的偏差与方差：太高的阈值会减少超越样本的数量，从而导致较大的方差；反之，超越样本虽然会增多，方差减小，但是模型的偏差则会增大[26]。为获得合理的 GPD 分布的阈值参数 u，学者们提出了一系列的统计方法，主要分为三类[27]：①非参数方法，确定数据极值区域和非极值区域的转换点[27]；②作图法，寻找 GPD 分布模型参数随阈值 u 的线性变化趋势[20]；③拟合优度检验法，在给定的显著性水平下，寻找使得 GPD 模型可用的阈值 u 最小值[28]。

本章提出一种综合作图法和拟合优度检验法的阈值 u 确定方法。最常用的作图法是剩余寿命图法(MRLP)，在 MRLP 中，定义平均超出函数(Mean Excess Function, MEF)：

$$e(u) = E(X - u \mid X > u) = \frac{\sigma + \xi u}{1 - \xi} \tag{11.2.4}$$

式中：$e(u)$——平均超出函数。

根据上式，可以这样确定阈值 u：①阈值 u 为自变量，平均超出函数 $e(u)$ 为因变量，做出函数的图形；②找出能使平均超出函数 $e(u)$ 曲线近似线性变化的阈值即为合理阈值。然而，MRLP 方法需要主观判断，实施起来有一定的困难[29]。因此，有学者提出采用拟合优度检验的方法来确定合理的阈值[28]，即在给定的显著性水平下，当零假设 H_0 不被拒绝时，此时的阈值可视为合理阈值。GPD 分布模型常用的拟合优度检验包括 A^2 Anderson-Darling 检验和 W^2 Crámer-von Mises 检验，这两种检验的统计量分别为：

$$W^2 = \frac{1}{12n} + \sum_{i=1}^{n}\left[F(X_i) - \frac{2i-1}{2n}\right] \tag{11.2.5}$$

$$A^2 = -n - \sum_{i=1}^{n} \frac{2i-1}{n}\{\log[F(X_i)] + \log[1 - F(X_{n+1-i})]\} \tag{11.2.6}$$

式中：$X_1 \leq X_2 \leq \cdots \leq X_n$——升序排列的统计样本；

F——待检验分布的理论概率分布函数。

在实际计算过程中，除需主观判断外，MRLP 方法还可能有以下问题：当通过 $e(u)$ 函数曲线的线性变化确定了最小阈值，然而该阈值并不能保证此时的 GPD 分布模型通过拟合优度检验。而选择合理阈值 u 的最主要目的是为了获得超越样本的最优拟合，因此，本章提出了新的确定阈值的策略：当平均超出函数 $e(u)$ 开始随着阈值 u 线性变化时，能使 GPD 分布模型取得最优拟合的阈值即合理阈值。

11.2.5 挠度极值模型

滤过泊松过程通常被用作描述车辆荷载的概率模型[30]。考虑到车辆荷载引起的桥梁挠度与车辆荷载本身的相似性,本章亦采用滤过泊松过程来建立桥梁车载挠度的概率模型。如图 11.2.3 所示,车辆荷载效应可视作一系列随机脉冲的组合,图中每个随机脉冲 S_i 的发生时间和持续时间分别为 T_i 和 τ_i,通常,车载效应随机脉冲的持续时间要远小于桥梁服役时间。当荷载效应 $S_i(i=1,2,\cdots,k)$ 为一组独立同分布的随机变量,在时间区间 $(0,T)$ 内,荷载效应发生次数 $N(T)$ 的概率为[31]:

$$P[N(T)=k] = \frac{(\lambda T)^k \exp(-\lambda T)}{k!}, k=0,1,2,\cdots \quad (11.2.7)$$

式中:λ——荷载效应的发生率。

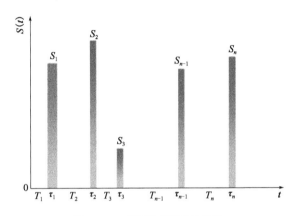

图 11.2.3 滤过泊松过程示意图

因此,可得到车载竖向挠度的极值概率分布为:

$$F_{S_{\max}}(s) = P(S_{\max} \leq s) = \sum_{k=0}^{\infty} P[S_{\max} \leq s \mid N(T)=k] \cdot P[N(T)=k]$$

$$= \sum_{k=0}^{\infty} P[S_1 \leq s, \cdots, S_n \leq s \mid N(T)=k] \cdot P[N(T)=k] \quad (11.2.8)$$

由于 $S_i(i=1,2,\cdots,k)$ 是独立同分布的。因此,$F_{S_{\max}}(s)$ 可以改写为:

$$F_{S_{\max}}(s) = \sum_{k=0}^{\infty} [P(S_i \leq s)]^k \cdot P[N(T)=k] \quad (11.2.9)$$

当车载竖向挠度的概率分布函数为 $F(s)$,将式(11.2.7)代入式(11.2.9),可得:

$$F_{S_{\max}}(s) = \sum_{k=0}^{\infty} [F(s)]^k \cdot \frac{(\lambda T)^k \exp(-\lambda T)}{k!} = \exp\{-\lambda T[1-F(s)]\} \quad (11.2.10)$$

从上式可知,影响车载竖向挠度极值概率分布函数的因素主要有荷载效应发生率 λ、服役时间 T 和车载竖向挠度的概率分布 $F(s)$。

在 11.2.3 节中建立了超越样本的 GPD 分布函数,通常极值分布模型 $F_{S_{\max}}(s)$ 主要受底分

布 $F(s)$ 右侧尾部形状的影响,因此,可以采用超越样本的 GPD 分布函数来得到极值概率分布 $F_{S_{\max}}(s)$。令 $F_u(s)$ 为概率分布 $F(s)$ 的超越分布模型,其中 u 为阈值,则由式(11.2.1)可知:

$$F_u(s) = \begin{cases} \dfrac{F(s) - F(u)}{1 - F(u)} & s \geq u \\ 0 & s < u \end{cases} \quad (11.2.11)$$

类似地,车载竖向挠度的超越样本同样可以采用滤过泊松过程来描述,因此,根据式(11.2.10)可知,超越样本的概率极值分布为:

$$F_{u,S_{\max}}(s) = \exp\{-\lambda_u T[1 - F_u(s)]\} \quad s \geq u \quad (11.2.12)$$

式中:λ_u——超越样本的发生率。将式(11.2.11)代入式(11.2.12)可得:

$$F_{u,S_{\max}}(s) = \exp\left\{-\dfrac{\lambda_u T}{1 - F(u)}[1 - F(s)]\right\} \quad s \geq u \quad (11.2.13)$$

在相同的时间区间$(0,T)$内,超越样本的发生率 λ_u 可以近似地由荷载效应的发生率 λ 得到:

$$\lambda_u = \lambda[1 - F(u)] \quad (11.2.14)$$

将式(11.2.14)代入式(11.2.13),可得到超越样本极值分布的表达式为:

$$F_{u,S_{\max}}(s) = \exp\{-\lambda T[1 - F(s)]\} = F_{S_{\max}}(s) \quad (11.2.15)$$

从式(11.2.15)可以看出,超越样本极值分布 $F_{u,S_{\max}}(s)$ 与车载竖向挠度的极值分布 $F_{S_{\max}}(s)$ 具有相同的表达式。因此,可以采用 $F_u(s)$ 而不是 $F(s)$ 来得到 $F_{S_{\max}}(s)$。在式(11.2.3)中,采用 GPD 分布得到了超越样本的概率分布,因此,可以将式(11.2.3)中的 x 变为 s,然后再将式(11.2.3)代入式(11.2.12),从而得到车载竖向挠度得极值分布函数 $F_{S_{\max}}(s)$:

$$F_{S_{\max}}(s) = F_{u,S_{\max}}(s) = \exp\left[-\lambda_u T\left(1 + \xi\dfrac{s-u}{\sigma}\right)^{-1/\xi}\right] \quad (11.2.16)$$

式中:T——桥梁服役期。

进而,令:

$$\tilde{u} = u - \dfrac{\sigma}{\xi}[1 - (\lambda_u T)^{\xi}], \tilde{\sigma} = \sigma(\lambda_u T)^{\xi}, \tilde{\xi} = \xi \quad (11.2.17)$$

则式(11.2.16)可以改写为[32-33]:

$$F_{S_{\max}}(s) = \exp\left[-\left(1 + \tilde{\xi}\dfrac{s - \tilde{u}}{\tilde{\sigma}}\right)^{-1/\tilde{\xi}}\right] \quad (11.2.18)$$

式(11.2.18)表明,当采用 GPD 分布为荷载效应超越样本的概率分布函数时,则荷载效应的极值分布为广义极值分布。

11.2.6 可靠度评估方法

在上述方法的基础上,采用可靠度理论对大跨径桥梁车辆荷载引起的竖向挠度进行评估。

针对设置了多个监测截面的大跨径桥梁,提出了基于多传感器的体系可靠度评估方法。假定大跨径桥梁主梁有 m 个截面安装了挠度传感器,则可得到每个传感器安装截面竖向挠度的极限状态方程,进而可以计算截面的可靠度指标:

$$g_i = R_i - L_i = 0 \quad (i = 1,2,3,\cdots,m) \tag{11.2.19}$$

$$\beta_i = \Phi^{-1}(1 - P_{f_i}) \tag{11.2.20}$$

式中: g_i——i 截面的极限状态方程;

β_i——相应的可靠度指标;

m——桥梁上安装挠度传感器的截面数量;

$\Phi^{-1}(\cdot)$——标准正态分布的逆概率分布函数;

R_i——挠度限值,反映了桥梁结构适用性要求。

R_i 可以采用桥梁设计规范的允许挠度值或者是采用设计荷载作用下的竖向挠度计算值,本章后续将针对挠度限值 R_i 进行讨论。需要说明的是,在式(11.2.19)中,R_i 为确定的常量,而 L_i 为随机变量,代表 i 截面车载竖向挠度的极值。在这里,采用串联模型描述大跨径桥梁车载竖向挠度的多截面失效模式,即一旦某个安装传感器的截面竖向挠度超过了挠度限值,就意味着体系失效。因此,可以将每个安装传感器的截面模拟为串联体系中某个单元。当然,这里采用的串联体系与通常意义上的结构串联体系存在明显区别,本章借用了结构串联体系的概念来描述各传感器截面可靠度的关系,从而给出基于监测数据的大跨径桥梁主梁挠度适用性的综合评估结果。可以将本章提出的桥梁服役挠度的可靠度模型称之为准串联体系模型。

采用窄界可靠度方法来计算上述准串联体系模型的可靠度[34]。体系失效概率的上下界可以定义为:

$$P_{f,\text{lower}} \leqslant P_f \leqslant P_{f,\text{upper}}$$

$$P_{f,\text{upper}} = \sum_{i=1}^{m} P_{f_i} - \sum_{i=2,j<i}^{m} \max(P_{f_{ij}})$$

$$P_{f,\text{lower}} = P_{f_1} + \sum_{i=2}^{m} \max\left[P_{f_i} - \sum_{j=1}^{i-1} P_{f_{ij}}, 0\right] \tag{11.2.21}$$

式中: P_f——体系的失效概率;

P_{f_i}——第 i 个模式(传感器安装截面)的失效概率;

$P_{f_{ij}}$——模式 i 和 j 的联合失效概率,可以采用数值积分的方法计算得到。

将所有失效模式按照失效概率从高到低的顺序排列,因此,P_{f_1} 表示体系中失效概率最大值。联合失效概率 $P_{f_{ij}}$ 可以通过对二元正态分布函数进行数值积分得到[35-36]:

$$P_{f_{ij}} = \iint_{\beta_i \beta_j}^{\infty \infty} \frac{1}{2\pi \sqrt{1-\rho_{ij}^2}} \exp\left[-\frac{1}{1(1-\rho_{ij}^2)}(x_i^2 + x_j^2 - 2\rho_{ij} x_i x_j)\right] \mathrm{d}x_i \mathrm{d}x_j \tag{11.2.22}$$

式中:β_i、β_j——模式 i 和 j 的可靠度指标;

ρ_{ij}——两者之间的相关系数。

根据式(11.2.19)中的极限状态方程可知,ρ_{ij} 仅与随机变量 L_i、L_j 有关,可计算 ρ_{ij} 如下:

$$\rho_{ij} = \frac{E\{[g_i - E(g_i)] \cdot [g_j - E(g_j)]\}}{\sqrt{[E(g_i^2) - E^2(g_i)] \cdot [E(g_j^2) - E^2(g_j)]}}$$

$$= \frac{E\{[R - L_i - E(R - L_i)] \cdot [R - L_j - E(R - L_j)]\}}{\sqrt{\{E[(R-L_i)^2] - E^2(R-L_i)\} \cdot \{E[(R-L_j)^2] - E^2(R-L_j)\}}}$$

$$= \frac{E\{[L_i - E(L_i)] \cdot [L_j - E(L_j)]\}}{\sqrt{[E(L_i^2) - E^2(L_i)] \cdot [E(L_j^2) - E^2(L_j)]}} = \rho_{L_i L_j} \quad (11.2.23)$$

式中,$\rho_{L_i L_j}$ 可根据挠度监测数据简化计算。

得到失效概率的上下界后,可得到可靠度指标的上下界为:

$$\beta_{\text{upper}} = \Phi^{-1}(1 - P_{f,\text{lower}})$$
$$\beta_{\text{lower}} = \Phi^{-1}(1 - P_{f,\text{upper}}) \quad (11.2.24)$$

11.3 应用实例

11.3.1 数据处理分析

以南溪大桥悬索桥为研究背景,第 10 章详细介绍了基于压力传感的竖向挠度监测系统。数据处理分析包括识别车辆荷载引起的挠度和竖向挠度的相关性分析。以传感器 S5(图 10.2.3 中截面 3 下游压力传感器)2014 年 2 月 14 日采集的数据为例,采用 Daubechies25 小波函数对原始监测数据进行小波包分解,分解层次为 12。图 11.3.1b)给出了从挠度原始监测数据中提取出的环境温度分量,消除温度影响后的竖向挠度数据则在图 11.3.1c)中给出。图 11.3.1d)给出了图 11.3.1c)中 00:00—00:30 的数据,可以识别出 6 个货车过桥事件。WIM 系统的监测数据同样也印证了这 6 辆过桥货车,在 00:00—00:30 的 30min 内,WIM 系统共记录了 53 个车辆过桥的事件,除这 6 辆货车以外,其余 47 辆车的总重均小于 100kN,表 11.3.1 列出了这 6 辆货车的到达时间、车辆类型、车道位置、速度以及总重信息,表中到达时间为车辆到达 WIM 传感器的时间。将表 10.3.1 中的货车到达时间与图 11.3.1d)中的车辆过桥事件联系起来,可以发现,挠度监测数据和桥址车辆荷载监测数据具有一一对应的一致变化规律。图 11.3.1e)给出了表 11.3.1 中 6 辆货车的总重与它们各自产生的最大挠度之间的相关性,图中 $D_{\max}$ 表示每辆货车所产生的最大挠度,可从图 11.3.1d)中识别得到。从图 11.3.1e)可以看出,货车总重与相应的最大挠度之间具有明显的线性相关性,说明挠度监测系统可以有效地捕捉并记录车辆荷载引起的竖向挠度变化过程。

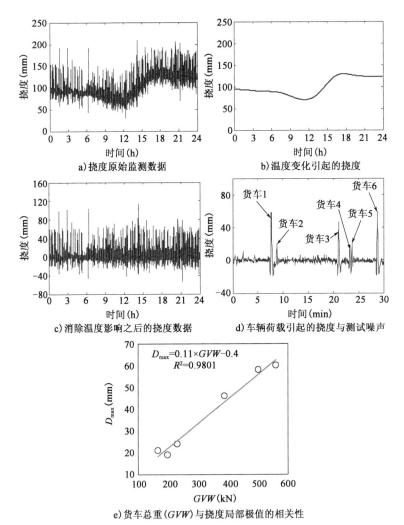

图 11.3.1 2014 年 2 月 14 日的挠度监测数据

WIM 系统记录的 2014 年 2 月 14 日的货车数据　　　　　　　　表 11.3.1

货车编号	时　间	车　型	车道位置	车速(km/h)	总重 GVW(kN)
1	00:06:46		4	61	503
2	00:08:35		1	56	167
3	00:20:11		4	59	390
4	00:22:28		4	73	199

续上表

货车编号	时间	车型	车道位置	车速(km/h)	总重GVW(kN)
5	00:23:25		1	80	232
6	00:27:56		4	63	561

图 11.3.2 给出了 2014 年 2 月 14 日 00:20—00:22 一辆货车过桥的典型挠度监测数据,采用三点比较算法提取了局部极值点,从该图可以看出,所有的局部极值点可以分为两部分。第一部分位于虚线框中,变化范围为 -5～5mm,可以认为是由于测试噪声或其他干扰因素引起的伪挠度数据;第二部分是位于中间的三个局部极值点,可认为是由车辆荷载产生的竖向挠度真实数据。由于第一部分的伪挠度数据幅值很小,因此,当采用超越阈值法(POT)时,通过选取合适的阈值 u,可有效地去除将第一部分的伪挠度数据。

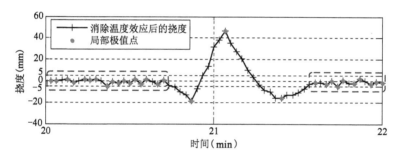

图 11.3.2 提取局部极值点

进一步采用 2014 年 2 月 25d 的数据进行分析,由第 10 章可知,挠度传感器的采样频率为 0.5Hz,因此,25d 内每个传感器均采集了 1080000 个挠度数据,将每个传感器去除温度影响后的挠度数据定义为 $D_i(i=1,2,\cdots,14)$,计算任意两个传感器的 D_i 和 D_j 的相关系数 $\rho_{D_iD_j}$ 为:

$$\rho_{D_iD_j} = \frac{E\{[D_i - E(D_i)] \cdot [D_j - E(D_j)]\}}{\sqrt{[E(D_i^2) - E^2(D_i)] \cdot [E(D_j^2) - E^2(D_j)]}} \tag{11.3.1}$$

图 11.3.3 给出了 14 个传感器竖向挠度的相关系数,可见同一截面的上下游传感器竖向挠度的相关系数为正数,且均大于 0.9。以传感器 S5(图 10.2.3)为例,图 11.3.3b)给出了 $\rho_{D_5D_j}$ 的数值,为进一步解释 $\rho_{D_5D_j}$ 的分布特征,图 11.3.3c)给出了 7 个传感器安装截面的竖向挠度影响线,竖向挠度影响线的计算过程详见文献[7]。相关系数 $\rho_{D_5D_j}$ 有正有负,例如 $\rho_{D_5D_3}$ 和 $\rho_{D_5D_9}$ 分别为 0.30 和 -0.06,D_5、D_3 和 D_9 分属截面 3、2 和 5,同时从图 11.3.3c)中可以看出,当竖向集中力作用在截面 3 时,截面 3、2 和 5 的竖向挠度分别为 -20.8mm、-12.7mm 和 4.1mm,因此,D_5 和 D_3 是正相关的,而 D_5 和 D_9 则是负相关的。

其次,$\rho_{D_5D_9}$ 和 $\rho_{D_5D_{14}}$ 分别为 -0.06 和 -0.47,这说明截面 3 和 7 的相关性强于截面 3 和 5

的相关性,然而截面 3 和 7 的空间距离却大于截面 3 和 5,类似地,这一现象可以通过图 11.3.3c)的竖向挠度影响线来解释。当竖向集中力作用在截面 3 时,截面 3、5 和 7 的挠度分别为 −20.8mm、4.1mm 和 8.1mm,此时截面 7 的竖向挠度大于截面 5。上述分析表明竖向挠度监测数据可以有效地反映悬索桥的力学特征。

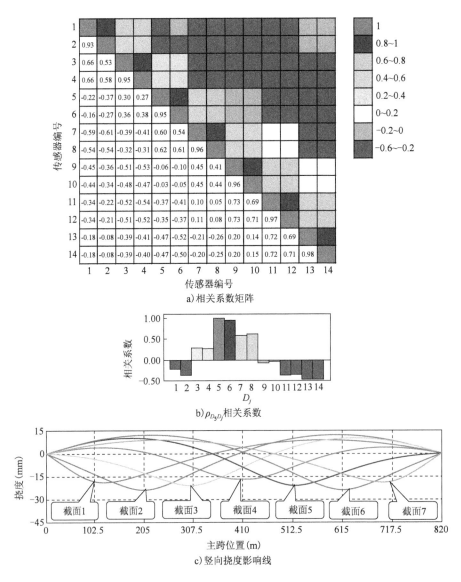

图 11.3.3 竖向挠度数据的相关系数

进而,图 11.3.4 给出了每个截面的上下游挠度监测数据的线性回归模型,图中回归直线近似通过坐标原点,直线斜率直接反映了每个截面上下游挠度监测数据的大小关系。以 D_2 和 D_1 为例,回归的直线斜率为 1.30,从统计意义上来说,D_2 比 D_1 大 30%,因此,采用 D_2 来代表截面 1 的竖向挠度。根据图 11.3.4 的结果,分别采用传感器 S4、S5、S8、S9、S11 和 S13 的挠度数据代表截面 2 ~ 截面 7 的竖向挠度。

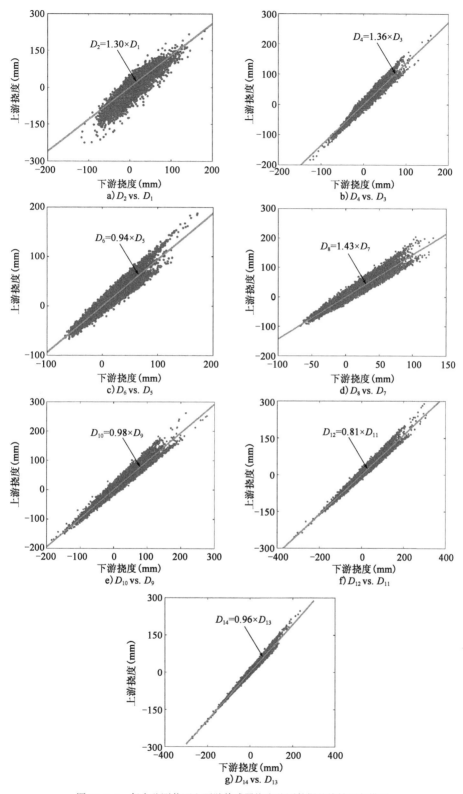

图 11.3.4 每个监测截面上下游传感器挠度监测数据的线性回归模型

11.3.2 基于 GEVD 的极值分布模型

本节以截面 3 的传感器 S5 的挠度监测数据(图 11.3.5)为例来说明阈值 u 的选择过程,需要说明的是图 11.3.5 中的数据是对图 11.3.2 中的挠度局部极值数据取绝对值得到的,GPD 分布参数估计采用最大似然法[37]。图 11.3.6 和图 11.3.7 分别给出了平均剩余寿命图(MRLP)和拟合优度检验的结果。图 11.3.7 中,H_0 表示不拒绝零假设,H_1 表示拒绝零假设,假设检验的显著性水平设定为 0.05。图中给出了 3 个关键点。其中,第一个关键点表示阈值 u 为 58mm,当阈值大于 58mm 时,不拒绝 GPD 分布,第二个关键点表示阈值 u 为 63mm,当阈值大于 63mm 时,MEF 函数开始随着阈值线性减小,第三个关键点表示阈值 u 为 71mm,此时可得到 p 的最大值,表示此时拟合效果最佳。

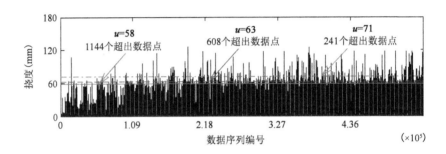

图 11.3.5 传感器 S5(截面 3)的竖向挠度数据

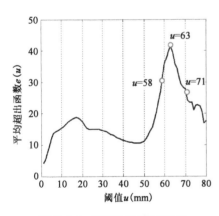

图 11.3.6 传感器 S5(截面 3)的平均剩余寿命图

进一步,图 11.3.8 给出了三种不同阈值时的 GPD 分布的 Q-Q 图,当阈值分别为 58mm、63mm 和 71mm 时,分别有 1144 个、608 个和 241 个超越样本点,从图 11.3.8 可以看出,当阈值为 58mm 或 63mm,有大量的样本点偏离了 Q-Q 图中的直线;而当阈值为 71mm 时,几乎所有的样本点都分布在 Q-Q 图的直线附近,表明当阈值为 71mm 时,可得到最佳拟合的 GPD 分布。因此,对于传感器 S5 的挠度数据,合理阈值设定为 71mm。

采用最大似然法估计 GPD 分布的形状系数 ξ 和尺度系数 σ,同样以 S5 的数据为例,25d 的超越样本点数为 241(图 11.3.5),因此,超越样本的年发生率 λ_u 为 3518.6($365 \times 241/25$)。在此基础上,就可以依据式(11.2.17)计算 GEVD 极值分布的参数。假定桥梁的服役期 T 为 100 年,则 GEVD 分布的参数 $\tilde{u}$、$\tilde{\sigma}$ 和 $\tilde{\xi}$ 分别为 458.2、58.2 和 0.116。类似的,可以计算其余传感器监测数据的概率分布参数,结果列于表 11.3.2 和表 11.3.3。图 11.3.9 列出了 7 个截面挠度数据的 GPD 分布,同时还给出了不同服役期(50 年、100 年和 150 年)的 GEVD 概率极值分布。

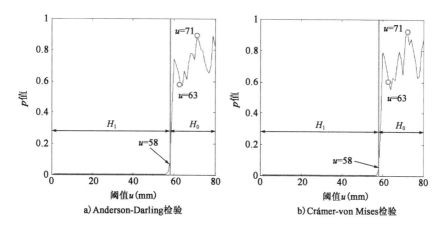

图 11.3.7 拟合优度检验

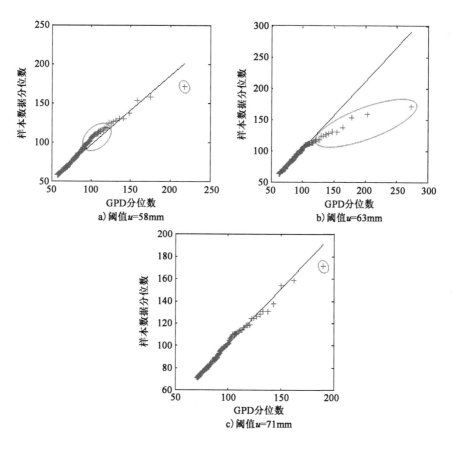

图 11.3.8 不同阈值的 Q-Q 图拟合优度检验

GPD 分布模型参数   表 11.3.2

参数	S2（截面1）	S4（截面2）	S5（截面3）	S8（截面4）	S9（截面5）	S11（截面6）	S13（截面7）
σ	19.575	14.3	13.2	14.1	21.5	26.9	19.0
μ	90	72	71	85	102	108	77
ξ	0.102	0.144	0.116	0.080	0.080	0.113	0.095

GEV 分布模型参数（$T = 100$ 年）   表 11.3.3

参数	S2（截面1）	S4（截面2）	S5（截面3）	S8（截面4）	S9（截面5）	S11（截面6）	S13（截面7）
$\tilde{\sigma}$	73.4	98.2	58.2	44.2	60.4	120.0	67.4
$\tilde{\mu}$	616.3	655.8	458.2	459.1	589.1	934.0	589.1
$\tilde{\xi}$	0.102	0.144	0.116	0.080	0.080	0.113	0.095

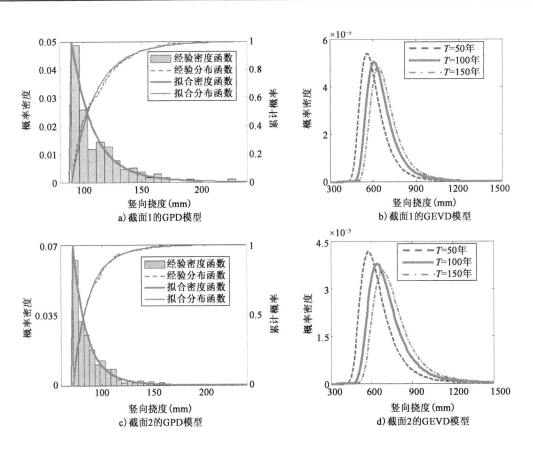

图 11.3.9

第11章 桥梁挠度监测与分析Ⅱ：基于挠度监测数据的可靠度评估

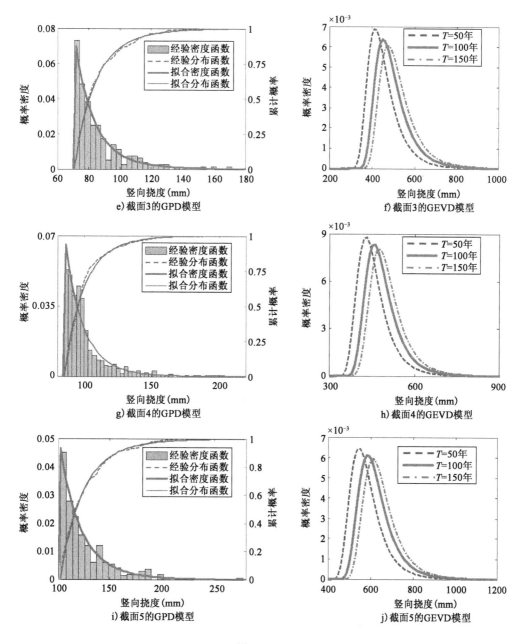

图 11.3.9

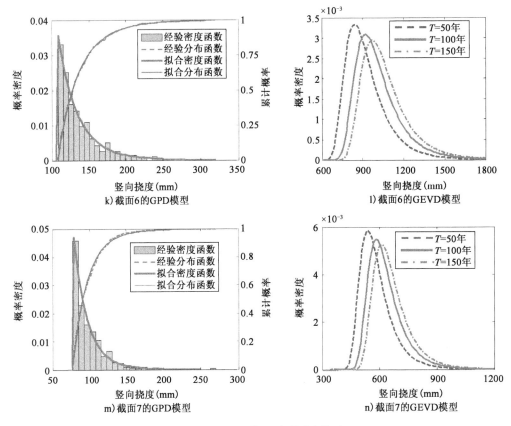

图 11.3.9 GPD 模型和极值分布模型

11.3.3 可靠度分析

式(11.2.19)给出了各安装传感器截面的竖向挠度极限状态方程,式中 R_i 为截面 i 的挠度限值,本章提出采用两级挠度限值来进行可靠度分析。与第10章一致,采用悬索桥设计规范[2]的挠度限值作为第1级挠度限值,因此,每个截面都取相同的第1级挠度限值,数值为3280mm(南溪大桥悬索桥主跨跨径的1/250)。第2级限值采用设计汽车荷载作用下的竖向挠度计算值,显然,第2级限值的要求要高于第1级限值。图10.4.1给出了我国《桥涵设计通用规范》(JTG D60—2015)[39]的公路—Ⅰ级车道荷载,考虑多车道折减系数0.55和纵向折减系数0.94,图11.3.10给出了第2级挠度限值。

图11.3.9给出了 L_i 的极值分布的概率密度函数,因此,可以根据式(11.2.20)计算7个安装传感器截面的竖向挠度可靠度指标。图11.3.11给出了当服役期 T 为100年时的可靠度指标。从中可以看出,虽然结构具有几何对称性,但是对称截面的可靠度指标存在一定的差异,其原因主要是各截面的极值分布并不相同。从图中可以看出,可靠度指标最大的截面4(跨中位置),截面2(1/4主跨位置)和截面6(3/4主跨位置)的可靠度指标最小。同时,第2级限值下的可靠度指标明显低于第1级限值的情况,以截面4为例,当挠度限值从3280mm变为1352mm(第2级限值)时,可靠度指标从6.3降低为4.4。

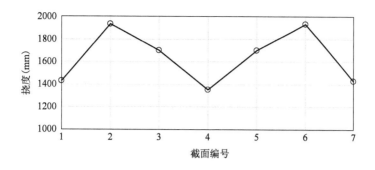

图 11.3.10　第 2 级挠度限值

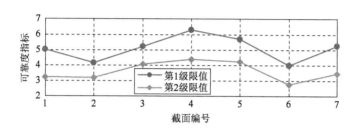

图 11.3.11　布设传感器截面的可靠度指标

图 11.3.12 给出了服役期在 20~150 年期间的各截面可靠度指标曲线。以图 11.3.12 中的计算结果为基础计算主梁竖向挠度的体系可靠度。采用式(11.2.21)和式(11.2.22)可以计算各截面失效模式的相关系数 ρ_{ij}，同时式(11.2.23)表明可以采用各截面挠度极值分布的相关系数 $\rho_{L_iL_j}$ 等代 ρ_{ij}。然而，由于难以直接得到 $\rho_{L_iL_j}$，因此，近似采用图 11.3.3 中的 $\rho_{D_iD_j}$ 来代替 $\rho_{L_iL_j}$，图 11.3.13 给出了相关系数矩阵 $\rho_{L_iL_j}$，例如，图中 $\rho_{L_1L_2}$ 等于图 11.3.3 中的 $\rho_{D_2D_4}$，这是因为根据图 11.3.4 的分析，可以采用传感器 2 和传感器 4 的挠度数据来代表截面 1 和截面 2 的竖向挠度。在此基础上，根据式(11.2.21)来计算主梁竖向挠度的体系可靠度指标，图 11.3.14 给出了体系可靠度指标的上下界，从图中可以看出可靠度指标上下界十分接近。

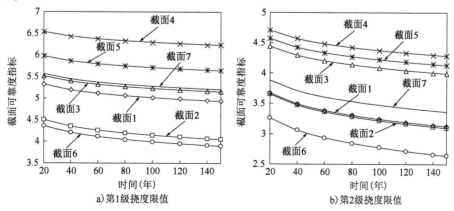

图 11.3.12　布设传感器截面的时变可靠度指标

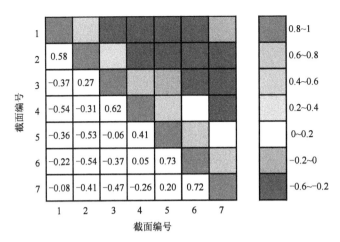

图 11.3.13 布设传感器截面之间的相关系数矩阵

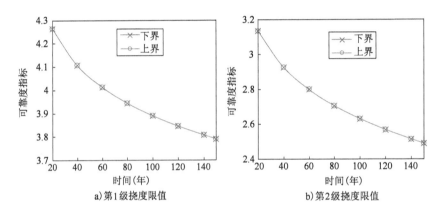

a) 第1级挠度限值

b) 第2级挠度限值

图 11.3.14 体系可靠度的上下界

采用第 1 级挠度限值时,体系可靠度指标的上下界可近似表示为 $\beta_{upper}=\beta_{lower}=3.8899$,此时服役期 T 为 100 年,当服役期为 150 年时,可靠度指标降低为 3.8。采用第 2 级挠度限值时,服役期为 100 年和 150 年时的体系可靠度指标分别为 2.6 和 2.5,根据 ISO 13822[40],选择目标可靠度指标为 1.5,在 150 年的服役期内,南溪大桥悬索桥主梁竖向挠度的可靠度均高于目标可靠度指标。

参 考 文 献

[1] AASHTO. AASHTO LRFD Bridge Design Specifications, 8th ed: 2017 [S].
[2] 中华人民共和国交通运输部. 公路悬索桥设计规范:JTG/T D65-05—2015[S]. 北京:人民交通出版社股份有限公司, 2015.
[3] 中华人民共和国交通部. 公路斜拉桥设计细则:JTG/T D65-01—2007[S]. 北京:人民交通出版社, 2007.

[4] BSI. Steel, concrete and composite bridges— Part 2: Specification for loads: BS 5400-2: 2006: 2006[S].

[5] Feng D M, Feng M Q. Model updating of railway bridge using in situ dynamic displacement measurement under trainloads[J]. Journal of Bridge Engineering, 2015, 20(12): 04015019.

[6] Feng D M, Feng M Q. Computer vision for SHM of civil infrastructure: From dynamic response measurement to damage detection—A review [J]. Engineering Structures, 2018, 156: 105-117.

[7] Liu Y, Deng Y, Cai C S. Deflection monitoring and assessment for a suspension bridge using a connected pipe system: a case study in China [J]. Structural Control & health monitoring, 2015, 22(12): 1408-1425.

[8] Feng D M, Feng M Q. Experimental validation of cost-effective vision-based structural health monitoring [J]. Mechanical Systems and Signal Processing, 2017, 88: 199-211.

[9] Feng D M, Feng M Q, Ozer E, etc. A vision-based sensor for noncontact structural displacement measurement [J]. Sensors, 2015, 15(7): 16557-16575.

[10] Ellingwood B R. Reliability-based condition assessment and LRFD for existing structures[J]. Structural Safety, 1996, 18(2-3): 67-80.

[11] Bhattacharya B, Li D G, Chajes M, etc. Reliability-based load and resistance factor rating using in-service data [J]. Journal of Bridge Engineering, 2005, 10(5): 530-543.

[12] Bhattacharya B, Li D, Chajes M. Bridge rating using in-service data in the presence of strength deterioration and correlation in load processes [J]. Structure and Infrastructure Engineering, 2008, 4(3): 237-249.

[13] Messervey T B, Frangopol D M, Casciati S. Application of the statistics of extremes to the reliability assessment and performance prediction of monitored highway bridges [J]. Structure and Infrastructure Engineering, 2011, 7(1-2): 87-99.

[14] Li S L, Zhu S Y, Xu Y L, etc. Long-term condition assessment of suspenders under traffic loads based on structural monitoring system: Application to the Tsing Ma Bridge [J]. Structural Control and health monitoring, 2012, 19(1): 82-101.

[15] Gokce H B, Catbas F N, Gul M, etc. Structural identification for performance prediction considering uncertainties: case study of a movable bridge [J]. Journal of Structural Engineering, 2013, 139(10): 1703-1715.

[16] Kaloop M R, Li H. Sensitivity and analysis GPS signals based bridge damage using GPS observations and wavelet transform [J]. Measurement, 2011, 44(5): 927-937.

[17] Wu B J, Li Z X, Chan T H T, etc. Multiscale features and information extraction of online strain for long-span bridges [J]. Smart Structures and Systems, 2014, 14(4): 679-697.

[18] Castillo E. Extreme value theory in engineering [M]. New York: Academic Press, 1988.

[19] Ditlevsen O. Traffic loads on large bridges modeled as white-noise fields [J]. Journal of Engineering Mechanics-ASCE, 1994, 120(4): 681-694.

[20] Coles S. An introduction to statistical modeling of extreme values [M]. London: Springer

Verlag, 2001.

[21] OBrien E J, Schmidt F, Hajializadeh D, etc. A review of probabilistic methods of assessment of load effects in bridges [J]. Structural Safety, 2015, 53: 44-56.

[22] Bailey S F, Bez R. Site specific probability distribution of extreme traffic action effects [J]. Probabilistic Engineering Mechanics, 1999, 14(1-2):19-26.

[23] Crespo-Minguillon C, Casas J R. A comprehensive traffic load model for bridge safety checking[J]. Structural Safety, 1997, 19(4):339-359.

[24] Balkema A A, De Haan L. Residual life time at great age [J]. Annals of Probability, 1974, 2(5): 792-804.

[25] Pickands J. Statistical inference using extreme order statistics [J]. Annuals of Statistics, 1975, 3(1): 119-131.

[26] Scarrott C, MacDonald A. A review of extreme value threshold estimation and uncertainty quantification [J]. Revstat-Statistical Journal, 2012, 10(1): 33-60.

[27] Langousis A, Mamalakis A, Puliga M, etc. Threshold detection for the generalized Pareto distribution: Review of representative methods and application to the NOAA NCDC daily rainfall database [J]. Water Resources Research, 2016, 52(4): 2659-2681.

[28] Choulakian V, Stephens M A. Goodness-of-fit tests for the generalized Pareto distribution [J]. Technometrics, 2001, 43(4): 478-484.

[29] Zhou X Y, Schmidt F, Toutlemonde F, etc. A mixture peaks over threshold approach for predicting extreme bridge traffic load effects [J]. Probabilistic Engineering Mechanics, 2016, 43: 121-131.

[30] 国家质量技术监督局,中华人民共和国建设部. 公路工程结构可靠度设计统一标准: GB/T 50283—1999[S]. 北京:中国计划出版社, 1999.

[31] Snyder D L. Random Point Process [M]. New York: Wiley, 1975.

[32] Roth M, Buishand T A, Jongbloed G, etc. A regional peaks-over-threshold model in a nonstationary climate [J]. Water Resources Research, 2012, 48(11): W11533.

[33] Wi S, Valdes J B, Steinschneider S, etc. Non-stationary frequency analysis of extreme precipitation in South Korea using peaks-over-threshold and annual maxima [J]. Stochastic Environmental Research and Risk Assessment, 2016, 30(2): 583-606.

[34] 高欣. 在役钢管混凝土拱桥吊杆损伤与系统可靠性分析方法[D]. 哈尔滨:哈尔滨工业大学, 2011.

[35] Ditlevsen O. Narrow reliability bounds for structural systems [J]. Journal of Structural Mechanics, 1979, 7(4): 453-472.

[36] Estes A C. A system reliability approach to the lifetime optimization of inspection and repair of highway bridges [D]. Boulder (CO): University of Colorado at Boulder, 1997.

[37] Zhou G D, Yi T H, Chen B, etc. A generalized Pareto distribution-based extreme value model of thermal gradients in a long-span bridge combining parameter updating [J]. Advances in Structural Engineering, 2017, 20(2): 202-213.

[38] 中华人民共和国交通运输部. 公路桥涵设计通用规范:JTG D60—2015[S]. 北京:人民交通出版社股份有限公司,2015.

[39] International Organization for Standardization. Basis for design of structures—assessment of existing structures:ISO 13822:2003[S].

第12章 桥梁缆索状态监测与分析Ⅰ：悬索桥主缆内力

12.1 问题的提出

结构健康监测系统的快速发展为大跨径桥梁结构的状态评估提供了有力的技术支撑,然而,由于结构体系的复杂性、现有传感技术的不足、监测系统的高投入等因素,使得大跨径桥梁结构的监测系统实施与数据分析评估仍面临极大的挑战[1-4]。主缆是大跨径悬索桥至为关键的承力构件,国内外研究学者开始运用健康监测技术对主缆的实际运营状态进行监测与评估[5-6],例如,为有效估计主缆的内力,有学者推导了主缆水平拉力与其模态频率的相关性模型[6]。

由于主缆横截面较大、内力值巨大,采用传统传感技术手段对悬索桥主缆内力进行直接测量有一定的困难。已有学者提出采用电磁传感器监测桥梁索构件的内力变化[7-9],然而该技术目前大多用于测试拱桥的吊索、预应力钢绞线等构件的内力,用于悬索桥主缆内力监测的研究尚未见报道。由于直接监测主缆内力难度较大,因此,可以对主缆锚跨分散锚固的索股内力进行测试,进而估计主缆的内力,目前,已有多种传感技术可以用来有效地监测索股的内力,如可以采用振动测试的方法估计单根索股的拉力[10-14],通常在悬索桥的施工阶段采用这一方法控制主缆索股的内力,然而,该方法难以实现索股内力的连续实时监测;另一方面,也有学者提出了一系列新的索构件内力监测方法,如FBG智能拉索、超声导波、应力波等方法[15-22],但以上方法尚未用于在役悬索桥的主缆内力监测。

针对上述问题,本章提出采用常用的振弦式压力传感器对悬索桥锚跨主缆索股的内力进行长期监测。这种传感器具有可靠性高、技术成熟等优势,在土木工程领域得到了广泛的应用[23-27]。采用该传感器对悬索桥锚跨主缆的若干索股内力进行监测,在此基础上近似估计锚跨主缆的内力,基于这一思路建立了悬索桥锚跨主缆内力监测数据的分析与评估方法,进而给出了索股内力一致性与主缆整体安全性的评估结果。

12.2 南溪大桥主缆内力监测概述

本章以南溪大桥悬索桥为研究背景,其主缆由预制平行钢丝束(PPWS)制成,主跨主缆由87根索股组成,边跨主缆由89根索股组成,每根索股由127根高强镀锌钢丝组成,每根钢丝的直径和名义抗拉强度分别为5.1mm和1670MPa。在锚跨区域,主缆截面积为230783mm^2(89×2593mm^2)[28]。如图12.2.1所示为宜宾侧下游锚固系统,其中图12.2.1a)为宜宾侧下游索鞍,从图12.2.1b)可以看到每根索股对应的锚固系统,在悬索桥锚跨区,主缆通过索鞍分散为单独的索股,然后再通过如图 12.2.1c)的锚固系统进行锚固,因此,可以在锚跨选择若干索股,采用有效的传感技术对其内力进行监测,进而可以合理估计主缆内力的大小。如图 12.2.1c)和 d)所示,针对某根索股,可以在施工阶段将振弦式压力传感器放置进锚具和 2 个拉杆的螺母之间,通过传感器监测螺母与锚具之间的压力变化,进而就可以得到索股的真实拉力。

a)宜宾侧下游索鞍

b)宜宾侧下游前锚面

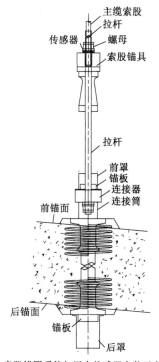

c)索股锚固系统与压力传感器安装示意图

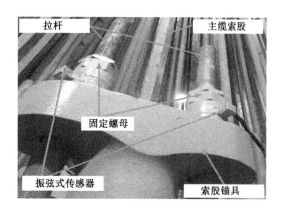

d)主缆索股与压力传感器的位置关系

图 12.2.1　主缆锚跨锚固系统

以下简要阐述振弦式压力传感器的测试原理,其基本原理是当压力施加于振弦式压力传感器时,传感器的变形导致其中钢弦的拉力产生改变,导致钢弦的振动频率发生变化,通过压力-频率的相关性可以计算出外加压力的大小[23-24]。通常,振弦式压力传感器的关键部件包括一个薄圆钢片(半径为 a,厚度为 h)和一根钢弦,如图 12.2.2 所示。钢弦原始长度为 L_0,其一端与圆钢片的中心相连,钢弦被拉伸 τ_0 的距离后固定到点 o_1,在圆钢片平面内的预加应力为 p_0。当压力 q 施加于圆钢片上表面时,圆钢片产生竖向位移 w_0,该竖向位移导致钢弦的拉力和固有频率发生改变,通过测得的钢弦固有频率可以推出施加于圆钢片的压力大小[24]。

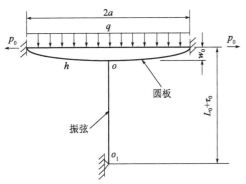

图 12.2.2 振弦式压力传感器原理示意图

在施工阶段,可以利用振弦式压力传感器来监测索股内力随施工进程的变化过程,从而可确保索股实际内力与设计值基本一致。在运营阶段,可利用这些传感器对索股的内力开展持续长期的监测,图 12.2.3 给出了南溪大桥悬索桥宜宾侧下游锚跨主缆索股的压力传感器布置情况,共有 6 根索股设置了压力传感器,索股编号分别为 54、56、63、66、77 和 72,每根索股采用 2 个压力传感器监测其拉力,共 12 个压力传感器,传感器编号为 T1 ~ T12,索股与压力传感器的位置如图 12.2.3 所示。

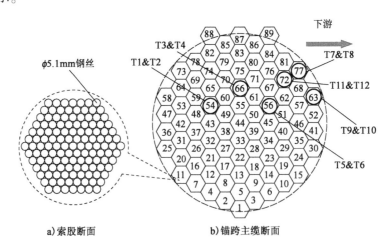

图 12.2.3 主缆索股截面及传感器在主缆锚跨的布置情况

12.3 主缆内力识别与评估方法

南溪大桥悬索桥采用的是 4 弦振弦式压力传感器来监测索股的内力变化,图 12.2.2 以单根振弦介绍了振弦式压力传感器的测试原理,然而在实际工程中,由于可能存在非均匀压力的情况,因此通常采用多振弦传感器。南溪大桥悬索桥所采用传感器的量程与灵敏度分别为 1000kN 和 ±1kN,锚跨主缆内力的识别过程如下:

对于 4 弦压力传感器,振弦 j 的当前应变可以通过其固有频率计算:

$$\varepsilon_j = K \cdot f_j^2, j = 1,2,3,4 \tag{12.3.1}$$

式中:ε_j——振弦 j 的应变($\mu\varepsilon$);

K——系数,为 0.00084107;

f_j——振弦 j 的固有频率(Hz)。

因此,可以得到 4 根振弦的平均应变为:

$$\varepsilon = \frac{\varepsilon_1 + \varepsilon_2 + \varepsilon_3 + \varepsilon_4}{4} \tag{12.3.2}$$

振弦的应变变化量 $\Delta\varepsilon$ 为:

$$\Delta\varepsilon = \varepsilon - \varepsilon_0 \tag{12.3.3}$$

式中:ε_0——振弦的初始应变。

受环境温度的变化,振弦也会产生变形,因此,需消除温度变化对振弦应变的影响:

$$\Delta\varepsilon_t = \Delta\varepsilon + (t - t_0)(C_t - C_x) \tag{12.3.4}$$

式中:$\Delta\varepsilon_t$——消除温度影响后的应变变化量($\mu\varepsilon$);

t——当前温度(℃);

t_0——基准温度(℃);

C_t——传感器的温度-应变系数,数值为 11.7$\mu\varepsilon$/℃;

C_x——振弦的温度-应变系数,数值为 12.2$\mu\varepsilon$/℃。

系数 K、C_t 和 C_x 跟传感器采用的材料相关,由生产厂家提供。进而,可根据外加力 N 与应变变化量 $\Delta\varepsilon$ 之间的线性相关模型确定外加力的数值:

$$N = a + b \cdot \Delta\varepsilon_t \tag{12.3.5}$$

式中:a、b——修正系数(kN)与校准系数(kN/$\mu\varepsilon$),通常由于制造过程的差异,每个传感器的修正和校准系数各不相同。

表 12.3.1 给出了图 12.2.3 中 12 个压力传感器的修正系数与校准系数,需要说明的是传感器测试时间间隔为 2min。

压力传感器修正系数和校准系数 表 12.3.1

索股编号	54		66		56		77		63		72	
振弦式传感器编号	T1	T2	T3	T4	T5	T6	T7	T8	T9	T10	T11	T12
修正系数 a	-12.7	-42	-9.1	-15	-7.3	-9.7	-6	-9.8	-6.13	-12.3	-8.6	-12
校准系数 b	1.595	1.591	1.569	1.538	1.584	1.540	1.548	1.536	1.552	1.553	1.552	1.587

当通过压力传感器得到 6 根索股的拉力后,可近似计算出主缆锚跨内力 T:

$$T = 89 \times \frac{\sum T_{Si}}{6} = 89 \times \frac{\sum_{l=1}^{12} N_l}{6}$$

$$(i = 54,56,63,66,77,72; l = 1,2,\cdots,12) \tag{12.3.6}$$

$$T_{S54} = N_1 + N_2$$
$$T_{S66} = N_3 + N_4$$
$$T_{S56} = N_5 + N_6$$
$$T_{S77} = N_7 + N_8$$
$$T_{S63} = N_9 + N_{10}$$
$$T_{S72} = N_{11} + N_{12} \tag{12.3.7}$$

式中: T_{Si}——索股 i(i = 54、56、63、66、77 和 72)的拉力;

N_l (l = 1、2、3、…、12)——传感器 l 测试得到的压力大小。

下面介绍主缆锚跨内力的评估方法,首先,应重点关注主缆锚跨索股内力的一致性,因为在长期的运营过程中,索股内力不仅受外界荷载、环境条件的影响,锚固系统的状态变化也会造成不同位置索股内力存在差异,若监测数据显示各索股的内力差异较大,则意味着主缆乃至整个悬索桥的受力状态存在异常。本章采用变异系数来描述主缆锚跨索股内力的一致性,变异系数 COV 可以按照如下公式计算:

$$E_T = \frac{\sum T_{Si}}{6} \tag{12.3.8}$$

$$\sigma_T = \sqrt{\frac{\sum (T_{Si} - E_T)^2}{6}} \tag{12.3.9}$$

$$COV = \frac{\sigma_T}{E_T} \tag{12.3.10}$$

式中:E_T、σ_T——安装了传感器的索股的拉力均值与标准差;

T_{Si}——在式(12.2.7)中已给出。

显然,变异系数 COV 越小,表明锚跨索股拉力的一致性越强。

其次,从安全性的角度对主缆内力进行评估。桥梁结构的实际运营荷载与设计荷载存在较大差别,在役悬索桥可能会遭受超重车辆过桥或强风等极端荷载作用,主缆实际内力与设计内力可能存在较大差异。此外,由于外界环境侵蚀与荷载的耦合作用,悬索桥主缆可能发生腐蚀疲劳效应,这一效应不仅会减小主缆截面积,同时也会降低其抗拉强度。上述不利因素会对在役悬索桥的主缆安全性造成严重损害,因此,本章采用安全系数来评估悬索桥主缆锚跨内力的监测数据。根据现有的研究成果与工程经验,悬索桥主缆的安全系数不应低于 2.5[29-30]。主缆的安全系数 K_s 为:

$$K_s = \frac{\sigma_n}{\sigma} = \frac{\sigma_n \cdot A}{T} \geq 2.5 \tag{12.3.11}$$

式中:σ_n——主缆钢丝的名义抗拉强度,其值为 1670MPa;

σ——在役主缆钢丝的拉应力;

T——在役主缆的内力。

根据《公路桥涵设计通用规范》(JTG D60—2015)[31],主缆内力与恒载、汽车荷载、人群荷载、风荷载以及温度作用等相关,根据南溪大桥悬索桥设计文件,确定宜宾侧下游主缆锚跨计算拉力为 134157kN,进而可以根据式(12.3.11)得到设计安全系数为 2.87。因此,可建立两级安全系数的阈值:第 1 级为 2.87,第 2 级为 2.5。当实际安全系数小于第 1 级阈值时,表明运营荷载效应大于设计荷载效应,而当实际安全系数小于第 2 级阈值时,表明主缆发生了明显的裂化,需要特别关注其实际运营状态。

12.4 监测数据分析

12.4.1 一天监测数据

本节以 2015 年 12 月 1 日的监测数据为研究对象,首先选择 56 号索股展示从原始监测数据识别锚跨索股内力的过程。式(12.3.4)说明,准确识别索股拉力的基础除了获得振弦固有频率的测试值,还需掌握相应的环境温度变化情况,因此,一般振弦式压力传感器同时还能输出温度测试数据,表12.4.1列出了56号索股上安装的传感器T5的振弦固有频率和基准温度,根据式(12.3.1)和式(12.3.2),可计算得到传感器T5的初始应变为3329.0με。

初始频率和基准温度　　　　　　　　　　　　　表12.4.1

f_1	f_2	f_3	f_4	基准温度 T_0	初始应变
1989Hz	1988Hz	1990Hz	1991Hz	33℃	3329.0με

图12.4.1a)给出了当天测试得到的传感器T5的温度值,图12.4.1b)则给出了当天在主跨跨中桥面位置测试得到的环境温度值,从中可以看出两者存在较大的差异,图12.4.1b)中的温度数据呈现明显的昼夜起伏变化,而图12.4.1a)中温度数据未表现出类似的变化特征,这是因为锚跨所在的锚室与外界环境隔绝,外界环境温度变化难以对锚室内的温度产生影响。

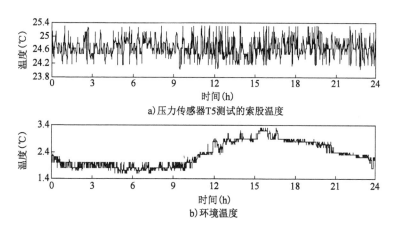

a)压力传感器T5测试的索股温度

b)环境温度

图12.4.1　温度测试数据

图12.4.2给出了传感器T5振弦的固有频率测试数据,可见图中的频率测试值小于表12.4.1中的初始固有频率,说明此时有外加压力施加于该传感器,传感器中的振弦被预先张紧,外加压力导致振弦固有频率降低[23-24]。基于图12.4.1和图12.4.2中的温度及固有频率测试数据,利用式(12.3.4)和式(12.3.5)计算56号索股的两个传感器T5和T6所承受的压力,图12.4.3给出了计算结果,图中结果表明,一天之内传感器测试得到的压力变化范围很小,传感器T5和T6的压力变化范围分别为[731kN,738kN]和[631kN,636kN]。进而,根据传感器T5和T6的压力测试值得到了56号索股的拉力,图12.4.4给出了该索股一天的拉力计算值,类似地,图中给出了其余索股的拉力计算值。表12.4.2列出了2015年12月1日安装压力传感器的6根索股拉力的统计特征,从中可以看出,66号、77号索股的拉力最大,而54号索股的内力最小,77号索股一天的拉力平均值最大,为1393kN,54号索股一天的拉力平均值最小,为1329kN,每根索股拉力的一天变化幅度均未超过15kN。

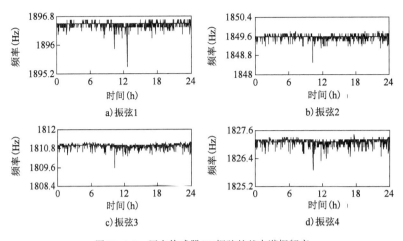

图 12.4.2　压力传感器 T5 振弦的基本谐振频率

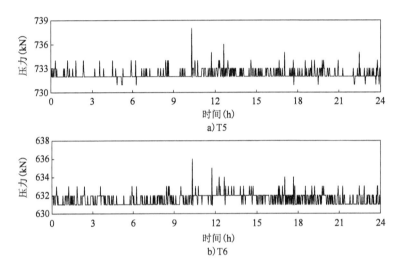

图 12.4.3　传感器压力测试值

2015 年 12 月 1 日索股内力的统计特征　　　　表 12.4.2

索股编号	S54	S66	S56	S77	S63	S72
最小值(kN)	1324	1388	1362	1391	1383	1349
最大值(kN)	1337	1400	1374	1400	1393	1361
平均值(kN)	1329	1392	1364	1393	1385	1352
变化幅度(kN)(最大值-最小值)	13	12	12	9	10	12

根据传感器的测试时间间隔,每 2min 采用式(12.3.10)计算 6 根索股拉力的变异系数 COV。图 12.4.5a)给出了索股拉力的变异系数,可以看出当天的变异系数在 1.82% ~ 1.84% 之间,1d 的数据分析表明锚跨主缆索股内力保持了良好的一致性。在此基础上,采用式(12.3.6)计算了当天锚跨主缆的内力估计值,结果如图 12.4.5b)所示,可以看出当天主缆内力变化范围为[121680kN,122420kN]。在此基础上,采用式(12.3.11)计算当天的安全系数变化曲线,结果如图 12.4.5c)所示,当天锚跨主缆的安全系数变化范围为[3.14,3.17],明显

高于上节定义的第 1 级安全系数阈值。

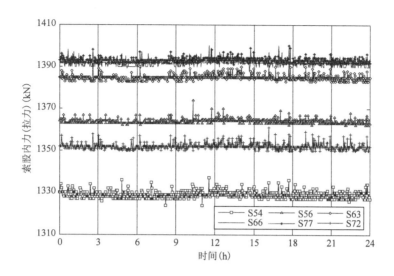

图 12.4.4　2015 年 12 月 1 日索股内力测试值

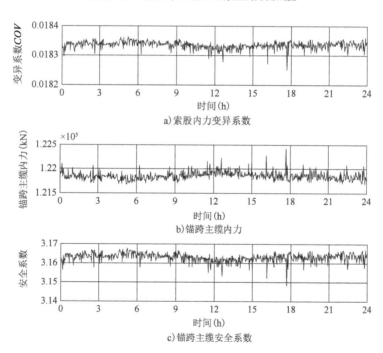

a) 索股内力变异系数

b) 锚跨主缆内力

c) 锚跨主缆安全系数

图 12.4.5　2015 年 12 月 1 日锚跨主缆内力评估结果

12.4.2　长期监测数据

在南溪大桥悬索桥通车之后,监测系统积累了锚跨主缆内力的大量监测数据,本节选取 2015 年 6 月至 12 月的数据进行分析。由于临时断电和通信问题,这 7 个月中某些天的数据存在缺失的情况,总共得到了 162d 的完整监测数据,每月分别有 29d、23d、18d、22d、21d、22d

和27d的数据,将每天的数据进行平均,每根索股可得到162个拉力数据点,其结果如图12.4.6所示,对图中数据进行统计分析,得到索股拉力的统计特征并列于表12.4.3。类似于12.4.1节的分析结果,66号、77号索股拉力最大,而54号索股拉力最小,但54号索股拉力的变化幅度最大,为127.9kN,而其余索股拉力的变化幅度在60kN左右。

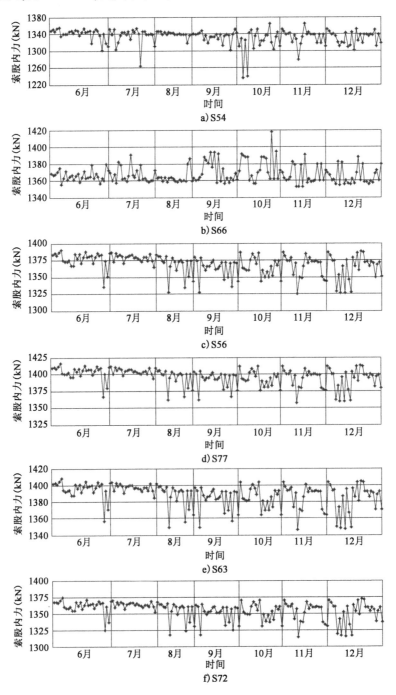

图12.4.6 锚跨主缆索股日平均内力

索股内力的长期统计特征　　　　　　　　表12.4.3

索股编号	S54	S66	S56	S77	S63	S72
最小值(kN)	1236.7	1352.7	1324.8	1357.5	1346.4	1314.0
最大值(kN)	1364.6	1417.9	1390.4	1416.3	1407.8	1374.4
平均值(kN)	1333.2	1367.5	1368.6	1396.2	1388.2	1354.5
变化幅度(kN)(最大值−最小值)	127.9	65.3	65.7	58.7	61.4	60.3

图12.4.7给出了锚跨主缆内力的长期监测数据评估结果,首先,主缆内力的变异系数仍较小,变化范围仅为[1.25%,1.35%],长期监测数据说明该桥锚跨主缆索股的拉力具有良好的一致性。图12.4.7b)进一步给出了主缆内力的日平均值,图中主缆内力的平均值、最大值和最小值分别为121750kN、123380kN和118880kN,这段时间锚跨主缆内力的变化幅度为4500kN,仅为7个月平均值的3.7%,这一现象与公路悬索桥结构的受力特征是一致的,因为公路悬索桥主缆内力主要来源于恒载,仅有小部分来自于活荷载作用[30,32]。

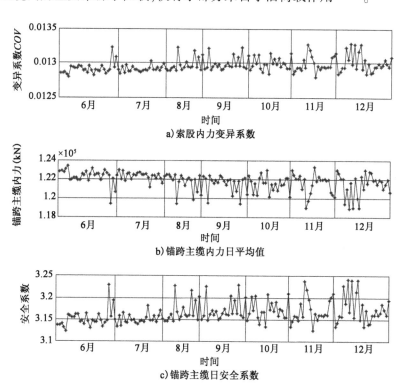

图12.4.7　锚跨主缆长期评估结果

最后,图12.4.7c)给出了这7个月内锚跨主缆的安全系数,最大值和最小值分别为3.24和3.12,明显大于12.3节定义的两级安全系数阈值。上述监测数据分析表明,按照现行规范设计的南溪大桥悬索桥主缆具有足够的承载能力。

参 考 文 献

[1] Chang P C, Flatau A, Liu S C. Review paper: health monitoring of civil infrastructure [J]. Structural Health Monitoring-An International Journal, 2003, 2(3): 257-267.

[2] Ou J, Li H. Structural Health Monitoring in mainland China: Review and Future Trends [J]. Structural Health Monitoring-An International Journal, 2010, 9(3): 219-231.

[3] Webb G T, Vardanega P J, Middleton C R. Categories of SHM deployments: Technologies and Capabilities [J]. Journal of Bridge Engineering, 2015, 20(11): 04014118.

[4] Deng Y, Liu Y, Feng D M, etc. Investigation of fatigue performance of welded details in long-span steel bridges using long-term monitoring strain data [J]. Structural Control & Health Monitoring, 2015, 22(11): 1343-1358.

[5] Deeble Sloane M, Betti R, Marconi G, etc. Experimental analysis of a nondestructive corrosion monitoring system for main cables of suspension bridges [J]. Journal of Bridge Engineering, 2013, 18(7), 653-662.

[6] Wang J, Liu W, Wang L, etc. Estimation of main cable tension force of suspension bridges based on ambient vibration frequency measurements [J]. Structural Engineering and Mechanics, 2015, 56(6): 939-957.

[7] Ansari F. Sensing issues in civil structural health monitoring [M]. Dordrecht: Springer, 2003.

[8] Zhao Y, Wang M L. Fast EM stress sensors for large steel cables: Proc. SPIE 6934, Nondestructive Characterization for Composite Materials, Aerospace Engineering, Civil Infrastructure, and Homeland Security, March 09, 2008 [C]. Bellingham: SPIE-Int Soc Optical Engineering, 2008.

[9] Liu L, Chen W, Zhang P, etc. Theoretical model and optimization of magnetic stress sensor for measuring steel cable stress: Proc. SPIE 7544, Sixth International Symposium on Precision Engineering Measurements and Instrumentation, December 28, 2010 [C]. Bellingham: SPIE-Int Soc Optical Engineering, 2010.

[10] 张兴标, 沈锐利, 唐茂林, 等. 悬索桥锚跨索股索力的精确计算与调整方法[J]. 西南交通大学学报, 2012, 47(4): 551-557.

[11] Wang D, Zhang W, Liu Y, etc. Strand tension control in anchor span for suspension bridge using dynamic balance theory [J]. Latin American Journal of Solids and Structures, 2016, 13(10): 1838-1850.

[12] Yu Y, Zhang C, Zhu X, etc. Vibration based wireless measurement system for bridge cable tension monitoring [J]. Advances in Structural Engineering, 2014, 17(11): 1657-1668.

[13] Feng D, Feng M Q. Experimental validation of cost-effective vision-based structural health monitoring [J]. Mechanical Systems and Signal Processing, 2017, 88: 199-211.

[14] Feng D, Scarangello T, Feng M Q, etc. Cable tension force estimates using cost-effective noncontact vision sensor [J]. Measurement, 2017, 99: 44-52.

[15] 南秋明. 光纤光栅测力环在悬索桥索力监测中的应用[J]. 公路交通科技, 2010, 27

(3): 64-68.

[16] Li D, Zhou Z, Ou J. Development and sensing properties study of FRP-FBG smart stay cable for bridge health monitoring applications [J]. Measurement, 2011, 44(4): 722-729.

[17] Kim Y S, Sung H J, Kim H W, etc. Monitoring of tension force and load transfer of ground anchor by using optical FBG sensors embedded tendon [J]. Smart Structures and Systems, 2011, 7(4): 303-317.

[18] Lanza di Scalea F, Rizzo P, Seible F. Stress measurement and defect detection in steel strands by guided stress waves [J]. Journal of Materials in Civil Engineering, 2003, 15(3): 219-227.

[19] Nucera C, Lanza di Scalea F. Monitoring load levels in multi-wire strands by nonlinear ultrasonic waves [J]. Structural Health Monitoring-An International Journal, 2011, 10(6): 617-629.

[20] Deng Y, Liu Y, Feng D M. Monitoring damage evolution of steel strand using acoustic emission technique and rate process theory [J]. Journal of Central South University, 2014, 21(9): 3692-3697.

[21] Blachowski B, Swiercz A, Gutkiewicz P, etc. Structural damage detectability using modal and ultrasonic approaches [J]. Measurement 2016, 85: 210-221.

[22] Pnevmatikos N G, Blachowski B, Hatzigeorgiou G D, etc. Wavelet analysis based damage localization in steel frames with bolted connections [J]. Smart Structures and Systems, 2016, 18(6): 1189-1202.

[23] Han W, Cleghorn W L. Vibration analysis of pre-stressed pressure sensors using finite element method [J]. Finite Elements in Analysis and Design, 1998, 30(3): 205-217.

[24] Zhou Y H. An analysis of pressure-frequency characteristic of vibrating string-type pressure sensors [J]. International Journal of Solids and Structures, 2001, 38(40-41): 7101-7111.

[25] 黄平明, 慕玉坤. 悬索桥锚跨张力控制系统[J]. 长安大学学报(自然科学版), 2007, 27(4): 42-45.

[26] Choi S W, Kwon E M, Kim Y, etc. A practical data recovery technique for long-term strain-monitoring of mega columns during construction [J]. Sensors, 2013, 13(8): 10931-10943.

[27] Myers J, Bloch, K. Comparison of prestress losses for pedestrian bridges constructed with high-strength concrete and high-strength self-consolidating concrete [J]. Journal of Bridge Engineering, 2013, 18(9): 871-878.

[28] Liu Y, Deng Y, Cai C S. Deflection monitoring and assessment for a suspension bridge using a connected pipe system: a case study in China [J]. Structural Control & Health Monitoring, 2015, 22(12): 1408-1425.

[29] 中华人民共和国交通运输部. 公路悬索桥设计规范:JTG/T D65-05—2015[S]. 北京:人民交通出版社股份有限公司, 2015.

[30] Haight R, Billington D, Khazem D. Cable safety factors for four suspension bridge [J]. Journal of Bridge Engineering, 1997, 2(4): 157-167.

[31] 中华人民共和国交通运输部. 公路桥涵设计通用规范:JTG D60—2015 [S]. 北京:人民交通出版社股份有限公司, 2015.

[32] Gimsing N J, Georgakis C T. Cable Supported Bridges, Concept & Design [M]. 3rd ed. New York: Wiley, 2012.

第13章 桥梁缆索状态监测与分析Ⅱ：悬索桥吊索疲劳损伤

13.1 问题的提出

吊索是悬索桥的关键承力构件,其在车辆荷载、风荷载等作用下的疲劳问题不可忽视[1-2]。国内外学者已开始对吊索等桥梁索构件的疲劳评估开展研究[3-5],然而,目前关于在役悬索桥吊索疲劳损伤评估与寿命预测的研究仍较少。针对在役悬索桥吊索,开展疲劳评估与寿命预测的基础是建立一种可靠精确的内力计算分析或在线监测方法,近年来,国内外涌现了一批拉索/吊索内力监测技术[6-8],然而,应用于在役悬索桥吊索内力监测及疲劳评估的研究少见报道。另一方面,近年来,已有学者开始利用动态称重系统(Weigh-In-Motion,WIM)的监测数据,采用有限元模拟的方法开展桥梁焊接构件的疲劳分析[9-10],类似地,联合WIM数据和有限元模拟也可以用来计算桥梁拉索/吊索的疲劳应力[2,11-12],在以上研究过程中,大多是根据WIM数据建立车辆荷载的概率分布模型,在此基础上采用Monte Carlo方法生成随机的车辆荷载流,进而将车辆荷载流施加于桥梁的有限元模型,计算得到焊接构件、拉索或吊索的疲劳应力时程,这一方法的优点是可以通过相对较小的计算量获得反映车辆荷载随机性的疲劳荷载效应,但是未能全面考虑真实车辆荷载的时间、空间变化特性。

已有大量研究表明,车辆荷载是造成悬索桥吊索疲劳损伤的关键因素,其余活荷载效应的影响可以忽略[1-2,13]。因此,本章建立了一种利用车辆荷载监测数据的大跨径悬索桥吊索疲劳评估与寿命预测方法,有别于已有研究成果,该方法利用了桥址WIM系统的完备监测信息来重构车辆荷载流,更接近真实的荷载状况,计算方法和分析结果可为同类型桥梁的疲劳分析提供新思路。

13.2 悬索桥吊索疲劳评估方法

本节首先给出了悬索桥吊索疲劳损伤评估方法,图13.2.1为该方法的具体实施框架,从中可以看出,该方法有效引入了桥址WIM系统采集的完备车辆荷载信息。该方法的具体技术细节将在后续章节详解介绍,本节先简要介绍该方法的实施流程：

(1)建立悬索桥吊索索力影响面。建立吊索索力影响面的基础是能够考虑车辆荷载作用特征的三维精细化有限元模型。由于车辆荷载在桥面多车道的横向分布会造成上下游吊索索力的差异,显然,影响线已不适用,而影响面能够满足这一要求,为得到吊索索力的影响面,必须建立悬索桥加劲梁及桥面系的三维空间有限元模型,而不是通常设计计算使用的脊骨梁模型。在有限元分析得到吊索索力影响面的离散数据点之后,采用线性插值的方法对离散数据点进行处理,得到索力影响面的连续曲面表达形式。

(2) 利用 WIM 系统监测系统重构桥址车辆荷载流。重构桥址车辆荷载流的时间区段为1天,根据 WIM 系统记录的车辆到达时间和车速,可先计算出每辆车在 00:00:00 的位置,假定从 00:00:00 到每辆车离开桥面,其速度和车道位置为定值,且每辆车离开桥面后,将其从车辆荷载流中删除。同时,根据每辆车的轴数 n,将其等效为 n 个集中力,每个集中力等于该轴轴重,每个集中力在桥面的加载位置为该车所处车道的中心线。

(3) 计算吊索的内力时程。为提高计算效率,减小计算耗时,首先设置合理的车总重阈值剔除对吊索疲劳损伤贡献较小的较轻车辆,进而,将车辆荷载流施加于索力影响面,计算得到吊索的内力时程,内力计算的时间步长需合理设置。车辆总重阈值和内力计算时间步长将在后续章节中详细讨论。

(4) 吊索疲劳损伤计算与寿命预测。首先,根据规范确定吊索索力的动力放大系数,进而采用雨流计数法提取应力循环,包括平均应力、应力范围与循环次数。在此基础上基于 Miner 准则计算考虑平均应力效应的吊索疲劳损伤,最后,根据疲劳损伤计算结果给出吊索疲劳损伤的预测值。

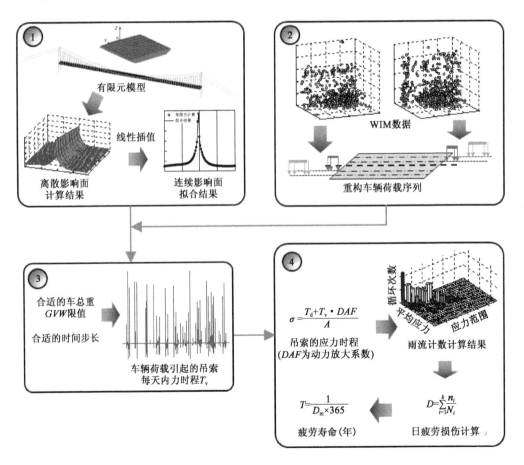

图 13.2.1　悬索桥吊索疲劳评估框架

13.3 南溪大桥车辆荷载监测数据

本章研究对象为南溪大桥悬索桥,如图13.3.1a)所示,该桥包含两类吊索,有4根吊索A和120根吊索B,共有124根吊索,且均为销接式吊索。图13.3.1b)和c)给出了两类吊索的横截面,两类吊索均采用预制平行钢丝束(PPWS),外敷8mm厚聚乙烯(PE)保护层,吊索A和吊索B分别由127根和73根钢丝组成,钢丝的直径和名义抗拉强度分别为7mm和1670MPa[14]。因此,两类吊索的截面积分别为4885mm^{2}和2808mm^2。图13.3.2给出了悬索桥加劲梁标准横截面,图中标出了吊索锚固位置和各车道在桥面上的位置。

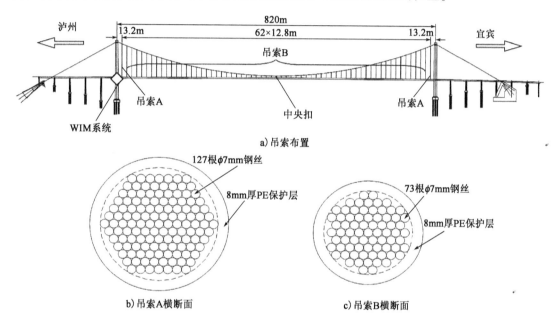

图13.3.1 南溪大桥悬索桥吊索

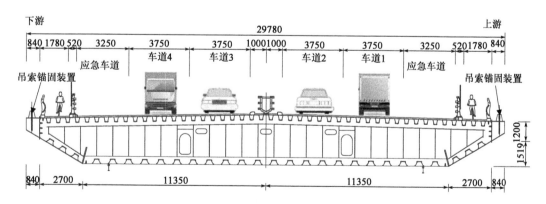

图13.3.2 加劲梁横断面与车道布置(尺寸单位:mm)

第10章给出了南溪大桥悬索桥WIM系统的布置情况,如图10.2.3所示,WIM传感器设置在泸州塔位置桥面的铺装层中,桥面共设有6个车道,其中,最外侧两个车道为应急车道,中间4个车道各设置了1个WIM传感器,传感器可以采集通过车辆的到达时间、车型、车道位置、车速、车总重、车长及轴重等。图10.2.3中,车道1和车道2的行车方向是从宜宾到泸州,车道3和车道4的行车方向相反,车道1和车道4为慢车道,车道2和车道3为快车道。图13.3.3显示了2014年1月1日采集的车辆荷载数据,数据包括车道位置、车速、到达时间和车总重GVW,需要说明的是,图中未显示GVW小于30kN的车辆荷载信息。图中包含了共1073辆货车,其中车道1、车道2、车道3和车道4的货车数量分别为488、78、88和419辆,可见,车道2和车道3两个快车道中的大部分货车GVW小于100kN,而车道1和车道3两个慢车道中的大部分货车GVW大于100kN。另外,车道1到车道4的货车平均车速分别为76.5km/h、95.0km/h、91.0km/h和74.4km/h。

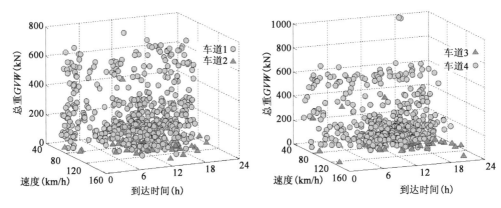

图13.3.3 2014年1月1日的车辆荷载监测数据

为进一步考察南溪大桥悬索桥桥址车辆荷载的变化特征,选取2014年1—8月的监测数据进行分析,首先,采用f、f_1、f_2、f_3和f_4代表总车流量以及车道1~车道4的车流量,则等效车总重可以定义为:

$$w = \left(\frac{1}{f}\sum_{l=1}^{f} GVW_l^m\right)^{\frac{1}{m}} \tag{13.3.1}$$

$$w_i = \left(\frac{1}{f_i}\sum_{k=1}^{f_i} GVW_{k,i}^m\right)^{\frac{1}{m}} \quad (i=1,2,3,4) \tag{13.3.2}$$

式中:w——所有车道的等效车总重GVW;

w_i——车道i的等效车总重GVW;

GVW_l——车辆l的车总重;

$GVW_{k,i}$——车道i中车辆k的车总重;

m——疲劳强度曲线(S-N曲线)的斜率,这里,m取值为3.5(见下文)。

进而,车辆荷载系数可定义为:

$$\alpha = fw^m \tag{13.3.3}$$

$$\alpha_i = f_i w_i^m \quad (i=1,2,3,4) \tag{13.3.4}$$

式中:α、α_i——所有车道和车道i的车辆荷载系数。

图13.3.4列出了上述参数,以1个月为时间区段计算上述参数,图13.3.4的车流量为当月日平均值。总的来看,1—8月所有参数稳步增长,图13.3.4b)和c)数据表明车道1、车道4

(慢车道)的等效车总重和车辆荷载系数显著大于车道2和车道3(快车道),这是因为大多数的货车在慢车道行驶。从1月至6月,车道4的车流量、等效车总重和车辆荷载系数略微小于车道1,而在7月和8月,车道4的上述参数则大于车道1。

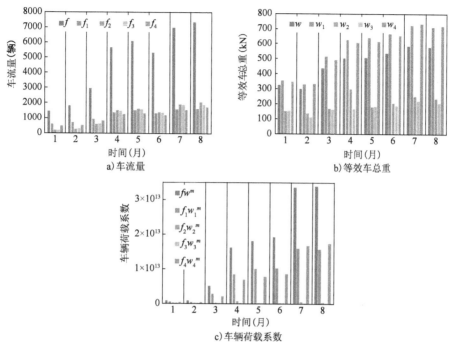

图13.3.4 2014年1—8月车辆荷载监测数据

13.4 南溪大桥吊索疲劳评估

13.4.1 吊索内力的影响面

上节数据分析表明桥面各车道的车辆荷载各不相同,具有极强的随机性,吊索的索力影响线难以有效考虑桥面车辆荷载在各车道的横向分布特征,因此,本章采用内力影响面来考虑车道车辆荷载的变异性。采用加劲梁及桥面系精细化模型来计算吊索索力影响面,第10章中图10.3.6给出了南溪大桥悬索桥的简化脊骨梁有限元模型,该模型中悬索桥加劲梁采用梁单元模拟,图中有限元模型的模型修正与验证采用了现场静动力测试数据,该模型的建模、修正与验证详情可见文献[14]。基于图10.3.6中的脊骨梁模型,采用壳单元对悬索桥加劲梁及桥面系进行精细化模拟,该模型见图13.4.1,采用ANSYS的shell63单元模拟悬索桥的钢箱梁,采用link8模拟主缆和吊索,采用beam4单元模拟跨中中央扣和桥塔,桥面下游从泸州侧到宜宾侧,吊索编号为H1~H62,桥面上游从泸州侧到宜宾侧,吊索编号为H63~H124。

需要明确的是,建立图13.4.1有限元模型的目的并不是为了得到悬索桥钢箱梁加劲梁的精细化响应,因此,不需对钢箱梁的所有构件进行精细化的模拟,如图所示,有限元模型未考虑钢箱梁的U形肋,U形肋对钢箱梁顶板、底板刚度的贡献采用正交异性壳单元的方式,顶板和底板建模采用正交异性壳单元,该单元两个方向采用不同的弹性模量 E_X 和 E_Y。考虑到模型复杂性和计算效率之间的平衡,合理选择钢箱梁的单元尺寸,根据这一考虑将壳单元顺桥向的长度设定为 1.6m。

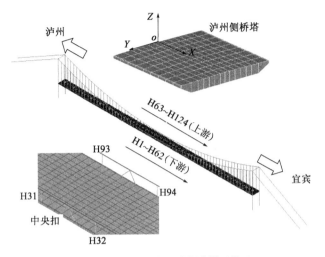

图 13.4.1　南溪大桥悬索桥有限元模型

在计算吊索索力影响面时,采用 100kN 的集中力在桥面逐点加载,每次加载后提取所有吊索的内力值,据此可得到吊索索力影响面的离散数据点,图 13.4.2 给出了跨中下游的吊索 H31 索力影响面计算值,从中可见该曲面的峰脊正好位于吊索 H31 位置,图 13.4.2b) 给出了吊索 H31 索力的若干影响线,图中给出了 4 条影响线,每条影响线的集中力加载位置为所在车道的中心线,图中车道 1～车道 4 的影响线峰值为 7.5kN、8.4kN、9.7kN 和 10.4kN,计算结果验证了不同车道位置的车辆荷载对同一吊索索力的影响程度存在显著差异。图 13.4.2 中的影响面实际为两向(横桥向和顺桥向)等间距的离散数据点,采用线性插值的方法将其转换为连续的曲面表达形式,图 13.4.3 给出了吊索索力影响面的有限元计算与线性插值结果,对于车道 4 中心线位置,有限元计算与线性插值的影响线峰值分别为 10391N 和 10326N,车道 1 的中心线位置,两者影响线峰值分别为 7512N 和 7471N,可见影响面的线性插值效果良好,可用于吊索内力计算。

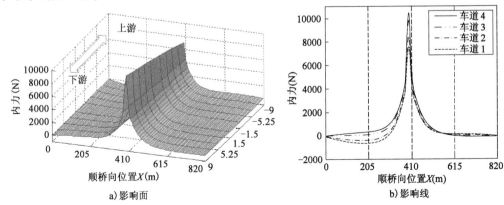

图 13.4.2　吊索 H31 内力影响面

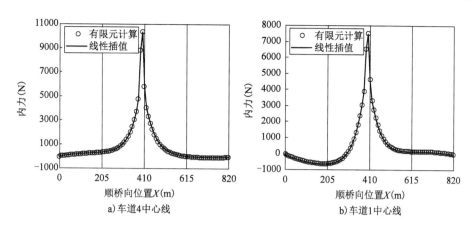

图 13.4.3 吊索 H31 内力影响面拟合结果

13.4.2 车辆荷载加载模式

本章 13.3 节表明可通过 WIM 系统采集的完备信息来重构桥址处的车辆荷载流。首先,以 1d 为时间间隔处理 WIM 监测数据,如前所述,假定每辆车的车速和车道位置为定值,接下来,根据到达时间和车速计算 00:00:00 时的车辆位置,因此,可得到 4 条车辆荷载序列,以此代表 4 个车道的车辆荷载。其次,采用 MATLAB 软件编制计算程序,将上述车辆荷载序列施加于吊索内力影响面,根据这一思路,可以计算每根吊索每天 00:00:00—24:00:00 的索力时程。在上述计算过程中,还需考虑车辆荷载的加载模式,以 2014 年 7 月 23 日为例,WIM 系统在 00:02:13 记录到 1 辆四轴货车,该车的车道位置、车速、总重 GVW 分别为车道 1、65km/h 和 717kN。图 13.4.4 显示该车在桥面通过的过程,可见该车经过宜宾侧桥塔和吊索 H31 位置的时间分别为 00:01:27 和 00:01:51,同时,根据 WIM 监测数据发现在这段时间内未见其他车辆通过该桥。图 13.4.5 给出了该四轴货车的加载模式,图中原始加载模式为 8 个集中力,加载过程中,货车中心线与车道 1 中心线的距离在 1.2m 的范围内变化,该距离的分布特征如图 13.4.5 所示。为提高计算效率,图 13.4.5 给出了简化加载模式,该模式将四轴货车简化为 4 个集中力,每个集中力大小为该轴轴重,加载位置为车道 1 中心线,且保持加载位置不变。图 13.4.6 对比了分别采用原始与简化加载模式计算得到的吊索 H31 的应力时程曲线,图中原始加载模式的内力最大值为 45.9kN,简化加载模式的内力最大值则为 45.7kN,结果表明可采用如下车辆荷载加载模式:将 n 轴货车按照轴距简化为 n 个集中力,集中力在桥面移动时,作用点位置为所在车道的中心线。

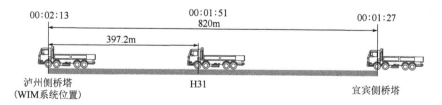

图 13.4.4 四轴货车通过桥面的过程

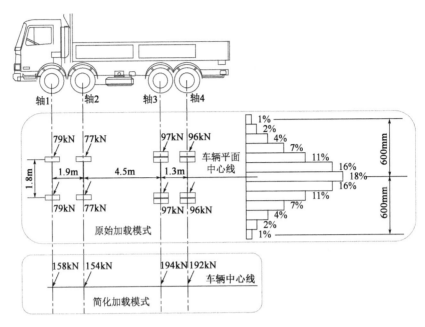

图 13.4.5 四轴货车加载布置

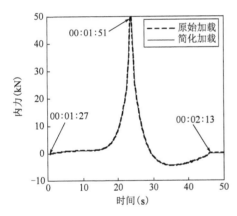

图 13.4.6 四轴货车引起的内力变化过程

13.4.3 疲劳损伤计算方法

以上基于影响面计算得到的吊索索力未考虑车辆荷载的动力效应,本章采用桥梁设计规范规定的动力放大系数来考虑该动力效应。我国《公路桥涵通用设计规范》(JTG D60—2015)规定荷载效应动力放大系数为桥梁基频的函数,该规范规定当桥梁基频小于 1.5Hz 时,动力放大系数取 1.05[15]。根据现场实测可知南溪大桥悬索桥基频为 0.18Hz[14],远小于 1.5Hz。美国桥梁设计规范 AASHTO LRFD 规定,除验算桥面构件的疲劳效应之外,桥梁冲击系数可取 0.15[16]。也有学者采用车桥耦合分析的方法分析了大跨径悬索桥的动力放大系数[17],该悬索桥的主跨跨径和基频分别为 1386m 和 0.0868Hz,研究发现计算结果更接近美国桥梁设计规范。基于上述研究成果,本章偏安全地将动力放大系数设置为 1.15,因此,可将吊索实际所承受的应力 σ 定义为:

$$\sigma = \frac{T_d + T_v \cdot DAF}{A} \tag{13.4.1}$$

式中:T_d——恒载产生的吊索拉力;

T_v——车载产生的吊索拉力;

DAF——动力放大系数;

A——吊索横截面积。

接下来,采用雨流计数法[18]对上述吊索索力时程 σ 进行处理,提取出应力循环,在此基础上采用 Miner 准则计算吊索的疲劳寿命 D[19]:

$$D = \sum_{i=1}^{k} \frac{n_i}{N_i} \tag{13.4.2}$$

式中:n_i——应力范围 S_i 的循环次数;
N_i——应力范围 S_i 对应的疲劳寿命。

吊索钢丝的 S-N 曲线为[20-21]:

$$\log N = 13.95 - 3.5\log S \tag{13.4.3}$$

已有研究表明,缆索构件的疲劳寿命不仅与应力范围相关,同时还受平均应力的影响[4],本章采用 Goodman 图来考虑平均应力对疲劳损伤的影响[22],因此,修正后的应力范围 S_m 为:

$$S_m = \frac{S}{1 - \frac{\sigma_m}{\sigma_u}} \tag{13.4.4}$$

式中:σ_m——雨流计数法提取出的平均应力;
σ_u——吊索钢丝的抗拉强度。

在计算疲劳寿命时,将式(13.4.3)中的 S 替换为式(13.4.4)中的 S_m。

13.4.4 车辆总重的限值

从 WIM 监测数据可知,2014 年 1—8 月桥址车流量稳步增长,然而大部分的车辆总重小于 30kN。以 2014 年 7 月 23 日为例,当天总的车流量为 8758,而总重大于 30kN 的车流量仅为 1412。为提高计算效率,本章将车辆总重限值设定为 30kN。图 13.4.7 给出了 2014 年 7 月 23 日当天吊索 H31 应力时程的雨流计数结果,从中可以看出,有限值和无限值两者的计算结果差异很小,表 13.4.1 进一步给出了当前吊索 H1、H15 和 H31 的疲劳损伤,从中明显可以看出有限值和无限值两种情况下的疲劳损伤几乎相等,上述结果表明,将车辆总重限值设定为 30kN 是合理的。

2014 年 7 月 23 日吊索疲劳损伤计算结果　　　　表 13.4.1

吊索编号	无 GVW 限值	有 GVW 限值	相对误差(%)
H1	7.2396×10^{-7}	7.2363×10^{-7}	0.05
H15	1.2711×10^{-5}	1.2703×10^{-5}	0.07
H31	1.8350×10^{-5}	1.8318×10^{-5}	0.17

13.4.5 吊索内力计算的时间步长

合适的时间步长是计算吊索内力的关键参数,若时间步长太大,则有可能丢失计算应力的峰值,而若时间步长过小,则会产生不必要的计算耗时。在本章以上计算过程中,吊索内力的计算时间步长取为 0.2s。本节重点考察时间步长对吊索应力和疲劳损伤的影响,以 2014 年 7

月 23 日为例,取时间步长为 0.1s、0.2s、0.5s、1.0s 和 2.0s,计算图 13.4.4 中的四轴货车在吊索 H31 产生的应力,图 13.4.8 给出了不同时间步长的应力时程曲线,从中可见,当时间步长为 0.1s、0.2s、0.5s 和 1.0s 时,应力曲线的峰值基本相同,而当时间步长增至 2.0s 时,应力峰值从 325.5MPa 减小至 313.2MPa。

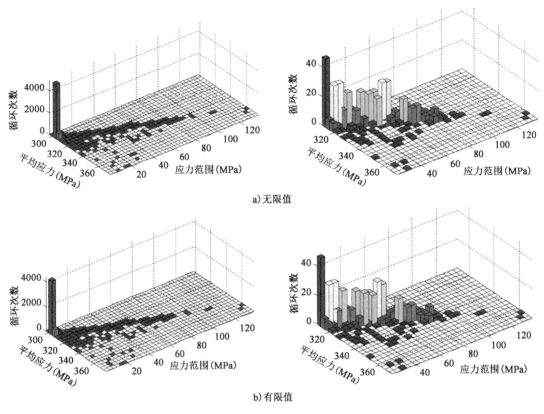

图 13.4.7 2014 年 7 月 23 日吊索 H31 的雨流计数结果

采用雨流计数法对图 13.4.8 中的应力时程曲线进行处理,结果列于表 13.4.2。每条应力时程曲线可以提取出两个 1/2 应力循环,除时间步长为 2.0s,其余时间步长的应力范围和平均应力计算结果都很接近。表 13.4.2 中的数据来自较短时间区段(约 15s)的计算结果,有必要对更长的时间区段进行分析,当时间区段为 2014 年 7 月 23 日一天时,采用不同的计算时间步长计算吊索 H15 和 H31 的应力时程,在此基础上计算当天两根吊索的疲劳损伤,计算结果见图 13.4.9,当时间步长最小为 0.1s 时,吊索 H15 和 H31 的疲劳损伤分别为 1.28×10^{-5} 和 1.85×10^{-5},当时间步长为 0.2s 时,两者疲劳损伤分别为 1.27×10^{-5} 和 1.83×10^{-5},而当时间步长为 2.0s 时,两

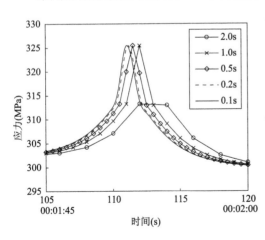

图 13.4.8 不同计算时间步长的应力时程曲线

者疲劳损伤分别减少到 7.02×10^{-6} 和 8.84×10^{-6},相较于时间步长 0.1s,两者疲劳损伤分别减小了 45.3% 和 52.2%,可见计算时间步长对疲劳损伤结果影响较为明显,为兼顾计算精度与效率,本章采用的计算时间步长为 0.2s。

2014 年 7 月 23 日 00:01:45—00:02:00 吊索 31 的疲劳应力循环　　表 13.4.2

应力循环	时间步长(s)									
	2.0		1.0		0.5		0.2		0.1	
应力范围(MPa)	10.7	12.3	22.4	24.9	22.2	25.1	22.1	25.1	22.0	25.2
平均应力(MPa)	307.9	307.1	314.3	313.0	314.4	312.9	314.4	312.9	314.5	312.9
循环次数	0.5	0.5	0.5	0.5	0.5	0.5	0.5	0.5	0.5	0.5

13.4.6　疲劳寿命预测

利用 2014 年 1—8 月的 WIM 数据计算南溪大桥悬索桥所有吊索的疲劳损伤,进而得到每月平均日疲劳损伤 D_m 为:

$$D_m = \sum_{i=1}^{l} \frac{D_i}{l} \quad (13.4.5)$$

式中:l——每月 WIM 数据监测天数;

D_i——当月第 i 天的疲劳损伤。

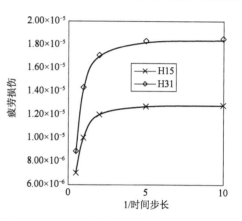

图 13.4.9　2014 年 7 月 23 日吊索 H15 和 H31 的疲劳损伤

图 13.4.10 给出了 1 月、8 月的所有吊索每月的平均日疲劳损伤,从中可以看出,关于主跨跨中对称的吊索 H29 和 H34,疲劳损伤最大,而吊索 H1 和 H62,两者也关于主跨跨中对称,疲劳损伤最小。沿悬索桥顺桥向方向,可明显看出吊索的疲劳损伤呈锯齿形分布特征,同时,对比 1 月和 8 月的数据可以发现,每月平均日疲劳损伤增长了两个数量级。选择吊索 H31、H93、H29 和 H34 进行进一步分析,其中,吊索 H31 和 H93 分别位于桥面下游和上游,两者关于桥面中心线对称。图 13.4.11 给出了这四根吊索的每月平均日疲劳损伤,从中可以看出,从 1 月至 6 月,吊索 H31 的疲劳损伤略小于吊索 H93,而在 7 月和 8 月,吊索 H31 的疲劳损伤略大于吊索 H93,两者之间的关系与图 13.3.4c)中车辆荷载系数的变化规律是一致的。对于吊索 H29 和 H34,两者均位于桥面下游,疲劳损伤几乎一致。

在此基础上,图 13.4.12 和图 13.4.13 给出了南溪大桥悬索桥吊索疲劳寿命的预测结果,疲劳损伤的计算公式为:

$$T = \frac{1}{D_m \times 365} \quad (13.4.6)$$

式中:D_m——每月的平均日疲劳损伤,采用式(13.4.5)计算。

从图 13.4.12 和图 13.4.13 可以看出,从桥塔到跨中截面,吊索的疲劳寿命预测值逐步减小,当采用 2014 年 1 月数据时,吊索疲劳寿命预测值较大,而当采用 2014 年 8 月数据时,吊索疲劳寿命显著减小,这是因为从当年 1 月到 8 月,根据 13.3 节的数据分析,桥址的车流量、等效车总重及车辆荷载系数发生了显著增长。

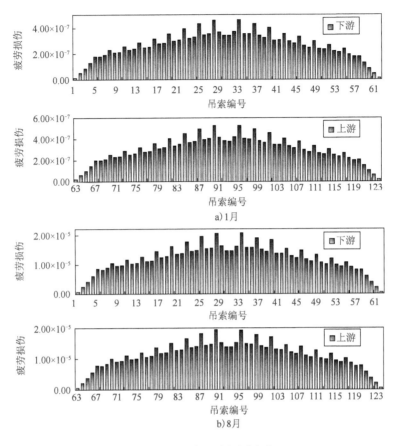

图 13.4.10 吊索月平均疲劳损伤

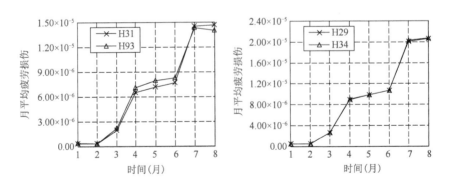

图 13.4.11 每月平均日疲劳损伤

13.4.7 疲劳损伤与车辆荷载的相关性分析

从以上分析可知,吊索 H29 疲劳寿命最短,选取该吊索研究其疲劳损伤与车辆荷载之间的相关性,图 13.4.14a)、b) 和 c) 分别给出了疲劳损伤与车辆荷载参数(包括车流量、等效车总重和车辆荷载系数)相关性分析结果,每幅图给出了两条线性回归直线,以图 13.4.14a) 为例,分别采用总车流量和车道 4(慢车道)车流量与疲劳损伤进行相关性分析,可见该吊索疲劳损伤与所在车道车辆荷载参数的相关性要强于全桥的车辆荷载参数。进一步观察可知，疲劳损伤与车辆荷载系数的相关性最强，与车流量次之，与等效车总重的相关性最弱。

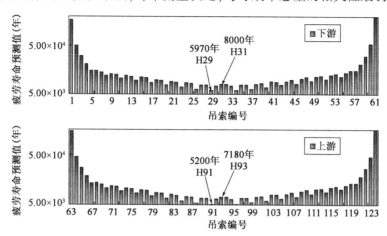

图 13.4.12　基于 2014 年 1 月监测数据的吊索疲劳寿命预测值

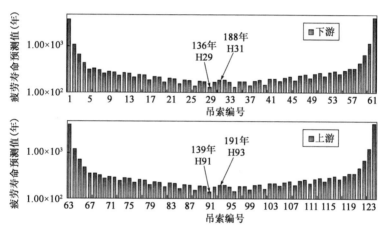

图 13.4.13　基于 2014 年 8 月监测数据的吊索疲劳寿命预测值

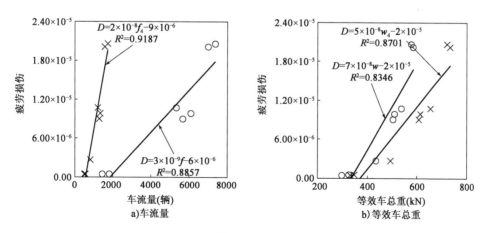

图 13.4.14

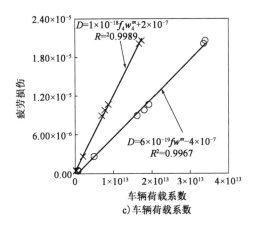

图 13.4.14 吊索 29 疲劳损伤与车辆荷载的相关性分析

参 考 文 献

[1] Li S L, Zhu S Y, Xu Y L, etc. Long-term condition assessment of suspenders under traffic loads based on structural monitoring system: Application to the Tsing Ma Bridge[J]. Structural Control & Health Monitoring, 2012, 19(1): 82-101.

[2] Chen B, Li X Z, Xie X, etc. Fatigue performance assessment of composite arch bridge suspenders based on actual vehicle loads [J]. Shock and Vibration, 2015, 659092. Doi: 10.1155/2015/659092.

[3] Takena K, Miki C, Shimokawa H, etc. Fatigue resistance of large-diameter cable for cable stayed bridges [J]. Journal of Structural Engineering-ASCE, 1992, 118(3): 701-715.

[4] Suh J I, Chang S P. Experimental study on fatigue behaviour of wire ropes [J]. International Journal of Fatigue, 2000, 22(4): 339-347.

[5] Li S L, Xu Y, Zhu S Y, etc. Probabilistic deterioration model of high-strength steel wires and its application to bridge cables [J]. Structure and Infrastructure Engineering, 2015, 11(9): 1240-1249.

[6] He J P, Zhou Z, Ou J P. Optic fiber sensor-based smart bridge cable with functionality of self-sensing [J]. Mechanical Systems and Signal Processing, 2013, 35(1-2): 84-94.

[7] Bao Y Q, Shi Z Q, Beck J L, etc. Identification of time-varying cable tension forces based on adaptive sparse time-frequency analysis of cable vibrations [J]. Structural Control & Health Monitoring, 2017, 24(3): e1889.

[8] Feng D M, Scarangello T, Feng M Q, etc. Cable tension force estimate using novel noncontact vision-based sensor [J]. Measurement, 2017, 99: 44-52.

[9] Guo T, Frangopol D M, Chen Y. Fatigue reliability assessment of steel bridge details integrating weigh-in-motion data and probabilistic finite element analysis [J]. Computers & Structures, 2012, 112: 245-257.

[10] Liu Y, Zhang H P, Liu Y M, etc. Fatigue reliability assessment for orthotropic steel deck de-

tails under traffic flow and temperature loading [J]. Engineering Failure Analysis, 2017, 71: 179-194.

[11] Liu Z X, Guo T, Chai S. Probabilistic fatigue life prediction of bridge cables based on multi-scaling and mesoscopic fracture mechanics [J]. Applied Sciences-Basel, 2016, 6(4): UNSP99.

[12] Liu Z X, Guo T, Huang L Y, etc. Fatigue life evaluation on short suspenders of long-span suspension bridge with central clamps [J]. Journal of Bridge Engineering, 2017, 22(10): 04017074.

[13] Petrini F, Bontempi F. Estimation of fatigue life for long span suspension bridge hangers under wind action and train transit [J]. Structure and Infrastructure Engineering, 2011, 7(7-8): 491-507.

[14] Liu Y, Deng Y, Cai C S. Deflection monitoring and assessment for a suspension bridge using a connected pipe system: A case study in China [J]. Structural Control & Health Monitoring, 2015, 22(12): 1408-1425.

[15] 中华人民共和国交通运输部. 公路桥涵设计通用规范: JTG D60—2015[S]. 北京: 人民交通出版社股份有限公司, 2015.

[16] AASHTO. AASHTO LRFD bridge design specifications[S], 2012.

[17] 马麟, 韩万水, 吉伯海, 等. 实际交通流作用下的车-桥耦合振动研究[J]. 中国公路学报, 2012, 25(6): 80-87.

[18] Nieslony A. Determination of fragments of multiaxial service loading strongly influencing the fatigue of machine components [J]. Mechanical Systems and Signal Processing, 2009, 23(8): 2712-2721.

[19] Miner M A. Cumulative damage in fatigue [J]. Journal of Applied Mechanics-Transactions of the ASME, 1945, 12(3): A159-A164.

[20] Faber M H, Engelund S, Rackwitz R. Aspects of parallel wire cable reliability[J]. Structural Safety, 2003, 25(2): 201-225.

[21] Zeng Y, Chen A R, Tan H M. Fatigue assessment of hanger wires of suspension bridges in its operation life based on in-situ traffic flow [J]. Journal of Disaster Prevention and Mitigation Engineering, 2014, 34(2): 185-191.

[22] Hosford W F. Mechanical behavior of materials [M]. 2nd ed. Cambridge: Cambridge University Press, 2005.

索　引

D

动态称重系统 Weigh-in-motion system ……………………………………… 207

吊索 Hanger …………………………………………………………………… 257

F

风速 Wind velocity …………………………………………………………… 33

反向传播神经网络 Back-propagation neural network ………………………… 93

G

钢箱梁 Steel box girder ……………………………………………………… 14

功率谱密度函数 Power spectral density function …………………………… 38

高斯混合模型 Gaussian mixture model ……………………………………… 173

广义极值分布 Generalized extreme value distribution ……………………… 216

广义帕累托分布 Generalized Pareto distribution …………………………… 223

J

结构健康监测 Structural health monitoring ………………………………… 1

K

可靠度评估 Reliability assessment …………………………………………… 171

M

模态频率 Modal frequency …………………………………………………… 69

模态曲率 Modal curvature …………………………………………………… 132

P

疲劳损伤 Fatigue damage …………………………………………………… 149

S

损伤诊断 Damage diagnosis ………………………………………………… 129

T

湍流度 Turbulence intensity ………………………………………………… 34

湍流积分尺度 Turbulence integral scale …………………………………… 36

索 引

W

温度场 Temperature field ·· 13
温差 Temperature difference ··· 15

X

小波包能量谱 Wavelet packet energy spectrum ··························· 102
线弹性断裂力学 Linear elastic fracture mechanics ······················· 178

Y

雨流计数法 Rain-flow counting method ···································· 150
影响面 Influence surface ··· 261

Z

阵风因子 Gust factor ·· 34
均值控制图 Mean control chart ··· 65
主缆 Main cable ·· 244